田横五百士(油画・一九二八——一九三〇)

徐悲鸿自画像（油画·一九二四）

徐悲鸿传

廖静文 著

中国青年出版社

放下你的鞭子（油画·一九三九）

/
漓江春雨（国画·一九三七）

泰戈尔像（国画·一九四〇）

/
九方皋（国画·一九三一）

/
愚公移山（国画·一九四〇）

钟馗饮酒(国画·一九二九)

月光如水(国画・一九四二)

侧目（国画·一九三九）

晨曲（国画·一九三六）

紫气东来（国画·一九四三）

目
录
/

上　　部 _001
第 一 章 _003
第 二 章 _013
第 三 章 _018
第 四 章 _023
第 五 章 _028
第 六 章 _035
第 七 章 _039
第 八 章 _045
第 九 章 _054
第 十 章 _064
第 十 一 章 _070

第 十 二 章 _075
第 十 三 章 _079
第 十 四 章 _085
第 十 五 章 _089
第 十 六 章 _097
第 十 七 章 _101
第 十 八 章 _107
第 十 九 章 _111
第 二 十 章 _118
第 二十一 章 _124
第 二十二 章 _132

第 二十三 章 _136
第 二十四 章 _139
第 二十五 章 _144
第 二十六 章 _151
第 二十七 章 _157
第 二十八 章 _165
第 二十九 章 _172
第 三 十 章 _176
第 三十一 章 _181
第 三十二 章 _187
第 三十三 章 _194
第 三十四 章 _202

下　　部 _271	第 十 二 章 _356	第 二十三 章 _439
第 一 章 _273	第 十 三 章 _369	第 二十四 章 _443
第 二 章 _281	第 十 四 章 _380	第 二十五 章 _452
第 三 章 _287	第 十 五 章 _387	第 二十六 章 _463
第 四 章 _293	第 十 六 章 _393	第 二十七 章 _474
第 五 章 _299	第 十 七 章 _398	第 二十八 章 _483
第 六 章 _305	第 十 八 章 _406	第 二十九 章 _489
第 七 章 _317	第 十 九 章 _412	第 三 十 章 _503
第 八 章 _327	第 二 十 章 _416	第 三十一 章 _511
第 九 章 _334	第 二十一 章 _427	
第 十 章 _340	第 二十二 章 _433	后　　记 _520
第 十一 章 _348		2010版后记 _523

上部

第一章

夕阳收起了它最后的微笑,暮霭轻轻地飘落下来,夜的浓黑的翅膀温柔地覆盖着大地,一切都静悄悄的,只有河水在哗啦哗啦地流着。

这条宽阔的河流蜿蜒流过江苏南部肥沃的平原,永无休止地载运着江南农民血汗劳动的成果——农副产品和手工艺品,运往南京和上海等城市。巨大而沉重的木船扬起鼓鼓的白帆,小火轮尖锐地呼叫着,疾驶而去,河水掀起层层白色的浪花,忧郁地拍打着河岸。

现在,河流已经沉浸在浓重的夜色中,它那丰满而袒露的胸怀正在均匀地呼吸着,好像在消除白昼的疲劳。在邻近的一座峰峦后面,弯弯的月牙正从那儿升起,它在暗蓝色的天空中缓缓移动,冉冉升到了中天,繁星在静静地闪烁。

忽然,河岸上一所小屋里飘出婴儿呱呱坠地的清脆哭声,接着是一串噼噼啪啪的爆竹声,这儿那儿传来一阵狗吠。在小屋的昏暗灯光下,头发斑白的接生婆正在用一把陈旧的剪刀,剪断婴儿的脐带。

年轻产妇苍白的脸上,漾起一丝疲乏的微笑,她用温顺而欢喜的眼光默默地望着襁褓中的婴儿:"这是我的儿子,他长得多么像他的父亲。"她幸福地想,"愿他将来也像他的父亲一样,成为一个画家。"

这是一八九五年七月十九日深夜,徐悲鸿诞生在这个滨河的小镇上。一座石拱桥将河的两岸连接起来,这桥的名字叫屺(音:jì)亭桥,这个小镇便叫屺亭桥镇。它位于烟波浩渺的太湖之西三十里,属江苏省宜兴县管辖。镇上住着五六十户人家,民风淳朴,风景秀丽。

悲鸿的祖父砚耕公曾参加太平天国革命,革命失败后便在屺亭桥镇上做工。茹苦含辛地做了十年工,才在河边盖起一所小屋躲避风雨。悲鸿便在这小屋里度过了他苦难的童年和少年。他曾满怀爱恋地回忆道:

"我们的屋子虽然简陋,但有南山作屏风,塘河像根带子,太阳和月亮,霜和雪都点缀了这江南水乡的美丽。我们在这里和打鱼砍柴的人做伴,鸡鸣犬吠,互相唱答,大自然给了我们无尽的美妙。"

悲鸿的父亲徐达章号成之,自幼喜爱绘画,但因家贫,请不起老师,完全依靠刻苦自学,成为当地知名的一位画师。他还擅长书法、篆刻、诗文,在屺亭桥镇课徒和鬻字卖画。现存他的印章有"半耕半读半渔樵""读书声里是吾家""儿女心肠,英雄肝胆""闲来写幅丹青卖,不用人间造孽钱"等,将自己的感触和抱负表现在印章里。他的书法浑厚苍劲,遍及远近的寺庙。他画的人物肖像工整而传神,现今留下的一幅《松荫课子图》,是他三十多岁时所作。画中悲鸿坐在课桌前琅琅读书,达章公持扇坐在悲鸿身后凝神谛听。当时能将人物画画得这样形似而又传神的人是不多的。他的写意花卉很受徐渭和比他略早一些时候的任伯年的影响,清新淡雅。他的山水画也是写实的,宜兴的私人收藏家至今仍收藏着达章公画的《荆溪十景图》,描绘了宜兴的风光景色,如张公洞、善卷洞等。至今,宜兴图书馆存的一部县志里,还有当时的宜兴县令很器重徐达章才学的记载。但是,达章公一生鄙薄功名,不求闻达,从来不与官府往返。有一次,他听

/
徐悲鸿家乡的宜兴屺亭桥

说那位县令以访贤为名,要来看望他,他立即躲到一所寺庙里去了。他以淡泊宁静的生活态度来蔑视富贵荣华。在《课子图》上,他题了一首长诗,流露出他这种心情:"无才济世怀惭甚,书画徒将砚作田。"同时,也流露了他对统治者的不满:"落落襟怀难写处,光风霁月学糊涂。"

悲鸿六岁开始跟父亲读书时便想学画,但父亲不允许。有一次,读到《论语》中卞庄子之勇,悲鸿问父亲:

"卞庄子有什么勇?"

父亲答道:"卞庄子能刺虎,虎是百兽之王,勇猛无比。"

接着,父亲给他讲了下面的故事:春秋时代,鲁国有个非常勇敢的人,名字叫卞庄子。有一次,他独自一人逮住了两只凶猛的大老虎。这件事传到齐国,齐国正想侵略鲁国,听到鲁国有这样勇敢的人,就不敢发兵打鲁国了。

这个小小的故事使年幼的悲鸿沉浸在幻想中:虎是什么形状呢?他一面读着那册发黄的木版刊印的《论语》,一面不平静地想着。在穷乡僻壤的村镇,既无动物园,又无动物画片,而他多么想知道百兽之王的老虎的形状呵!有一天,他找到一个人,替他画了一只老虎,他便悄悄地依样描绘下来,心里暗暗欢喜。

不久,父亲发现了,问他:"这是什么?"

悲鸿快乐地答道:"老虎。"

父亲却很冷淡地说:"这哪里是老虎,像条狗呀!"

悲鸿睁着失望而疑惧的眼睛望着父亲,泪水涌到眼眶里了。父亲爱抚地说:

"你应当好好用功读书,因为要想成为一个画家,首先要有渊博的学识，所以必须养成勤奋读书的习惯。"接着，父亲极其严肃地说，"画画是要用眼睛观察实物的，你没有看见真的老虎，怎能画出老虎来呢？"

悲鸿在父亲辛勤的教导下，九岁就读完了《诗》《书》《易》《礼》《四书》《左传》。这时，父亲才开始教他每天临摹一幅吴友如的人物、界画。吴友如是清代末年最著名的插图画家，能在尺幅之中描绘楼台亭阁、虫鱼鸟兽、奇花异卉以至千军万马。他作为启蒙老师，进入了悲鸿的艺术生涯。但父亲更着意叫悲鸿写生，画父母、兄弟、邻人、乞丐……

有时，父亲带他沿着河岸步行，引导他欣赏和观察大自然。那光芒四射的朝阳，奇姿异态的怪石，诗一般的翠竹晴岚，梦境一样的晓雾渔舟……像美妙的音乐一般，温柔地触动悲鸿那颗稚嫩的心，神奇地将美术的肥硕种子，撒在悲鸿的心里，使他热爱大自然，热爱自己的乡土。

悲鸿出生的那一年，正是甲午海战的次年，腐败的清朝政府与帝国主义签订的不平等条约加深了人民的苦难。农村日益凋敝，农民、小商人、小手工业者很多都破产流亡。徐达章在镇上鬻字卖画已不能维持全家生活，还要起早贪黑耕种七亩瓜田。幼年的悲鸿也跟着父亲参加农业劳动。

家里没有牛，要借邻人的牛犁田，就要替邻人放牛作为补偿。在山冈水湄，牛寻嫩草，悲鸿觅野花，这是他童年甜蜜的回忆。有时，田里缺水，他矮小的身子趴在水车上车水，脚板上便留下一道一道血红的印子。

江南的春天来得早，和煦的春风吹绿了小屋后面的桑树的嫩叶，悲鸿的母亲便忙着养蚕了，以蚕丝的收入贴补家用。

当时，兴办学校的风气盛行，不仅富人的子弟都进学校读书，一些家境勉强过得去的人也都送子女入学。幼年的悲鸿很羡慕孩子们背着书包上学校的快活情景，许多亲友也都来劝徐达章送悲鸿入学，并说："画画是吃空心饭呀！怎能靠它谋生呢？"

的确，在民不聊生的旧中国，画画是没有出路的。一个画家很难依靠卖画维持生活或找到职业，达章公自己的遭遇就是如此。听到亲友们这些好心的劝说，达章公轻轻地叹息着。有时，他用爱抚的眼光长久地默默注视悲鸿，仿佛要在儿子那张眉目清秀的脸上写下他的歉意。

但是，幼年的悲鸿并未因不能进学校而感到自卑或孤独，他有着自己的乐园。在那美丽的乐园里，有一大群和他一样被排斥在学校门外的小伙伴，他们一同劳动，一同游戏，一同幻想沿着门前的河岸，走到遥远而广阔的世界去……

遇上节日，小镇上迎神演戏，悲鸿挤在人群中或趴在树干上，在阵阵锣鼓声中，幼小的心灵在为好人的不幸而悸动。有时，悲鸿也到镇上的茶馆去听说书，挤在那些皮肤黝黑的善良劳动者中，闻着劣等烟草的辛辣气味，全神贯注地听老艺人绘声绘色地讲《水浒》《岳飞传》《三国演义》等。听到动人的地方，他也模仿着成年人的样子摇头叹息。

戏中和书中的英雄人物带着鲜明的爱憎，流进悲鸿的胸臆，犹如清澈的泉水，流入贫瘠的大地，滋润着悲鸿稚嫩的心田，强烈地影响着他性格的成长。他常常怀着激动而崇敬的心情，将戏中的英雄人物默画出来，用剪刀剪下，贴在竹竿上，举着它们在镇上跑来跑去。成群的孩子尾随在后面，用羡慕的眼光看着他。

他还把小伙伴们叫到一起，上山砍些竹子，做成刀枪棍棒，练习

/
一九〇一年,徐悲鸿的父亲徐达章创作的《松荫课子图》

武术。他们每天黎明即起，先绕村子跑两圈，不论酷暑严寒都跳到河里去洗澡。悲鸿坚持锻炼身体和意志，幻想有一天能成为路见不平拔刀相助的侠客，就像戏中和书中的英雄人物那样。他自己还精心刻了一方"江南贫侠"的图章。

那时，农村没有照相馆，人死了以后，较为富裕的人家都要请一位画师替死者画遗像，以供后人祭祀和怀念。每当达章公被人请去画这种遗像时，悲鸿便和小伙伴们在家里将桌椅搭成戏台，演起戏来。有时模仿他们看过的戏，有时结合听到的故事，自编自演。善良的母亲和邻居偶尔也兴致勃勃地来看他们演戏，但达章公是个勤谨而严肃的人，决不能让他知道。每次演戏，总有一个孩子负责在村外瞭望，如果发现达章公回来了，便飞快地跑回报信，戏台就会奇迹般地在几分钟内消失，孩子们都纷纷跑到河里去洗掉脸上化装的颜料。不料有一次，在村外瞭望的孩子靠着树墩睡着了。当戏台上身披红色被面的"江南贫侠"高举利剑，大叫"恶贼住手"时，达章公突然出现在台下。仿佛一阵飓风猛烈地吹来，把一切快乐都卷走了。孩子们像着了魔一样呆立着，随即悄悄地退缩到一个角落里，等待一场盛怒和责备。但是这位律己很严的父亲并未发怒，甚至连一句责备的话也没有说，他只沉重地叹息了一声，指着那被孩子们用来化装的颜料说：

"我们是贫苦人家，买这些颜料不容易呵！"

父亲的话像沉重的鞭子一样，打在悲鸿的心上，从此以后，他再也不演戏了。

令人愉快的收获季节来到了，为了防止刺猬偷瓜，悲鸿带根棍子，睡在瓜田里守护。黑夜的阴影在碧绿的藤蔓中铺开来，美丽而沉静的夜空高悬着，它多么深邃而宽广！月亮从云朵里钻出来，又钻进去，好像在和闪烁的星星捉迷藏。此时，悲鸿的思想也在向天空飞翔，那些美丽的神话故事都一一在他眼前展现。温暖的晚风夹带着瓜香，在诱惑地抚弄他的嘴唇，他多么想尝一尝这些绿油油的西瓜……

黑夜收起了它的帷幕，初升的太阳从睡眼惺忪中醒来，那些诱人的西瓜都被装上了门前河里的货船，堆积得如同小丘一般。船儿扯起满满的帆，扬波而去。直到帆船走远了，变成一个小黑点，消失在远处，他才惘然若失地回到家里。

悲鸿的母亲像许多善良的农村妇女那样，迷信神明。在斋戒的日子里，母亲总要穿上浆洗干净的蓝布衫，带着他登上树木葱茏的南山，去寺庙里进香朝拜。一路上，他们看见络绎不绝的善男信女挂着香袋，有些人还穿着草鞋，踽踽而行。母亲脸上显出异常庄严持重的神情，领着悲鸿，跟随进香的人流一步一步地攀登，终于在万绿丛中，看见那带着森严气派的庙宇。虔诚的母亲点上香烛，跪在高大的神像前，嘴里发出喃喃的声音。她在为丈夫、为儿女祈求平安，祈求温饱。她那瘦小的身子匍匐在地上，不停地颤动着，仿佛在接受神的审判似的。悲鸿仰视着那闭目沉思的神像，迷惑地望着神像唇边浮起的一丝微笑，他多么幻想真有一个美好的天国啊！那里没有贫穷，没有灾难，人们无比的快乐。他想起隔壁的那位老奶奶，常常因为没有米下锅而流泪，而母亲便从自己所剩无几的米箩里舀些米给她……悠长而沉重的钟声敲打起来，在他身旁发出阵阵悲怆的回响，仿佛是那些不幸的人们在悲哀地诉说生活的苦难。悲鸿的心开始颤动起来，一种无名的悲伤悄悄地爬进了一个早熟的孩子心里。

但是，孩子的悲伤是短暂的，欢乐永远占据着童心。一回到镇上，他又和小伙伴们尽情地追逐嬉戏或捉迷藏了。有时，在豆棚瓜架下，他依偎在母亲怀里，听着那些在长辈口中永远也说不完的民间传说和神话故事。梁山伯和祝英台的坟墓就在宜兴，那些美丽的、飞来飞去的蝴蝶，哪一对是他们呢？除三害的周处斩蛟的蛟桥也在宜兴，父亲还带着悲鸿从那座蛟桥上走过，桥下有苏东坡亲笔题写的"晋征西将军周孝侯斩蛟之桥"的石碑。还有关于范蠡与西施的美丽传说：范蠡帮助越王勾践灭吴后，知道越王是个只能共患难、不能共安乐的人，便悄悄地带着西施，深夜乘了一条小船，秘密地离开吴都，逃往宜兴。在无以为生之际，偶然发现了宜兴的紫色陶土可以制陶，后来他就成为宜兴紫砂陶器的祖师，许多制陶工人都供奉他的画像……听着听着，悲鸿便在母亲怀里蒙眬地睡去。

和母亲的温存相反，父亲永远是最严格的教师。不论盛夏隆冬，他每天都严格地监督悲鸿读书、写字、作画，即使在农忙季节，也从未稍懈。十岁时，悲鸿已能为父亲的画敷色，并为乡亲们写春联了。

第二章

时间就像门前的河水一样汩汩流逝,而灾难却永远追赶着不幸的人们。随着封建王朝的日益腐败和帝国主义的加紧入侵,中国人民陷入了更深沉的苦难,悲鸿全家的生活也愈来愈艰难了。达章公流着眼泪,卖掉了两亩瓜田。虽然暂时渡过了难关,使嗷嗷待哺的弟妹幸免于饥饿,但以后怎么办?夜晚,悲鸿躺在床上,悲哀地想:我能做些什么才能帮助父亲,帮助这个贫困的家呢?他凝视着窗外,天空是漆黑的,没有月亮,也没有星星。忽然,一道苍白的闪电从云里跃出来,远处响起了隆隆的雷声。接着,又是一道闪电,把狭小的房间照得如同白昼一样明亮,雷声也越来越近了,哗啦哗啦的大雨像瀑布一样倾泻下来。

早晨,雨仍然一阵紧似一阵地下着。门前的河水涨高了,它失去了以往的平静,翻滚奔腾起来,人们的心更加忧郁了。达章公用祈求的目光仰视苍穹,希望老天爷不要再下雨了。但天空却像裂开了无数缝隙,大雨昼夜不停地倾泻着,河水涨得满满的,眼看就要溢出河岸。人们都在摇头叹息,纷纷冒雨去寺庙里祈祷。

然而,奔腾而混浊的河水终于冲出了河岸,像发怒似的涌到墙脚边、窗户上、屋檐上，屺亭桥镇被淹没在一片汪洋大水中。人们扶老携幼地逃奔到远方去。

当洪水退去，人们再回到屺亭桥镇时，饥饿和寒冷又在威胁着他们。达章公想继续在镇上鬻字卖画是完全不可能了，他决定携带悲鸿去外地谋生。这一年，悲鸿刚满十三岁，便和父亲开始了流浪江湖的卖画生涯。

他们沿着太湖走去。这个美丽的湖泊如同一个多情的老朋友一样吸引他们，它碧波万顷，白帆闪闪，像一幅天然的画卷，使他们领略到无穷的美感和快慰。

太湖一带原是鱼米之乡，但由于天灾人祸，也和其他地方一样，富者愈富，贫者愈贫了。悲鸿和父亲沿途给人画肖像、画山水、花卉、动物屏条，刻图章，写春联等，有时住在淳朴的农民家里，有时住在小客店或寺庙里。

不久，他们来到了太湖之滨的无锡。这个被不平等条约打开门户的繁华城市，给悲鸿以强烈的印象和刺激。那些悬灯结彩的商店里摆满了五光十色的洋货，从日用品的瓷器到布匹、丝绸，以至儿童玩具等等，无一不是舶来品。老板给它们贴上"价廉物美"的广告，招徕顾客。悲鸿在这里看到了关税不能自主、外国商品倾销和帝国主义抢夺市场的缩影。而威风凛凛的衙门，却在狞视着成群的衣衫褴褛的乞丐。

这天，悲鸿随达章公穿过闹市稠密的人流，转入一条较为僻静的小街，找到一家小客店落脚。一对卖唱的父女尾随他们，走了进来。姑娘梳着一条乌黑闪亮的发辫，那苍白的面庞上，眉清目秀，一对水汪汪的眼睛闪着哀怨的光芒。姑娘的父亲穿一件褪了色的蓝布袍，腋下夹一把胡琴，风尘满面，两鬓如霜。他双手抱拳，打了一个拱，向

小客店的旅人们说:

"诸位贵客!我们萍水相逢,可谓三生有幸,请听小女唱一段吧!"

于是那悠悠扬扬的琴声便在这寂寞的小客店里飘荡起来。姑娘唱起了江南民歌中抒情的小调:

> 月亮弯弯影儿长,
> 流浪的人儿想家乡,
> 村前池水鱼儿乐,
> 屋后瓜架豆花香,
> ……
> 天上云多月不明,
> 地上山多路不平,
> 流浪的人儿想家乡,
> 哎——
> 家乡的山水亲又亲,
> ……

那歌声和琴声十分凄婉,扣人心弦,撩起了旅人们怀乡的情思。悲鸿也仿佛回到了故乡门前的河边,那远去的帆影,雪白的浪花,小屋后面桑树的清香,临别时母亲的叮咛细语,都像梦一样来到了他心里。

唱到一个拖长的音节之后,琴声戛然止住了。歌女请求施舍的目光从每一个旅客的脸上匆匆地移过去,又移过来。达章公连忙将一角小洋送到姑娘的手里,风尘仆仆的旅客们也在摸索枯瘪的钱袋,将一个两个小钱递过去。悲鸿的心膨胀起来，泪珠在他的睫毛上轻轻地颤动。多少和他命运相同的人在饥饿线上挣扎！他更加懂得生活的艰难和痛苦了。

有一天，当悲鸿和父亲卖完了画，迎着傍晚的烟霞走回旅店时，瞥见一家茶馆门前簇拥着一群人。悲鸿也挤了进去，看见一个年轻妇女坐在台阶上嘤嘤啜泣。听围观的人们议论才知道，这是个新近死了丈夫又被夺了佃的无依无靠的妇女。她在城门附近搭了一个窝棚，靠卖茶水勉强维持生活。不料，一家茶馆老板的儿子却带领一班恶少，纵火焚烧了她的窝棚。这个年轻妇女一面啜泣，一面用手掌不停地揩抹脸上的泪水。她怀抱中的婴儿睁着明亮的大眼睛看着周围的人们，不时伸出小手抓弄母亲蓬乱的头发。他还不懂得人世间的事，不知道这个世界对他和他母亲是多么凶恶。

一种强烈的不平使悲鸿勇敢地、几乎是冲动地走进了这家茶馆，达章公也跟了进去。他们想劝说茶馆老板发发善心，给予赔偿。肥头大耳、油光满面的老板最初是眯细眼睛瞧着他们，貌似听着，继而狞笑起来，最后破口大骂，抓起一只茶杯朝悲鸿扔过来。茶杯打在悲鸿头上，鲜血从浓密的黑发里涌出来……如果是在家里的戏台上，悲鸿会立刻举起利剑，直刺恶贼的心窝，然而，现在他却无能为力。从此，他头上留下了一块深深的伤痕。

在这些残酷而痛苦的现实面前，悲鸿的心也渐渐成熟起来。江湖卖艺的生涯使悲鸿不断地接触下层社会和劳动人民，不仅使他了解和同情人民的苦难，而且使他知道了许多国家大事。辛亥革命激动过他的心，但随之而来的是以帝国主义为后台的军阀争夺，战乱频仍，民不聊生。这一切都以浓重的阴影，投到悲鸿年轻的心上。他开始忧国忧民，并在他精心描绘的画面上署名"神州少年"，同时盖上一方"江南贫侠"的印章。

　　流浪的岁月年复一年地在风雨中消逝。悲鸿为父亲磨墨铺纸,看父亲落笔挥毫,听父亲娓娓不倦地说古论今。在潜移默化中,他不断地接受着中国传统绘画艺术的感染。他不仅成为父亲有力的助手,而且开始摸索创造自己的风格。当时的强盗牌香烟盒中,附有逼真的动物画片,悲鸿很爱搜集,渐渐认识了各种猛兽的真形。后来,又得到日本的动物标本,他便爱不释手地对着标本摹写。同时,他还见到欧洲十九世纪绘画大师们的作品复制品。这些精美的复制品以严谨的造型、绚丽的色彩、抒情的韵律,异常强烈地震撼着悲鸿的心灵,使他产生去欧洲学习美术的朦胧愿望。

　　但是,冷酷的现实却横亘在悲鸿面前。长期流浪的生涯使达章公染上了重病,他全身浮肿,极度衰弱。父子两人不得不返回家乡。

第三章

在流浪的日子里,悲鸿曾见过多少高楼大厦、楼台亭阁,但在悲鸿眼中,它们远没有屺亭桥畔的那所小屋可爱。现在,他远远地就望见那所小屋了,屋顶上正升起一缕袅袅的炊烟,他知道这是辛勤的母亲在做晚饭了。他将立刻见到母亲,见到这个经常萦回在他梦中的家。他有多少话要对母亲说呵!

当他搀扶着全身浮肿、步履艰难的父亲走进家门时,母亲骇异地从厨房里奔出来。她朝着丈夫睁大眼睛,似乎在看一个陌生的人,眼泪从她那苍白的面颊上滚滚流下。她一句话也没有说,便双手捂着脸,失声痛哭起来。

从此,十七岁的悲鸿,独自挑起了全家的生活重担。当时他绘画的名声已传遍四乡,宜兴县的初级女子师范、始齐小学、彭城中学都来聘请他担任图画教师。悲鸿同时接了三个学校的聘书。三校的距离有五十多华里,在舟楫如梭的江南水乡,坐船既方便,也便宜,但是为了节省钱替父亲医病,悲鸿全靠步行。他常常午夜起床赶路,看着银色的月亮落下去,迎来冉冉上升的红日。当他那壮健的脚步迅速地穿越洒满露水的田间小径时,他的心却由于系念父亲的病而异常沉重。这些朦胧的月色和他童年牧牛生活的回忆，后来都带着真挚的感情，反复出现在他的画卷里。

达章公一天比一天衰弱了。为了摆脱家庭的贫困，他吃力地移动脚步，沉重地喘着气，执拗地伸出索索发颤的手，想重新拿起画笔来。但是，他的努力是徒然的，犹如即将燃尽的油灯，纵然还能发出微弱的光芒，但生命的火焰，已行将熄灭了。

为了替父亲医病，家里卖掉了一切能变卖的东西。但是，有一天，当悲鸿应邀去参加一位乡亲的婚礼时，母亲却拿出一个纸包，小心地打开它，一件崭新的绸衫闪现出来。母亲像披露一个重大的秘密似的，低声对悲鸿说：

"我没有出嫁的时候就养蚕，我自己没有穿过绸衣，我们家里也没有人穿过绸衣。但我有一个心愿：要给我的头生子缝件绸衫，这个心愿在你们没有回来以前就实现了。"

母亲一面轻声说着，一面双手抖开那件未曾漂染过的绸衫。这是她亲手缝制的。她那苍白的面容因兴奋而泛红，温顺的眼睛里浮现出一丝胆怯的微笑。悲鸿惊愕地望着母亲，他从未见到母亲有过如此美丽而幸福的光彩。

"妈妈，把它卖掉给父亲医病吧！"悲鸿垂下眼睑说。

母亲的脸色在一瞬间变得暗淡无光了，仿佛一个美丽的愿望正从她眼前飞走。她颤动着嘴唇，喃喃地说：

"卖掉？决不！我总是想着，总是想着，有一天，看见你穿上它……"

悲鸿终于顺从地穿上了绸衫，去参加乡亲的婚礼。绸衫裁剪得十分合身，显然是母亲精心制作的。人们也看到眉目清秀的悲鸿比任何时候都显得英俊。但是，生活总是异常残酷地戏弄人。当悲鸿在婚宴

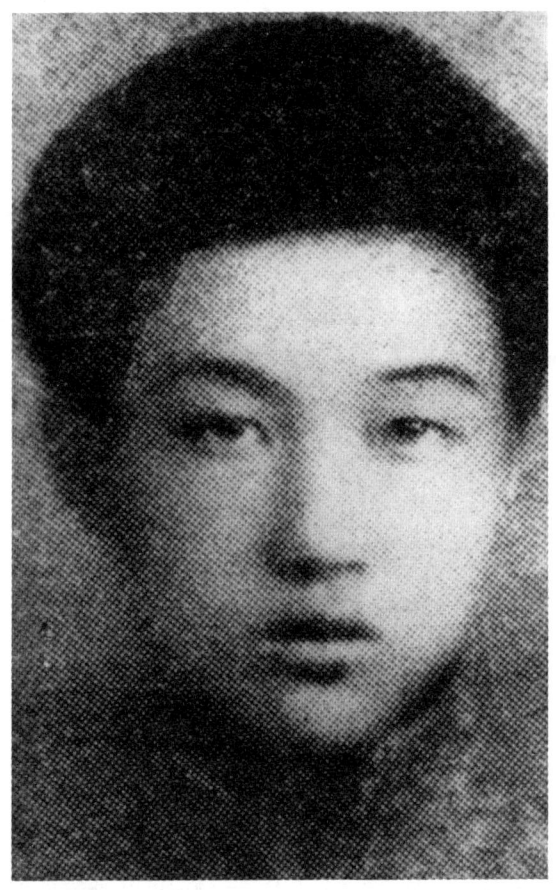
/
十七岁的徐悲鸿

上，在别人的幸福和欢乐中，由于深深地系念父亲的重病而痛苦地陷入沉思时，邻座一位老人的香烟头忽然掉在他的绸衫上。他丝毫没有发觉，直到绸衫冒出了烟，一种烧焦了的丝绸气味扑鼻而来，他才恍然如从梦境中惊醒一般，慌忙伸手扑灭，但崭新的绸衫已被烧破了一个洞。他极其懊丧地回到家里，感到愧对母亲！这件事给他的刺激是如此强烈，以致他从此以后，发誓不穿绸衣，不吸香烟。虽然，他成为名画家以后，常有学生和朋友送给他绸衣，但他从未穿过。即使在南方酷热的夏季，他也只穿夏布衫。

父亲缠绵在病榻上两年，终于耗尽了生命。弥留之际，他哆哆嗦嗦地用瘦骨嶙峋的手，拉着悲鸿的手说：

"我们是两代画家了，后来居上，你应当赶上和超过我，超过我们的先辈……要记住，业精于勤……生活再苦，也不要对权贵折腰，这是你祖父说过的……"他的话淹没在一片喘息中，那呆滞的眼珠仿佛还在凝视着悲鸿。

悲鸿跪下来，面颊贴着床沿，号啕痛哭。母亲和弟妹们也哀声啼哭，整个小屋沉陷在一片凄惨的悲痛之中。

夜深了，天空漆黑而沉重，月亮和星星都不知隐藏到什么地方去了。屋内，一灯如豆。摇曳而暗淡的灯光将悲鸿的影子，贴在父亲那僵硬了的尸体上。父亲的脸色蜡黄，他似乎睡着了，在经历了那么多贫困和疾病的折磨后，他好像疲倦了，现在，他显出一副非常安静的神情。

悲鸿凝视着父亲，许多往事像潮水般向他涌来。他记起幼年的时候，父亲第一次教他拿画笔的情景。他也记起，有一次，他将房子画歪了，父亲很认真地说："这样的房子是不能住人的呵！"他还记起，在流浪的日子里，父亲常从自己微薄的收入中，拿出钱来周济沿途遇到的穷苦人。吃饭时，父子两人总是互相推让着，父亲抢着把那分量不多的菜都倒在悲鸿的饭碗里……有一次，他们见到一块很大的石头挡在路上，父亲担心过路的行人和车辆绊倒，便要悲鸿和他一起，将石头抬到路边。他仿佛又看见父亲弓着腰，气喘吁吁地和他抬石头的情景……这许许多多的往事，又都在他眼前复活起来。他抹去脸上的眼泪，凄苦地想着：父亲不仅给了他生命、知识、绘画技能，而且以他那宽厚、谦让、勤俭、正直的品格深深地影响他。他的每一点微小的长进，都曾引起父亲极大的喜悦，父亲多么希望看到他有一些成就呵。可是，善良而勤劳的父亲却这样寂寞地死去了，死在人生的盛年，而自己成了无父的孤儿……他想着想着，两行热泪不由自主地又沿着双颊流下来。

为了埋葬父亲，悲鸿不得不写信向一位长者、在邻县溧阳经营药材的小商陶麟书先生告贷。他含泪在信中写道：

……今临穴有期，欲世伯代筹二十元，使勿却者，则悲鸿镂骨铭心，愿化身犬马而图报耳……

陶麟书先生不但将借款送来，而且亲自帮助安排丧事和参加葬礼。葬礼是十分简单的。小小的送葬行列中，只有家人、亲友和镇上的邻居。当人们将一锹一锹黄土投向墓穴，掩没了父亲的棺木时，悲鸿觉得自己也有一种被埋葬了的心情，仿佛周围的一切都正在死去，漫无止境的悲伤侵袭着他。

第四章

埋葬了父亲以后，悲鸿决定离开家乡，去上海寻找半工半读的机会。他写信给在上海中国公学担任教授的同乡徐子明先生，并将自己的作品寄去，恳求他的帮助。热心的徐子明先生将悲鸿的作品送给上海复旦大学校长李登辉看，受到李校长的赞赏，并得到可以安排工作的许诺。于是，徐子明先生来信催促悲鸿立即去上海。

悲鸿立即整备行装，并辞去了三个学校的教职。临行时，一位国文教师，宜兴初级女子师范的张祖芬先生殷勤地送别他，并勉励他说：

"你年轻聪敏，又刻苦努力，前途未可限量。我希望你记住两句话：人不可有傲气，但不能无傲骨。我没有什么东西可以送你，就送你这两句嘉言吧！"

这多么像自己父亲说过的话呀！悲鸿望着这位比他年长许多的同事，从那布满皱纹的脸上看到了诚挚与关怀，心里涌出一种无限感激的深情。从那时起，他终身铭记着这两句临别赠言，并将它作为座右铭。直到他的晚年，他仍带着无限温情对我说：张祖芬先生可称我的第一位知己呵！

一九一五年的夏天，二十岁的悲鸿穿着一件蓝布长袍和一双戴孝的白布鞋，带着家乡的泥土气息，来到了不夜之城——上海。高耸入云的大楼、五光十色的店铺、虎视眈眈的衙门、守卫森严的外国洋行、灯红酒绿的舞厅和赌场……把这个半封建半殖民地的东方大城市点缀得花花绿绿。然而，在这个繁华的城市里，却一面是纸醉金迷，一面是饥饿失业。

这天，悲鸿跟着中国公学的教授徐子明先生，去见复旦大学校长李登辉先生。就像一切要去完成一件重大工作的人那样，悲鸿的面容紧张而严肃，只顾低头走路，很少和身边这位愉快的朋友谈话，而且此刻，悲鸿正在计算如何安排业余时间，继续学画。他满怀欣喜之情，在向未来眺望。徐子明比悲鸿年长很多，并且身材高大，而他身旁的营养不良的悲鸿，便显得更加瘦小了。

在复旦大学校长室里，李登辉校长朝这个农村装束的青年注视了很久，脸上现出迷惘的神情，像在记忆中搜索遗忘了的什么东西。他悄悄地对徐子明耳语道：

"这个人看来还像个孩子，如何能工作呢？"

徐子明热烈地争辩说："只要他有才艺，你何必计较他的年龄呀！况且，"徐子明大声地说，"他是辞去了三个学校的教职而来的呀！"

李登辉沉吟不语。

不久，徐子明接受了北京大学的聘请，离开了上海。悲鸿几次写信给李登辉，都得不到回答。于是，悲鸿流落在上海，找不到职业。

烦闷而炎热的夏季在焦虑中过去了。为了消磨时间，悲鸿常去商务印书馆门市部站读。夜晚，他在旅店的昏暗灯光下，忧郁地怀念着家乡，思念母亲和弟妹。

秋风起了，街道两旁葱绿的树叶渐渐变黄，纷纷扬扬地飘落在地上，寒冷和饥饿开始威胁着他。他踏着落叶，徘徊在街头，悲伤地感到人生的道路是多么艰难和狭窄。正在彷徨无计时，忽然接到徐子明先生从北京的来信，嘱咐他去见商务印书馆《小说月报》的编辑恽铁樵先生，请他帮助谋个小职。这飞来的希望使悲鸿振奋起来。他立即挟上自己的画和徐子明的信，来到恽铁樵先生的办公室。悲鸿恳切地向他说明自己的境况十分窘迫，有燃眉之急。恽铁樵留下了悲鸿的画，答应尽力帮忙，嘱他过几天来听回音。

稠密的秋雨绵绵不断地下着，仿佛要给大地织起一个阴冷的密网。悲鸿没有雨伞，只好冒雨去打听回音。这时，街上锣鼓喧天，到处扎着五彩缤纷的牌楼，许多人在欢天喜地迎接国庆。悲鸿被雨淋得浑身上下都湿透了，当他站在恽铁樵面前时，雨水沿着他浓密的黑发直往下流淌。恽铁樵先生见到悲鸿，便立即快活而兴奋地说：

"事情已经办成了！商务印书馆同意让你担任给中小学教科书画插图的工作，日内便可以搬到商务印书馆宿舍里住宿。"

一阵温暖的感觉顿时涌到悲鸿的心里，他觉得呼吸变得均匀了，血液又开始在他身上畅流。当他踩着湿漉漉的街道走回旅店时，虽然雨还在不停地下着，寒风卷着冷雨扑打着他的头发、面孔和全身，但他却满意地、几乎是快乐地望着这风雨的帘幕，望着灰蒙蒙的天空，他已暂时忘记了饥饿和寒冷。

在旅店的昏暗灯光下，他兴奋地给母亲写信，详细叙述他已找到职业，希望母亲不要挂念。他也给北京大学的徐子明先生写了同样的信，感激他的厚爱。然后，他冒雨将信投进了邮筒。

当他迈着轻快的脚步回到旅店，正打算脱衣休息时，忽然响起了一阵急促的叩门声。他慌忙打开门，看见恽铁樵先生站在门前，手里拿了一个纸包，神色仓皇地说：

"事情绝望了！"

悲鸿接过纸包，急忙打开，只见里面除了自己的画以外，还附有一个名叫庄俞的人的批札：

"徐悲鸿的画不合用。"

悲鸿感到全身都在战栗，心好像突然裂开了，血不断地涌出来。一种难以遏制的痛苦和失望强烈地攫住了他，他不顾一切地狂奔到黄浦江边。沦落上海的苦闷，找不到职业的烦恼，饥寒交迫的痛苦，已经把悲鸿折磨得精疲力竭；而这一次，突然降临的希望又这样突然地破灭，这个血气方刚的青年再也忍受不了。他濒于绝望，准备在这滚滚不息的黄浦江里结束自己年轻的生命！

奔腾而混浊的江水汹涌地冲击着江岸，发出沉重的响声。外国商船和兵舰遍布在远近的江面，汽笛尖锐地吼叫着。悲鸿感到呼吸困难，浑身像着了火，有一种燃烧般的痛楚。他猛力扯开衣襟，让无情的风雨打在他的胸脯上。当一阵寒冷的战栗从他的脚跟，慢慢传布到全身时，他才清醒过来。他想起了父亲临终时的教导，想起了自己的责任和曾经有过的壮志，也想起了母亲和弟妹……他低声对自己说：

"一个人到了山穷水尽的地步而能够自拔，才不算懦弱呵！"

于是，他挪动沉重的脚步，又忧郁地返回旅店。

精明的旅店老板从悲鸿的神情上，料到他已没有找到工作的希望。老板没有忘记，悲鸿已经拖欠了一星期的房钱。他摇摆着那十分肥胖的身子，走到悲鸿面前，闪着那双唯利是图的眼睛说：

"年轻人，我今天已将你的床位租给别人了。"

悲鸿立刻明白了他的意思，很抱歉地向他说明，自己实在无力偿付拖欠的房钱，愿将自己的行李卷作为抵押，请他收下。这使旅店老板大为高兴。

从旅店出来，他徘徊在潮湿而阴冷的街头，异常苦恼地想着：现在,我到什么地方去呢?他茫然四顾,包围他的,只是一片沉沉的黑夜。他的脚步本能地向故乡走去。

屺亭桥畔那所小屋依旧顽强地屹立在风雨之中,就像它当年的主人那样。但是,这个家却更加贫困了。弟妹们都失学,在田地里劳动,母亲那裹在粗布衣服里的身子也更加瘦削了。她像世界上所有的母亲那样,默默地将痛苦咽在肚里,不对儿子吐露。悲鸿也不愿对母亲说出自己的苦恼,他们互相隐忍着。

然而,悲鸿那颗年轻的心没有屈服,犹如路边被践踏的小草一样,它仍旧要向广阔的天空,向着阳光和雨露探出头来。他把自己的悲哀和忧郁,向镇上一位和善的民间医生法德生先生倾诉。善良的医生十分爱惜悲鸿的才华,有心资助他。但一个以行医糊口的民间医生,哪里拿得出一大笔钱呢?法德生先生慰勉悲鸿,劝他不要着急。然后,他邀集了镇上的一些朋友,那些朴实的小手工业者,集腋成裘地拼凑了一笔钱,送给悲鸿。

悲鸿含着眼泪接过这笔钱,心情久久不能平静。他深知这些乡亲们的生活也十分艰难,但是为了扶持他,都慷慨地伸出了援助的手,他应当怎样刻苦努力,才能报答乡亲们的关怀和爱护呢?他暗暗下定决心:决不辜负乡亲们的期望!

第五章

悲鸿在家乡度过了第一个没有父亲的忧伤的除夕后,恰好有一位做蚕茧生意的宜兴同乡唐先生要去上海洽谈买卖,于是悲鸿便与他结伴起程了。他打算再一次去上海,然后从上海去北京,希望在北京找到职业。

春节过后,虽然雨雪纷飞,但江南的原野上仍是一片绿色。他们迎着风雨,从屺亭桥沿着大路步行,到了无锡搭上火车,直达上海。

在上海的一家旅馆住下来后,唐先生整天忙于奔走接洽他的买卖,悲鸿一个人孤单地在旅店里读书作画。

一天,天空阴沉沉的,纷纷扬扬地飘着浓密的雪花,它们快活地在冷风中旋舞,然后静静地落在屋顶上、树木上和街道上,给大自然镀上了一层发亮的银色,使零乱的街景变得整齐而美丽。悲鸿立刻打开了他的画具,画了一幅写生的水彩画——雪景。在这幅小小的画面上,漫天大雪飞舞着,洁白的积雪铺洒在家家户户的屋顶上和路旁那些纵横交错的树枝上。在泥泞的人行道上,湿雪融化了,行人耸着肩,瑟缩着身子匆匆而行,仿佛十分寒冷的样子,给人一种真情实景的感受。悲鸿将这幅雪景装在一只镜框里,挂在墙上,准备托唐先生带回圯亭桥镇，赠给法德生先生的朋友史先生，一位慷慨解囊帮助他的人。

忽然，响起一阵叩门声。悲鸿打开门，一位衣着讲究的中年人走进来。他穿着丝质的长袍、马褂，面容清瘦，是来找同室的唐先生洽谈蚕丝生意的。发现要找的人不在，他便坐下来一面抽烟，一面等待。在烟雾缭绕中，他无意中看见墙上挂的那幅雪景，越看越入神，频频点头说：

"画得如此逼真，真是一幅少有的佳作呵！"

中年人走到悲鸿面前，很有礼貌地问道："请问，你知道这是哪位画家的手笔吗？"

悲鸿慢声应道："是我画的。"

那位中年客人仿佛被什么意料不到的消息震惊了，望着身材瘦小、面色苍白的悲鸿说："看你还像个少年，想不到竟有如此的绝技！我想买下这幅作品，你肯割爱吗？"

悲鸿向他说明这幅画已决定送人，不能出卖。中年客人又问道：

"那么请问，你打算去什么地方呢？"

悲鸿毫不犹豫地答道："北京。"

客人用十分关怀的口吻说："北京现在正是天寒地冻的时候，我看你身上的衣服单薄，不足以御严寒，还是留在上海慢慢设法吧！"

悲鸿执拗地说："不，我还想到北京看看那些雄伟的宫殿呢！"

正谈着话，唐先生回来了。悲鸿见他们热烈地谈论起蚕茧的买卖和行情，便走出旅馆，上街购买一些零星用品。

严寒的季节黄昏来得早，悲鸿上街工夫不大，暮色越来越浓重，天就黑了下来。他回到旅店，客人已经离去。唐先生兴奋地告诉悲鸿：刚才来访的中年客人是吴兴的黄震之先生。他酷爱美术，是一位颇具鉴赏力的书画收藏家，也是上海的一位富商。他看到悲鸿的这幅雪景后，认为悲鸿是一位很可造就的人才，表示愿意帮助悲鸿解决生活上的困难，劝悲鸿留在上海。但是，悲鸿当时却向往着有古老文化的北京，一心想去那里。唐先生则认为去北京未必能谋到职业，前途莫测，力劝悲鸿留在上海。在这位好心的同乡唐先生的劝告下，悲鸿接受了黄震之先生的帮助，搬到上海暇余总会去住。

这是商界的一所俱乐部。黄震之先生在会中租了一间房子，以备休息和吸烟时用，悲鸿就被安排住在这间屋子里。会中设有赌场，每天从黄昏开始聚赌，直到次日清晨，通宵达旦，灯火齐明。悲鸿看到那些围在赌桌四周的人们像发疯了一样，一掷千金，听着银元在赌桌上叮叮当当和哗哗的响声中，夹杂着人们的欢笑声、吆喝声、咒骂声，一种厌恶之感充满心头，他像逃避瘟疫一样急忙跑出去。最初，他只是在街上徘徊，后来，找到一家夜校补习法文。黎明以后，赌徒们散尽，暇余总会又变得鸦雀无声，悲鸿便伏在那十分宽大的赌桌上，用心作画。

时间就在悲鸿勤勉的手指下，一小时一小时地，一天一天地，一月一月地流逝，转眼又到了冬天。暇余总会忙于修整和粉刷房屋，准备新年大赌，悲鸿只好搬出去，住到新结识的朋友黄警顽先生的宿舍里。黄警顽是商务印书馆门市部的营业员，悲鸿常去那里站读，日子久了，彼此就交谈起来，渐渐产生了友谊。这位比悲鸿年长几岁的营业员对待所有的人都很热情，丝毫不因悲鸿只是站读从不购书而冷淡他。在悲鸿困难时，他还伸出了援助之手。

这年年底，黄震之先生赌败，几乎破产，他已不能再给悲鸿任何帮助了。而黄警顽是个小职员，收入微薄，还要奉养老母，悲鸿不愿开口向他告贷。在走投无路、十分困难之际，悲鸿画了一幅马，寄给上海审美馆馆长高剑父、高奇峰兄弟。他们两人都是著名的岭南派画家。不久，悲鸿接到高剑父先生的回信，盛赞他画的马，信中写道："虽古之韩干，无以过也。"并决定将悲鸿这幅马在审美馆出版销售，同时又请悲鸿为审美馆再画四幅仕女图。

这时，悲鸿身上只剩下五个铜板，而四幅仕女图至少需要一星期才能画完。每天清晨，悲鸿带着辘辘饥肠，走上晨雾迷蒙的上海街头。繁华的夜市随着黎明而消失了，商店都沉睡在梦乡里，只有早点铺冒着腾腾热气，豆浆、油条、烧麦、小笼包子、排骨汤面等等，发出诱人的香味。悲鸿手心里捏着一个铜板，就如同捏着一块金子一样，唯恐丢失了，因为他要靠这个铜板维持一天的工作，要靠它度过漫长的一昼夜呵！最后，他停在一个卖糍饭和油条的小摊前。一个铜板可以买到一个糍饭团，如果夹上一根油条，就需要付两个铜板。悲鸿只买了一个不夹油条的糍饭团。这是一种蒸熟了的糯米饭，小贩从饭盆里用手指抓一把糯米饭，放在一块潮湿的白布上，然后将布卷起来，双手一搓，便搓成了一个饭团。由于糯米饭有黏性，能多消化些时候，悲鸿才选择了它，就靠它支持一天的工作。他常常因为饥饿而心慌，握着画笔的手也变得软弱无力，但是他竭力挣扎着。

到了第六天和第七天，已经一个铜板也没有，完全断食了。握着画笔的手开始颤抖，不能听从意志的支配。眼睛也渐渐模糊起来，仿佛有无数的黑影晃动，它们忽然变成一片黑暗，冒出许多金星。他连忙匍匐在桌上。等待一阵晕眩过去，他又抬起头来，重新拿起画笔；随后，又是一阵晕眩，他又赶紧匍匐在桌上……当他终于画完四幅仕女图，夹着它们送往审美馆去时，街上正是漫天风雪，寒风裹着湿雪，扑打着他的脸，落在他那浓密的头发上和单薄的衣服上，使他感到饥寒交迫。

审美馆的看门人从窗户里伸出头来，高声地对悲鸿说："今天下

/
徐悲鸿十九岁时在上海留影

雪，高先生不来！"随即将窗户关上了。

"那么，明天来不来呢？"悲鸿惶恐地问。

"明天是星期天，照例不来！"看门人隔着窗户回答。

悲鸿只好将画交给看门人收下。难以忍受的饥饿，使他感到有一种即将倒下去的晕眩，虽然十分寒冷，他仍不得不脱下身上单薄的布衫，送进黑沉沉的当铺。

回来的路上，震旦大学的招生广告吸引住他，他鼓起勇气报名应考，竟被录取了。但是衣食尚且不继的悲鸿，如何去筹措这笔学费呢？他久久地徘徊在震旦大学门前，苦苦思索。终于决定腼颜去向一位并非富有的同乡阮翟光先生告贷。

阮先生是一位经营缫丝的小商，待人诚恳，和蔼可亲，经唐先生介绍而与悲鸿相识。悲鸿急不可待地来到阮翟光先生家里，开门见山说明了来意。阮先生很慷慨地答应借给他二十元钱，又看了悲鸿带去的近作，十分高兴，热情地勉励悲鸿，并挽留悲鸿在他家吃了晚饭。这是很久以来，悲鸿第一次吃到的一顿饭，许多美好的愿望，此时又在他心里升腾起来。

震旦大学校长要一一召见新生，叫到"黄扶"的名字时，悲鸿应声走了进去。原来悲鸿在报名时，改名"黄扶"，以纪念两位姓黄的人（黄震之、黄警顽）曾经帮助过他。校长询问悲鸿的学历，触动了他心中的创伤，勾起他对悲伤的往事的回忆。一个失业者，一个受尽生活折磨的二十一岁的年轻人，曾经种过地，教过书，流浪过，却从来没有进过学校读书。他想要把这一切都说出来，但是，他翕动嘴唇，发不出声音，好像有什么东西堵塞在他的喉咙里，泪水顺着他的面颊滚滚流下。校长的目光落到他那双戴孝的白布鞋上，关怀地问道：

"你戴谁的孝？"

悲鸿哽咽地回答："父孝。"泪水更加不止，终于啜泣起来。

校长温和地抚慰说："努力读书吧！勤学可以使人忘记悲痛。"

于是，悲鸿正式入学了。他读的是法文系。这并非他想放弃学画的志愿，而是打算学好法文，将来寻觅机会去法国半工半读。每周只有星期四下午无课，他便练习素描，有时对镜子画自己，有时画同学们。

有一天，他正在画素描，忽然接到高奇峰的来信，急忙拆开，高奇峰除称赞悲鸿的画外，并寄来四幅仕女画的稿酬五十元。悲鸿连忙放下画笔，快步走到阮翟光先生家里，偿还了欠债。阮翟光先生分外高兴，又介绍几位朋友的子女跟悲鸿学画，使悲鸿每月略有收入。

在经历了那么多的艰难困苦之后，生活的航船似乎越过了险滩、暗礁，现在来到了一条风平浪静的河面，他在这里开始了半工半读的大学生生活。

第六章

有一天,悲鸿从报纸上看到上海哈同花园附设的仓圣明智大学征求仓颉画像的广告。他便画了一幅仓颉像去应征,目的只是想得到一份稿酬,以补生活的不足。

文字原是劳动人民在生活中发明和创造的,但我国古书却记载仓颉发明和创造了文字。年轻的悲鸿便根据古书记载的仓颉"四目灵光",画了一个身披树叶、长发垂肩、满面须毛的巨人,浓重的眉毛下有四只重叠着的大眼睛,射出犀利的光芒。那宽阔的前额似乎蕴藏着无穷的智慧,唇边浮起一抹笑意。这是一幅有一米高的水彩画,明智大学的教授们看到它,无不热烈赞赏。学校立即派汽车去迎接悲鸿,打算请他到校讲授美术。

明智大学的总管姬觉弥先生在办公室里恭候着悲鸿,但走进来的却是一位异常年轻的人,他迷惑地问:

"徐悲鸿先生没有来?"

"我就是。"悲鸿直率地回答。

"那么,那张仓颉像是谁画的呢?"

"当然是我画的。"

"哦，哦，我以为，我以为……"肥胖的总管结结巴巴地说不下去了。

"先生，您以为我是冒名顶替吧？"悲鸿有点愤怒起来。

"不，不，"总管连忙否认，"我只是，我只是没有想到，你是这样年轻。"

"是的，先生，我在震旦大学是学生，并非教师。"

"我们想请你来，再画几张不同姿态的仓颉像。待遇将是优厚的。"总管微笑着。

"很对不起，"悲鸿说，"我目前没有时间，只能等待暑假。如果你们急需，那就另请高明吧！"

"不，不，"总管连忙说，"这里的教授们都称赞你的画，那就等着你暑假来吧！"

时间过得很快，烈日炎炎，盛暑来临了。悲鸿顺利地通过了期末考试，便带着简单的行李，住进了明智大学的客房。那是哈同花园内一排向阳的房屋，光线充足，室内有宽大的画案，还有充裕的绘画颜料。悲鸿有生以来还从未有过这样优越的作画环境。他的同学们开玩笑说："悲鸿，你真是一步登天啦！以后，你就留在明智大学画画吧！"

悲鸿却严肃地说："他们这些有钱人办学校，弄风雅，自有他们的目的，我有我的打算，我决不会在这里久留。而且不管到了哪里，我都是'神州少年'、'江南贫侠'。"

明智大学当时还设有广仓学会，邀请一些名流学者讲学。悲鸿因此有机会结识了康有为、王国维、沈寐叟等当时颇负盛名的学者。明智大学又经常在哈同花园内举办私人收藏的金石书画展览，给悲鸿提供了极好的学习机会，使他从我国古代优秀的绘画中，汲取了丰富的营养。

悲鸿对戊戌变法时公车上书的康有为是深表敬意的，遗憾的是他未能随着时代前进，而终于成为保皇党。但康有为的渊博学识，仍吸引着悲鸿；特别是他热心奖掖后进，使悲鸿把他当做老师一样看待。康有为收藏的书籍、碑帖极为丰富，悲鸿都一一浏览，从而对书法产生了浓厚的兴趣。后来，他将"石门铭""爨龙颜""经石峪""张猛龙"等名碑都临摹多遍。

在明智大学的日子里，勤奋的悲鸿作了许多画，除了仓颉像，还有人物、山水、花鸟、走兽，也画过一些舞台布景。从这些作品上，可以看到悲鸿在中国传统技法的基础上，开始尝试结合西洋画的明暗和透视，来表现中国画的空间和体积。虽然它们还很不成熟，但能够看出，他在革新中国画方面已经举步前进了。

明智大学的总管姬觉弥先生对年轻有才的悲鸿颇为赏识，优礼有加。当时，校内缺少一位管理学生宿舍的舍监，悲鸿便向姬觉弥先生推荐自己的朋友——正在失业的曹铁生来担任，姬先生欣然接受了悲鸿的推荐。

曹铁生是悲鸿故乡宜兴的邻县溧阳人。悲鸿在和父亲流浪卖画时，在溧阳认识了他。他见悲鸿勤奋好学，曾将多种欧洲艺术大师们的绘画复制品赠给悲鸿。曹铁生是位落拓不羁的旧知识分子，嗜好喝酒，不修边幅，但为人侠义，爱打抱不平，别号"无棒"，取"穷人无棒被狗欺"之意。尽管悲鸿在明智大学接触的人很多，但真正彼此能谈心的，只有曹铁生。他们有过相同的遭遇：失业和贫困；也有相似的性格：爱仗义执言。他们常常在一起倾谈。曹铁生对于明智大学的某些校规，如禁止学生与外界来往；学校的校医既无能，又倨傲；以及某些教授的尸位素餐、庸碌无才等等，都有愤愤不平之感，常与悲鸿一起议论。

有一天，曹铁生喝酒回来，借着酒意，当着明智大学总管姬觉弥之面，痛斥该校如何误人子弟，以发泄心中的愤懑。那位肥胖的姬觉弥先生挺着便便大腹，斜睨着眼睛，用温和的声音对身边的人说："曹先生醉了！你们赶快扶他去睡觉吧！"当天深夜，姬觉弥便叫人将曹铁生的行李扔了出去。

悲鸿只好资助他远走汉皋，而悲鸿自己也无意再留在明智大学了。他原计划画八幅仓颉像，有立像、坐像，有全身的、半身的，有穴居野外的，也有伫立凝思的。但他只完成了四幅，其余四幅，刚勾了一个轮廓，他也不想再完成了。这些画后来也都随着明智大学的风流云散而不知下落了。

明智大学以一千六百元现洋赠给悲鸿。悲鸿拿到这笔稿费，决定东渡日本，开始他对世界艺术的探索。

第七章

在离哈同花园不远的地方,住着一位年长的宜兴同乡,名叫蒋梅笙,是一位很有国学根底的旧文人,当时在上海大同学院教授国文。由于同乡朱了洲的介绍,悲鸿认识了蒋家。朱了洲先生在宜兴是位知名人物。辛亥革命时,这位有革命思想、体格又十分健壮的青年,身后常常跟着一帮年轻人,为了破除迷信,在宜兴的庙宇里,见到菩萨就砸。这时,他在上海务本女子学校教体育。他的弟弟朱一洲先生后来留学法国,也成为悲鸿的挚友。

蒋梅笙夫妇见到才华出众、外貌英俊的悲鸿,十分喜欢。他们得知悲鸿在家乡的原配妻子亡故以后至今尚未续弦,对悲鸿不幸的身世就更多了一份同情。

原来,悲鸿十七岁时,由父母包办定了亲。当时父亲患着重病,十分孝顺的悲鸿不便违抗父亲的意愿,被迫同意了。妻子是邻村一位贫寒的农家姑娘。由于先天不足,体弱多病。婚后生了一个孩子,取名"劫生"。悲鸿第二次来到上海不久,妻子便不幸病亡。后来,劫生也因出天花而夭折。

蒋梅笙有两个女儿,大女儿已经出嫁,次女蒋碧微在十三岁时便许配给苏州查家，尚未过门。这时，蒋梅笙夫妇很遗憾地想：如果他们再有一个女儿就好了。

十九岁的蒋碧微认识悲鸿以后，常常不由自主地在心里将在苏州读中学的未婚夫——一个家境衰微了的宦家子弟——与悲鸿比较，真觉得有天壤之别。她渐渐被悲鸿吸引，偷偷地爱上了他。开始，悲鸿并未察觉。直到有一天，蒋碧微听到母亲说，查家明年就要来迎娶了，她便失声痛哭起来，悲鸿才好像了解她的心情似的拍拍她的肩膀说："不要难过。"便匆匆走了。

蒋碧微女士修长的身材，白皙的皮肤，眉目清秀的面庞和那一头闪闪发光的浓密的黑发，是能引起一个画家的好感的。但悲鸿正处于父逝妻亡的悲痛心情中，而且他又专心致志于绘画，无暇顾及其他。以至直到悲鸿准备东渡日本时，还未曾与蒋碧微有过单独的接触。但蒋碧微那多情的顾盼，有时也牵引他的心。

蒋碧微听到悲鸿即将东渡日本，她内心多么想跟着他同去，但是，由于少女的羞涩和已经订婚的种种顾虑，使她只能将这个愿望痛苦地埋在心里。但是，谙于人情世故的朱了洲早已洞察一切，自告奋勇地做了穿针引线的工作。一天朱了洲对蒋碧微说：

"假如有一个人想将你带到外国去，你去不去？"

蒋碧微立刻想到了这个人就是悲鸿，她勇敢地、坚决地、毫不迟疑地回答："去！"

在那还被旧礼教统治着的社会和家庭中，解除婚约是不可能的，抗争的唯一办法便是私奔。她悄悄地留下一封与父母告别的信，伪称自己对人生深感乏味，似有去自杀的打算，便匆匆离开了家。

悲鸿面对着这样一位热爱自己，并且如此大胆地反抗封建包办婚姻的美丽姑娘，感到一种强烈的魅力和责任，他那颗被深深打动的心开始沉浸在美好生活的向往中。悲鸿很快办好了两人的船票。一九一七年五月,这对热恋中的情人,从上海登上驶往日本的海轮,开始了同居生活。

女儿的突然失踪,使蒋梅笙夫妇惊骇忧惧,当他们发现了女儿的告别信时,更是老泪纵横。但父母毕竟了解他们的女儿。他们估计女儿不会自杀,很可能是跟着悲鸿一同跑到国外去了。即使如此,这种私奔,也是蒋家的奇耻大辱,将受到众人指责。蒋梅笙夫妇只好伪称蒋碧微暴病身亡,又怕未婚女婿查家发觉,便买了一口棺材,装上许多石头,抬到苏州一家寺庙里存放,这样才算瞒过了查家。

轮船喷着粗大的黑色烟柱,在波涛汹涌的太平洋上乘风破浪前进。身着西服的悲鸿与穿着宽袖绸裙的蒋碧微凭倚船栏,凝视着隐约在望的邻国。悲鸿追思着中日文化交流的历史,想象着隋唐时代,日本派留学生来中国学习,以及中国的鉴真高僧六次渡海去日本讲学的情景。在这辽阔的海面上,他似乎还能听见古代帆船拨浪前进的回响。蒋碧微见悲鸿沉默不语,也没有说话,只是把身体依偎在悲鸿的身边。一阵阵海风吹来,那是多么甜蜜而幸福的风吹拂着他们呵!他们亲密地、携手并肩地走进了未来的生活。

他们在东京租住了一家日本居民的一间房子,伙食也包给房东太太。于是,他们有了一个暂时的家。美丽的东京以它那明媚的岛国风光和异国情调迎接着许多外来游客。但年仅二十二岁的悲鸿并未流连于山光水色中,也未沉浸在个人感情里,强烈吸引他的,是那丰富多彩的日本美术。

他整天在藏画的处所观览,欣喜地看到日本画家渐渐脱去了据守古人的积习,能仔细观察和描绘大自然,达到了美妙、精深、丰富的

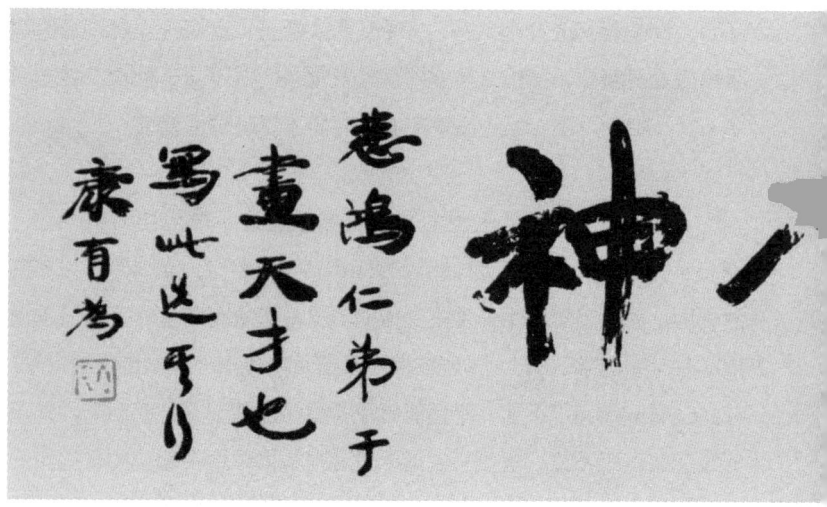

/
一九一七年,徐悲鸿东渡日本研习日本绘画时,康有为赠字送行

罵生

岁丁巳先生年六十时予欲赴日本先生书此送行即月张君伯蘭齎来复睹之前月世人事如梦今二十年矣此无岁月持为识之丁丑春初寓居桂林检理旧物不禁慨然 悲昌

境界，尤其以花鸟画最为出色。当时，日本的美术印刷很精美，种类繁多，有一些仿制原画的复制品更吸引悲鸿。他经常流连于那些书店或画店，遇到自己喜爱的书籍或美术复制品，便不计价值地买下来。每次回家，他总是抱着一堆书画回来。

"碧微，快来看！"他兴高采烈地叫着，"这简直印得和原画一模一样！"他的眼睛里亮着奇异的光彩。

蒋碧微皱蹙着那弯弯的柳叶眉，带着埋怨的语气说："你总是买这些书画，这样下去，我们带来的钱很快就会用完，将来流落异国怎么办？"

但是悲鸿却不能抑制他对艺术如醉如痴的追求，也不能消减他继续购买书画的热情。最初，蒋碧微只是婉言规劝，多次规劝无效，便继之以口角，接着而来的，是激烈的争吵，双方都很不愉快。生活就是这样严峻地在一对情侣刚刚开始共同生活的时候，投下了浓重的阴影。蒋碧微敏锐地看出：悲鸿的全部心力都放在艺术上。她深深地在心中埋怨，悲鸿只爱艺术，并不爱她。这是多么不幸！而悲鸿却在想：即使挨饿，不吃饭，也要省下钱来买这些书画，否则，将是留在心中的遗憾，永远无法补偿。他觉得：蒋碧微一定会渐渐地理解他。他盼望能将蒋碧微吸引到和他一样热爱艺术的精神领域来。悲鸿当时没有看到，也没有想到，留在他们生活画面上的这块阴影是永远擦不掉的，而且将愈来愈浓重。

在东京住了半年，钱果然很快用完了。生活上的花费并不多，绝大部分都被悲鸿用来买了书画。无法继续在东京生活下去，只好归国，他们于这一年年底，乘轮船回到上海。

蒋梅笙夫妇看到私奔的女儿和他们喜爱的女婿双双归来，尽管拆穿了假棺材之谜，受到了一些亲戚朋友的非议，还是喜笑颜开。然而，他们还不知道，女儿与女婿之间已出现裂缝。

第八章

北京不仅是中国的政治中心,也是学术和文化中心。十分向往北京的悲鸿,在上海拜见了康有为先生,谈到要去北京谋求职业的想法。康有为鼓励了悲鸿,嘱咐他到北京去找自己的好友罗瘿公。罗瘿公是当时北京的名士,一位很有学识而又交游广阔的旧文人。康有为当即给罗瘿公写了一封介绍信,交给悲鸿。

一九一七年十二月,悲鸿和蒋碧微搭上从上海到塘沽的轮船。为了节省路费,悲鸿在上海买的是三等舱的船票。乘坐三等舱的大都是穷苦大众和落魄的知识分子等。在贫困和流浪中长大的悲鸿对此是处之泰然的,因为他的生活向来很简朴,而且很愿和下层社会接触,他对劳动人民有着深厚的同情。但是,对家境比较富裕的蒋碧微来说,和这些下层社会的劳动人民相处,而且住在一个舱房里,使她觉得难堪、有失体面,心里十分委屈。她又一次感到,悲鸿只爱艺术,并不爱她。她不能理解:为什么悲鸿能拿数以百计的钱去购买艺术品,却不愿拿几十元替她买一张头等舱的船票?生活中的阴影继续在她心里扩大、加深,使她感到无限的悲伤和哀怨,以至一路上很少主动和悲鸿说话。

一到北京，悲鸿马上持康有为的信和自己的作品去拜访罗瘿公。罗瘿公惊喜地看了悲鸿的作品，当即给教育部长傅增湘写了一封恳切的推荐信，盛赞悲鸿是个不可多得的人才，希望教育部在派遣留学生时，能考虑让悲鸿去法国深造。

傅增湘先生是四川人，中等身材，体态瘦削，是个读书人，有藏书的癖好，态度平易近人。他看到罗瘿公的推荐信后，面带微笑地对悲鸿说：

"能不能看一看你的作品？"

于是，悲鸿又将自己的素描、水彩和中国画多幅，送到了教育部。几天后，他再去见傅增湘先生，颇受夸奖。傅增湘确认悲鸿是一位很有发展前途的青年画家，热情地对悲鸿说：

"可惜现在欧战未停，你可稍稍等待。如果将来派留学生去法国，一定不会遗忘你。"

这使悲鸿感到这位教育部长很诚恳，似乎没有官场交际的那种虚伪和托词，心里十分感动。

在北京等待留学的日子里，悲鸿结识了华林。这个身材高大的青年，在北京文化界很活跃，常为北京的报刊撰写文章，文笔很犀利。他尚未结婚，单身一人租住了东城方巾巷一所四合院内三间厢房，悲鸿便向他分租一半居住，成为紧邻。经华林介绍，悲鸿拜访了蔡元培。蔡元培是北京大学的校长，也是一位很爱重人才的前辈。他看到悲鸿的生气勃勃、富有民族特色的作品，非常赞赏，延聘悲鸿担任北京大学画法研究会导师。年轻的悲鸿便在北京暂时定居下来。

美丽的北京以它那辉煌灿烂的古代文化，强烈地震撼着悲鸿的心灵。那红色的宫墙、巍峨的宫殿、描金彩绘的楼台亭阁、高大的古柏、挺拔的白皮松……这一切都闪耀着我国劳动人民智慧的光芒，散发着古老文化的气息。在故宫博物院，悲鸿还看到了大量的古代绘画、陶瓷、青铜器、玉器等，开阔了眼界，提高了欣赏水平，并从中汲取了极其有益的营养。

当时，北京的知识界十分活跃。《新青年》《每周评论》等进步刊物，对封建思想展开猛烈的抨击，传播着民主主义的思想和文化。悲鸿受到深刻的影响。在如何对待我国美术遗产的态度上，他当时便提出："古法之佳者守之，垂绝者继之，不佳者改之，未足者增之，西方绘画之可采者融之。"这是一种科学的态度，既反对泥古不化，也反对历史虚无主义，主张继承古代绘画的优良传统，吸取西方绘画中的优秀技法，以丰富我们民族的现代绘画。他鲜明地指出："中国画学之颓败，至今日已极矣。"颓败的主要原因是"守旧"。他慨叹地写道："要以视千年前先民不逮者，实为奇耻大辱！"因此，他立下壮志雄心，要复兴中国美术，希望在二十世纪内，中国画家能做出超越先辈的成绩来。

悲鸿的卓见得到诗人陈散原之子陈师曾的热烈赞赏。画家陈师曾那时也在北京大学画法研究会任导师，他常和悲鸿一起谈画论诗，有时，也一同去故宫博物院欣赏那些优秀的古代绘画。有一次，他俩站在宋代画家范宽的杰作《溪山行旅图》前，不禁为之神往。第二天，悲鸿又特意将画法研究会的学生们带来。

"你们看！"悲鸿指着范宽的《溪山行旅图》说，"宋代的画家都是刻意写实的，但极重神似。范宽居太华，经常见到雄峻的高山，所以他画的多是层峦叠嶂，而董源住在江南，所画的多是平原景色。这都是由于师法造化，所以能画出真情实景，予人以亲切之感。"陈师曾站在一旁点头称是。悲鸿兴致勃勃地接下去说："我觉得唐代的一些画家，如吴道子、曹霸、王维，他们的作品虽然没有流传下来，但一定是美妙无比的，因为当时的人们那样称颂他们。例如杜甫称赞曹霸的画马：'一洗万古凡马空'；苏东坡称赞王维：'吾于维也敛衽无间言'；至于吴道子，苏东坡尊之为'画圣'。如果他们的作品突然出现在我们面前，将如何使我们倾倒呵！王维诗中有画，画中有诗，那样的画卷一定能使人陶醉。至于李思训、阎立本的手迹，尚能考见，使人觉得真气逸出，雍容华妙。稍后，周昉的仕女图，也是罕见的高手之作……"

悲鸿如数家珍似的谈论着，眉宇间浮现出一片真诚的喜悦。陈师曾很了解悲鸿的性格，遇到高兴和激动的时候，话是无穷无尽的。他听着悲鸿继续说下去："我最厌恶董其昌和四王山水。董其昌是大官僚，借着他的名位，建立了一种不好的风气，那就是画家可以不懂写生，不师法造化，但不可不识古代画家的画风和派别。董其昌不仅以地位傲人，而且以富厚自骄，他既是大官僚、大地主，又是大收藏家，但是，他的画只是投机取巧的末流文人画。四王山水也和董其昌一样，只是馆阁体的八股山水，毫无生气。但至今还有人奉若拱璧，专门模仿这些毫无生气的末流文人画。"

听到这里，陈师曾笑着说："悲鸿，你在美术上的评论也和你的为人一样，爱憎分明。但是要清除积习，开一代新风，谈何容易啊！"他似乎有点不以为然。

悲鸿的眼睛里闪着激动的光芒说："我知道，我还太年轻，但开一代新风的责任正落在我们青年人身上。"他环顾着身边的画法研究会的学生们说："中国画自明朝末年以来，三百多年，便处在这种毫无生气、陈陈相因的积习中。其间，虽然出现过少数优秀的画家，但整个国画界的风气是守旧，画一笔都要有来历，都要模仿古人，毫无生气和创造，思想和笔墨都僵化了。艺术应该追随时代，向前发展，

/
一九一八年，徐悲鸿担任北大画法研究会导师时与会员一起合影（最后一排右五为徐悲鸿）

而故步自封、复古守旧都是大敌。依我看,如何在我国古代绘画的传统上吸取一些西方绘画的优秀技法,用来丰富和发展我国的民族绘画,是我们这一代青年画家应做的努力。因此,我很希望有机会到欧洲去学习。"

学生们都聚精会神地,而且几乎是感动地倾听着他那雄辩的讲话。

"悲鸿,时间不早了。"陈师曾提醒说,"今天晚上,我们还要去看程砚秋的戏呢!"

"是呀!"悲鸿这才想起罗瘿公派人送的戏票,于是结束了充满激情的演讲。

当时,罗瘿公为了宣扬程砚秋的艺术,每逢程砚秋演出,他就将戏院的前几排座位都包下来,买了票请朋友们去看戏。罗瘿公爱重程砚秋的才华,亲自教程砚秋书法和诗词歌赋,亲自为程砚秋编写剧本,教程砚秋熟悉剧本的内容和人物性格。后来,罗瘿公又助他拜梅兰芳为师。他那份扶植人才的热心,确实感人肺腑。如果没有罗瘿公的爱护和栽培,程砚秋的才华很可能永远被淹没在旧社会的污泥浊水中。悲鸿被罗瘿公这种爱才和自我牺牲的精神深深感动,也被程砚秋的艺术所吸引,每逢程砚秋演出,他是必到的,成为最热情的观众之一。他对京剧的浓厚兴趣,就从这时开始,渐渐地,他自己也能唱些段落了。

但是,蒋碧微却对此产生了反感,她既不愿和悲鸿一起去看戏,又不愿一人独坐家中,而且她还激烈地非难罗瘿公捧程砚秋。

"哼!"她带着不满的口气嘲讽说,"罗瘿公捧程砚秋,这说明什么呢?只不过说明文人无行罢了!"

悲鸿惊讶地望着妻子:"你怎么能这样说?"

"为什么不能这样说?罗瘿公为了捧程砚秋,把家都搅得乱七八糟了,这还不够,他还想搅到别人家里来!"

"碧微，"悲鸿耐心地说，"罗瘿公是真正爱重程砚秋的才华，这和无聊的文人寻欢作乐不一样。他是在培植一颗艺术明珠，培养一位有才华的京剧艺术家，使中国京剧后继有人。"

"艺术！艺术家！看你说得多么冠冕堂皇！"蒋碧微愤愤地说，"你不过是参加捧戏子罢了！"

"唉，碧微……"

悲鸿难过地感到有什么东西横亘在他们之间，感到在对待艺术和艺术家的态度上，他们有着多么令人难以置信的距离。生活的阴影在渐渐扩大、加深，不仅蒋碧微感到苦恼，也使悲鸿很不愉快。

然而，悲鸿对京剧的浓厚兴趣并未因此而消减。他仍然去看程砚秋的戏，还常去看梅兰芳的戏。他不仅是被精湛的京剧艺术所吸引，而且在内心深处深深地羡慕着京剧界人才辈出。这些后起之秀不仅继承了前辈的优良传统，而且能刻意磨练，推陈出新，创造了一些新的流派，极大地丰富和发展了京剧艺术。这对年轻的悲鸿是很有教益的启发和借鉴。每当看完戏回来，他独自走在僻静的胡同里，心情总是不能平静下来，仿佛仍置身于戏院中。他拿中国画和京剧来对比，感到它们的发展是多么不平衡！中国画日趋颓败的现状，更加激起他强烈的责任感。

有一天，酷爱艺术的罗瘿公请悲鸿为他画一幅梅兰芳扮演的天女散花图。悲鸿欣然答应了。在这幅中国画上，既有西洋画的写生技法，又有中国画的线条和勾勒，使婉丽多姿的天女栩栩如生。罗瘿公看了，喜不自禁，高兴地在画面上题诗一首：

后人欲识梅郎面，
无术灵方更驻颜。

> 不有徐生传妙笔，
> 焉知天女在人间。

转眼到了夏天。北京的白蛉子特别多，这种小如芥末的飞虫，咬人奇痒。在方巾巷狭窄庭院居住的悲鸿深以为苦。幸好这一年暑假，北京大学组织教师和学生去香山避暑，悲鸿便报名参加了。

香山公园是一个面积有160公顷的天然公园，最高处海拔557米。旁边的碧云寺依山建筑，层层上升，有描金彩画的亭台塔院，又有汉白玉的石台和雕栏，周围古木参天，门前流水潺潺，优雅别致，宛如仙境。香山原有香山寺，建于1186年，元明两代都曾修建，清代还在这里建筑了行宫。但英法联军和八国联军先后抢掠焚烧，大部分建筑都已变成废墟。悲鸿和北大的师生们在这里游览凭吊，深感国家的衰败。悲鸿伫立在残垣断壁之间，胸怀激荡，忧国忧民之情油然而生。

当时正是五四运动的前夕，苏联十月革命已经成功，但欧战尚未结束。许多爱国的知识分子都系心于国家的安危。北京大学校长蔡元培采取"兼容并包，思想自由"的办学方针，不仅使北京大学成为学术研究的中心，也使北京大学成为刚刚兴起的新文化运动的摇篮。陈独秀、李大钊、鲁迅等人的文章和讲演，成为人们谈论的中心。新文化运动强烈地冲击着当时的知识分子，悲鸿也受到影响。他和北大的一些教师常三五成群地坐在碧云寺的台阶上，讨论救国救民之道，也谈论各自的抱负。虽然他们还没有透彻理解和接受马列主义，却接受了"民主与科学"的口号，希望它们可以救中国。

勤奋的悲鸿没有一天停止过他的画笔，在碧云寺避暑期间，画了不少山水画。那幽深的树林，清澈的山泉，白云悠悠，云雾霭霭，大自然的美又赋予悲鸿以新的启示和灵感。

不久，中国教育部开始向欧洲派遣留学生，名单发表后，竟没有悲鸿的名字。悲鸿怀着非常失望和气愤的心情给傅增湘先生写信，责备他食言，措辞十分尖锐。信寄出去以后，没有回音。悲鸿按捺不住，又去见罗瘿公。

罗瘿公叹息地说："傅增湘部长接到你的信了，他非常生气。"

悲鸿仍十分激动地说："傅增湘先生既然不打算派我留学，当日就不该答应我，如果这是出于寻常人之口，当然可以不计较，但傅先生是位读书人，我原以为他不是敷衍我。"

罗瘿公默然无语。

一九一八年十一月十一日，第一次世界大战结束。消息传来，举国欢腾。随后不久，听说中国教育部将继续派遣留学生去欧洲学习。于是，蔡元培校长写信给傅增湘先生，为悲鸿转圜。傅增湘先生很快复信，表示不食前言。悲鸿立即前往教育部，向傅增湘先生致谢。

很多年以后，悲鸿回忆起这段往事，曾慨叹地写道：

> 我飘零十载，转走千里，求学之难，难至如此。我对黄震之、傅增湘两位先生，是终身感戴其德，而不敢忘记的。

第九章

一九一九年三月的一天,天下着小雨,温暖的雨点欢快地洒在宽阔的江面上。嘈杂的人群拥挤在黄浦江码头,一阵阵热烘烘的声浪使空气变得混浊而凝重。人们撑着五颜六色的雨伞,在依依地送别将要远离的亲友。

一艘日本轮船即将启碇了,甲板上响起了咣当咣当的锚链撞击声。二十四岁的悲鸿挤在船栏边,向送行的亲友们挥动他那宽边的黑色礼帽,蒋碧微含笑紧挨在他身边。他们将一同乘这条船去巴黎。此刻,她正高高地扬起胳臂,手中挥动一条丝质的手绢,向挤在人群中的父母告别。

悲鸿决定带着蒋碧微一同去巴黎,是经过反复考虑的。因为要靠他一人的留学公费,供两人生活,将十分困难和艰苦。但是,一个美好的愿望强烈地驱使着他:他希望蒋碧微到世界艺术的中心——巴黎以后,能像他一样,受到浓郁的艺术气氛感染;他甚至还想象出那些举世闻名的、从文艺复兴以来的绘画大师们的杰作,将怎样强烈地震撼他们的心灵!他衷心希望蒋碧微爱上艺术,投身到艺术事业中来,为提高我们祖国的文化和艺术而献身。这样,他们不仅是生活上的伴侣,还是志同道合的朋友。正是这个美好的愿望,使悲鸿不再去回顾过去生活中那些不愉快的争吵,并愿意永远遗忘它们。

轮船在海上航行了五十天,经太平洋、印度洋,又越过红海及苏伊士运河,于五月初到达伦敦。

悲鸿和蒋碧微立即去参观了大英博物院。当看到古代希腊巴尔堆农古神庙的浮雕时,悲鸿沉醉地叹息道:

"唉,为什么不让我慢慢地见到它,而使我骤然站在它面前,以致惊恐无地呢!"那些浮雕上的战马的奔腾是那样生动有力,震撼人心,而那些年轻姑娘们的动作又是多么轻盈秀丽,衣纹的皱褶既流畅,又变化多端,使人感到它不是石头雕出来的,而是丝绸质地……悲鸿简直如醉如痴了。

接着,悲鸿又参观了国家画廊,欣赏了凡拉士贵支、康斯太布尔、透纳等艺术大师们的杰作,还参观了皇家画会展览会,见到英国当代一些画家们的佳作。

在伦敦参观了一星期,他们于一九一九年五月中旬到达巴黎。五月的巴黎和风拂面,花香袭人。看到那似曾相识的凯旋门,悲鸿感到多年夙愿得偿的欢乐。但他也看到摆在面前的学习道路将是多么艰苦,他又将要如何奋勇举步!也正是到达巴黎以后,他才知道国内爆发了伟大的五四运动。他的心仿佛又回到了北京,强烈地系念着多难的祖国和同胞,使他更加下定决心,一定要为中华雪耻,为祖国争气!努力发扬中国绘画艺术,使它继续在世界艺术的领域中放出异彩!

在巴黎一住下来,悲鸿立刻怀着极大的兴致,和妻子一同去参观卢浮宫。但一些重要的陈列室还关闭着,因为许多著名的杰作都在战时运往安全的地方存放,这时尚未运回。只有一间陈列室中,挂着达·芬奇的杰作《蒙娜丽莎》《圣母和圣安娜》及其他画家的十余幅画。

悲鸿站在这幅久已仰慕的《蒙娜丽莎》前，浮想联翩。这是达·芬奇为德尔·乔空达的夫人蒙娜丽莎所作的带着深沉微笑的肖像。许多世纪以来，文艺评论家都在徒劳地解释她那隐藏在神秘微笑后面的东西。这幅达·芬奇在佛罗伦萨所作的《蒙娜丽莎》，在他到法国居住时，一直伴随着他，因为他要它永远在自己的眼前，到死为止。

另外还有一间陈列室，全部陈列了大卫的作品。悲鸿在那里徘徊观览，深为大卫那种纯正严密的画风所吸引。他站在大卫所作的油画《荷拉斯兄弟之誓》前，受到强烈的感动。作品描绘了荷拉斯三兄弟上战场之前，向父亲宣誓与敌人决战到底，一去不复返的悲壮场面。父亲手持三支刀箭，神情悲壮、尊严，家里其他人坐在一旁，悲痛欲绝。正是这幅作品使大卫一举成名。

大卫所画的《加冕式》巨幅油画，画中人物都有具体对象，场面庞大，人物众多，极为逼真。

接着，悲鸿又参观了沙龙，见到莫奈、罗朗史、达仰、弗拉孟、倍难尔、莱尔弥特、高尔蒙等前辈画家的作品。

接触了这许多大师的作品，悲鸿惊叹不已。如同阳光和雨露渗入了他苦涩的心灵，使他感到无比的欢快、激动、安慰和温暖。它们也像镜子一般，照亮了悲鸿的心扉，使他感到自己在国内只是以画谋生，并非能画，而且因常作写意的中国画，所以观察和描写物象都不精确，而手又放溢，往往不中绳墨，好比无缰的马，难以控制。于是，悲鸿果断地决定暂时不作中国画，专心研究和观摹那些大师的作品，过了几个月方入徐梁画院。最初感到有些困难，两个多月以后，手才渐渐就范。接着，悲鸿便去投考国立巴黎高等美术学校，录取后，以校长弗拉孟为师。

弗拉孟是著名的历史画家，作品流利自然，尤其精于肖像画。他很爱重这个不远万里而来的刻苦努力的中国学生,热情地亲自教导他。

这时,各个博物馆渐渐恢复旧观,许多著名的杰作都已运回巴黎展出。悲鸿课余时,便去博物馆观摩欣赏,仔细地研究各个画家不同的造诣,以及各个画派的风格和特色。他站在十九世纪中法国著名的浪漫主义大师德拉克洛瓦的巨幅油画《希阿岛的屠杀》前,深深地被激动,以致热泪盈眶,不能自已。这幅油画杰作不仅在技巧上突破了传统的拘谨手法,画面气势磅礴,而且作者强烈地刻画了土耳其苏丹对希腊人民残酷统治的暴行,以油画语言深沉地抒写了那些无辜受难的人民对侵略者的血泪控诉。作品充满了浓厚的人道主义色彩,引起悲鸿心中的共鸣。画面的右侧有一个受了重伤即将死去的妇女,她痛苦地微合着眼睛,肤色异常惨淡,她那不解人事的婴儿匍匐在她胸前,仿佛还在吮吸着那即将干涸的乳汁……悲鸿看着看着,不禁失声痛哭起来。这个年轻的艺术家,已经把自己的身心与美术全部融合在一起了。

卢浮宫还有许多杰作强烈地吸引他。如籍里柯的《梅杜萨之筏》,描绘了梅杜萨号海轮沉没后,剩余船员挤在一只筏子上漂浮,在濒于死亡时,望见远处有一个船影的情景,有欢呼的,有将好消息告诉垂死的同伴的,也有绝望的,还有半浸在海中的死者。这是一幅浪漫主义的杰作。籍里柯还十分爱马,爱画马,也爱骑马。他曾因坠马受重伤,三十三岁便因伤发作而死。还有库尔贝所作的《画室》。它描绘了作者自己的画室,里面有请来的模特儿和他的朋友,画家自己正在作画,形象结实有力而自然,表现最普通的现实生活,是现实主义的代表作。悲鸿非常喜欢这幅作品。

留学的生活是清苦的。再加上靠悲鸿一个人的公费供养两个人,当然就更困难些。好在当时物价还不十分昂贵，食用方面与国内相差无几。悲鸿在拉丁区租了一间房子，自己开伙，比包伙也便宜一些，生活总算还过得去。通常每天蒋碧微做饭，悲鸿刷洗杯盘碗筷。相互的帮助和照顾，极其简单而清贫的学生生活，是如此恬淡、美丽，犹如一条清澈的溪流，潺潺地从他们心上流过。如果说，有时还会激起一些浪花，那仍旧是由于悲鸿改变不了的癖好。一遇到他喜爱的书籍、图片，便要从微薄的生活费用中挤出钱来购买。有时，因此而只能以一杯白开水、两片面包充饥，但悲鸿却甘之如饴。

一天，悲鸿正反复地、不知疲倦地翻阅那些书籍、图片，沉浸在无比的快乐之中时，坐在一旁的蒋碧微却悲愁地抱怨道：

"唉，跟你在一起，看来永远只能过穷日子。"她轻轻地叹了一口气。

悲鸿没有说话，用歉疚的眼光望着妻子，觉得既不能怪罪她，也不能为自己辩解。

"你的盾牌就是不说话，你以为这样就相安无事了？"蒋碧微有些生气了，"如果你真有钱，你买多少书画我都不管，但你现在是个穷学生，也该收敛起你那些癖好了。"

悲鸿十分不安地望着妻子。"碧微，"他倍加亲切地说，"我多少次对你说过，我爱画入骨髓，但愿你能谅解，我总是想，你一定能谅解的。"

蒋碧微高高地掀动了一下眉毛，急切地说："我无法理解，当一个人每日三餐都必须仔细计划才能对付过去时，怎么还会想到去买那些不急需的书画！"

"这些书籍、画片才是我最急需的东西呐！"悲鸿的话刚一出口，便看见蒋碧微又扬起了眉毛，悲鸿急忙抚慰说，"碧微，你不是想学

/
徐悲鸿在法国留学时的照片

音乐吗？如果将来，你真正爱上了音乐，也许会像我一样入迷，艺术就是如此充满魅力，使人不由自主……"

蒋碧微的脸色开始变得柔和起来，她渐渐沉静地似乎陷入了一种冥想。那时，她正在一所初级中学学习，打算粗通法文以后，专攻音乐。她常常想起幼年时家中的那架风琴和她随身携带的那支洞箫，它们曾将音乐的种子，温柔地撒在她心里。

悲鸿在以追求事业的精神开导蒋碧微的同时，也结识了一批很有事业心的留学生。悲鸿先后认识了杨仲子、谢寿康、沈宜甲、盛成、曾觉之等人。杨仲子先生聪敏过人，专攻音乐，又精于书画篆刻。悲鸿所用的许多印章，大都出自杨仲子之手。他回国后，曾担任国立音乐学院院长。沈宜甲先生专攻化学，回国后曾创办化学工厂，并从事研究工作。盛成先生是悲鸿在震旦大学的同学，他在巴黎用法文写作的《我的母亲》一书，受到法国文化界推崇，随后他又将《老残游记》翻译成法文。谢寿康先生回国后曾担任南京中央大学文学院院长，后来便长期出任国民党政府的外交官。曾觉之先生长期担任北京大学教授，并翻译了一些法文著作。当时，他们这群有志向的青年常聚在一起，谈论国家的前途、个人的苦乐，发着议论和感慨。悲鸿以一颗赤子之心，渴望祖国能走向富强、民主与科学。与此同时，悲鸿还在巴黎认识了赴法勤工俭学的周恩来同志和何长工同志。年轻的周恩来同志当时已显露出杰出的无产阶级革命家的锋芒。

一九二〇年初冬，法国著名雕刻家唐泼特（Dampt）先生夫妇举行茶会，悲鸿应邀参加。与会的都是法国当代的文化名人。唐泼特夫人特别为悲鸿介绍达仰·布佛莱（Dagnan Bouveret）先生说：

"这是我国当代最大的画家。"

悲鸿对达仰先生的作品久已倾心。达仰先生的名作《林中》《降福的面包》《征兵者》《玛甘泪》《穷祸》《摄影人家之婚礼》《种牛痘》等，都以极其严谨、娴熟、精练的艺术语言，抒写了人物的精神面貌，深刻感人。现在，面前的达仰先生十分平和而安详，丝毫没有骄矜的神色，这更使悲鸿从心底涌起一股亲切而尊敬的感情。

"先生！"悲鸿简单、直率而恭敬地说，"我很盼望能得到您的教诲。"

达仰用那双炯炯发光的眼睛注视着这个来自遥远中国的青年，从他那朴素无华的言辞和衣着上，感觉到这一定是一位诚恳而努力的学生。达仰没有看错，因为数十年来从事创作的经验，使他能以敏锐的目光洞察人的心灵。他立即将自己画室的地址给了悲鸿，嘱咐悲鸿每星期天的早晨到他的画室里去。

随之而来的第一个星期天早晨，悲鸿在晨雾缭绕中走向达仰的画室。他匆匆穿越巴黎那宽阔的林阴道，呼吸着带有朝露的清新空气，情不自禁地回忆起在故乡的日子。那时，他仅仅是为了全家的生活，经常要步行数十华里去教课，他当时还是多么年轻而幼稚。如今，越是学习，越感到自己的能力浅薄。所谓"学然后知不足"，是多么贴切的话！他像饥饿的人寻求面包和水一般地寻求知识和技巧。

达仰先生是一个很勤谨的人，在成了大名的晚年，即使是星期天，也依旧从清晨就到画室里作画。他见到悲鸿，立即现出非常喜悦的神情，引导悲鸿观看了他那些挂在墙上的作品和一些素描、速写散稿。悲鸿深深感到：达仰先生功力深厚，他的画笔真是妙尽精微，那些人物肖像画也都栩栩如生，如《福尔德姑娘像》，真有呼之欲出之感。这位当时已届六十八岁高龄的达仰先生，兴致勃勃地向悲鸿谈起他年轻时的往事。他说：

"我十七岁作柯罗（Corot，大风景画家）的学生。柯罗教我要诚，要自信，不要舍弃真理以徇人。我始终信守柯罗的教导，五十余年来，未敢忘却。"他微笑着，继续说道，"你既来我国求学，我首先应当把柯罗的嘉言送给你。"

"先生，我当铭记在心。"悲鸿感动地说，"我国有句古语：'精诚所至，金石为开'。您说的'诚'，一定是这个意思吧？"

达仰先生高声地笑起来："对！对！你说得很好，就是要专心致志，全力以赴，同时，还要有达到目的的信心，要自信，决不能自馁。至于不要舍弃真理以徇人，那是无须解释的，对吧？"达仰先生用他那锐利的目光直视悲鸿。

"对！"悲鸿信服地说，"艺术首先应当是维护真理的，它本身也必须体现真理！"

达仰先生不停地点着头，欢快地笑着，以致他那瘦削的身子有节奏地摇摆起来。他显然非常乐于听到这个中国学生所说的这些话。

随后，他仔细地一张一张地看了悲鸿带去的习作，十分嘉奖悲鸿的努力。他勉励地说：

"学画是件非常艰苦的事，希望你不要趋慕浮夸，不要甘于微小的成就。"他嘱咐悲鸿，"每画完一幅精心的素描后，就要记住其特征，默画一幅，然后再对着原作改正差误。这样，画一幅便等于画三幅，可收事半功倍之效。"

悲鸿遵从达仰的教导，果然进步很快。

悲鸿在巴黎高等美术学校校长弗拉孟先生的班上学习，以优秀的成绩，很快由素描班升入油画班。但使他苦恼的是没有钱购买油画工具和颜料。于是只好又从十分贫乏的生活费用中挤出钱来，每餐又只能以一杯白开水和两片面包充饥。这样，才逐渐积攒了一笔钱。他第一次画油画人体,便受到弗拉孟的称赞,后来,每次考试都名列前茅。

当时,巴黎高等美术学校下午都没有课。悲鸿便去一所私立的美术研究所画模特儿。这个研究所只要买门票便可以进去,每次门票是一个法郎。回家时,悲鸿常绕道去塞纳河畔,在那里的书摊上浏览书籍图片。他把一天的时间排得满满的。

他也常常去马场画速写,并精研马的解剖,积稿盈千。这为他后来创作各种姿态的马,如立马、饮马、奔马、群马,打下了良好的基础。

一九二一年春,巴黎举办规模盛大的全国美术展览,陈列法国当代许多名家作品。开幕的那天,悲鸿从早至晚流连在会场,仔细观摹、比较,从早晨至黄昏,竟未进饮食。他完全忘记了饥饿,直到走出会场,才发现外面飘着纷纷扬扬的大雪。一阵凛冽的寒风向他袭来,他打了一个寒战,由于没有大衣,他浑身不由自主地哆嗦起来。这时,他才突然感到饥饿难忍,只好迎着风雪,急步往家走去。途中,他忽然腹痛如绞,慌忙停步靠在路边的墙上,才没有摔在雪地里。原来,由于饥饿和寒冷的袭击,他的肠子剧烈地痉挛起来,发生了强烈的痛楚。

从此,悲鸿患了终身不愈的肠痉挛症。病发时,剧烈的疼痛使他难熬难忍,面颊和嘴唇都因此失去血色,变成可怕的苍白,但他仍强迫自己作画。他曾在当时所作的一幅素描上写道:"人览吾画,焉知吾之为此,乃痛不可支也。"(此画现存于徐悲鸿纪念馆。)

第十章

一九二一年夏天，悲鸿的腹痛病更加严重了。而国内由于政局动荡，中断了留学生的学费。在贫病交迫下，他只好去柏林。因为战后的德国通货膨胀，马克贬值，同样数目的法郎，在德国可增值数倍。

来到德国，悲鸿看到了门采尔、绥干第尼的绘画和脱鲁倍斯柯依的雕塑。这使他大开眼界，感到在法国见到的作品虽多，仍有局限之处。但是，悲鸿也发现德国当时有一些很有才能的画家，却画一些荒率怪诞的画。他便去访问柏林美术学院院长康普，直率地对他说道：

"先生是德国艺术界的前辈，又是美术学院院长，对此能没有责任吗？"

康普先生无可奈何地答道："他们这样疯狂，我有什么办法呢？"

悲鸿非常喜爱康普的作品，康普的油画精练、凝重、宏丽，代表作有《铸工》《同仇》，还有气势磅礴的柏林大学壁画。他的素描简约而精确，隽秀而坚实，极具功力。悲鸿称他是世界最善描者之一。

悲鸿在柏林将近两年，不论寒暑，每天作画都达十小时以上。当时，他最喜爱伦勃朗的画，便去博物馆临摹。每天自晨至暮，一口气临摹十小时，既不吃饭，也不喝水。特别在临摹伦勃朗的《第二夫人像》时,他下了很深的工夫,觉得略有收获,但却不能用在自己的作品上,于是更加努力。然而悲鸿仍感到毫无进步,心中窃窃忧虑:这到底是什么原因呢?

虽然一时还找不出不能进步的症结,但悲鸿一刻也没有放松自己的努力。他自幼喜爱描绘动物,而柏林的动物园中,猛兽的槛栏都是半圆形,最便于画家速写。悲鸿很爱狮子,每当天气晴朗,又无模特儿时,他就去动物园画狮子的速写。

对艺术的追求,常常使悲鸿不顾一切。他一进动物园就是一天,不到闭园,他是不会离去的。就像在法国马场画马时一样,他精细地观察狮子站、卧、走、跃的各种姿态,仔细地研究狮子的结构,一丝不苟地画狮子的速写。有时,他长时间站在那里观察,那种专注、凝神的样子,游客们还以为他中了什么魔呢!为了观察狮子一天的生活规律,他到了吃饭的时间也舍不得离开。一整天饥肠辘辘,肚子咕咕叫着,他便作一口深呼吸,仍然眼不离狮子,手不离画面。饲养员来了,给狮子喂食物,狮子那津津有味的咀嚼声,强烈地刺激和诱惑着一天没有吃饭的悲鸿,饥饿的感觉更加难以忍受了。然而,已经将全部心力倾注到狮子身上的悲鸿,两只炯炯发亮的眼睛仍在捕捉着这只猛兽吞食时的动作特点,手中的画笔在不停地画着。

功夫不负苦心人。后来,就如同他画马一样,凭记忆就能将狮子的各种动态默画出来,创作了不少以狮子为题材的作品。

德国的美术印刷品精美无比,生活拮据的悲鸿宁愿借债也一定要购买。他那间狭窄的卧室都被这些书籍、画片塞满了。他坐卧在上面,感到一种平生从未有过的巨大欢乐。蒋碧微却坐在一旁,愁眉不展。

"唉!"她沉重地叹着气,"我看你简直是发疯了!"

"碧微，"悲鸿眼睛里闪着兴奋的亮光，"你看这些印刷品多么精美，几乎与原作不相上下，而且价格这样便宜，真是千载难逢的机会呀！"

"你也不想一想，借了这样多钱，以后怎么还？这好比坐在一条要沉没的船上，我怕有一天，我们要遭到灭顶之灾！"蒋碧微满面悲愁，声音里带着哀怨。

"嗨！"悲鸿兴致勃勃，"你何必这样悲观？俗话说：天无绝人之路。只要我们努力，就一定能克服一切困难，生活总是对坚强的人让步！"

"我说服不了你，你有你的那一套人生哲学。但是，你也该为我想一想。你看，我这把小提琴的音质多么差！"她拿起桌上那把小提琴，用手指拨弄着琴弦，"就凭这样的琴，我能学好吗？"

悲鸿的脸上猝然出现了既抱歉又难过的神情。在巴黎时，蒋碧微就开始学乐理，到柏林后，买了这把小提琴，开始向一位德国琴师学习。悲鸿怜惜地望着蒋碧微，同时心里想道：

"我应该设法给她买一把好琴，无论如何，一定要给她买一把好琴。"

但是不久，悲鸿却又在一家画店看到了康普等当代著名大师的很多作品，折合外币价格非常便宜。悲鸿又情不自禁地想买下来。但他的学费已断绝了十个月，前途很渺茫，即使想借债，也无处可借了。他踌躇再三，心中很想去向中国驻德国的大使请求帮助，又怕遭到拒绝；但想到坐失良机将是终身遗憾，于是辗转反侧，通宵不眠。

第二天清晨，他鼓起勇气来到中国大使馆。大使先生在那富丽堂皇的客厅里接待了他。悲鸿开门见山地说明了来意，并且极力称赞那些作品如何佳妙，作者如何著名，价格折合外币如何便宜，请大使先生借钱给他买下。为了取得大使先生的信任,悲鸿还提出,可以先将那些作品挂在中国使馆,等待借款归还以后,再来领取。但大使频频点头以后,却慢条斯理地说:

"待我派人去银行查查,看看是不是还有多余的钱。"

悲鸿知道这是大使先生的官场敷衍之词,只好怏怏地离开使馆,去找留德的同学宗白华和孟心如等人商量。同学们终于凑了一笔钱,借给悲鸿,买下了康普两幅油画。一幅是《包厢》,描写剧院包厢的观众,另一幅是人物肖像,都是康普的精心之作。(现均藏于徐悲鸿纪念馆。)

接着,悲鸿又写信给国内康有为等人,呼吁筹集四万元,便可购置大量外国美术家名作,在国内建立一所外国美术陈列馆。(因当时在德国的美术品价格比原值要低很多)但悲鸿的呼吁没有产生任何作用。后来,他回忆起这件事,曾极为感慨地写道:"惜乎听者藐藐,而宗白华又非军阀,手无巨资相假也。"

一九二二年初春,虽然气候还是寒冷的,但来自巴黎的好消息却使悲鸿感到异常温暖。先是听说国内将继续供给留学生学费,使他很快能回到巴黎去继续学业,接着,巴黎一家书店和一家画店几乎同时给悲鸿寄来了稿费,加起来将近一千法郎。悲鸿举着汇票,激动地高声叫道:

"碧微,碧微,我可以给你买一把好琴啦!"

妻子正在读莫泊桑的短篇小说《项链》,她迷惑地抬起头来,惊喜地望着悲鸿手中的汇票。

"碧微,我们立刻上街去,"悲鸿拉着蒋碧微的手说,"这笔钱全部给你买小提琴,我一点也不用,一点也不用!"悲鸿快乐地重复着。

他们来到繁华的市中心。被快乐所激动，蒋碧微那张俊秀的脸上漾起了温柔而妩媚的微笑。他们耐心地走进一家又一家商店，仔细地挑选、比较，终于在一家委托商行看到一把寄卖的旧琴，音色十分优美，胜过了他们所看过的那些新琴。

悲鸿的脸上闪着亮光，高兴地叫起来："碧微，你的运气真好，这样的琴真是可遇而不可求呵！"

但是，蒋碧微却轻轻地皱起了眉头，脸上浮现了一种犹豫不决的神情。

"赶快买下吧！你赶快买下吧！"悲鸿在一旁连声催促。

"不。"蒋碧微轻声说，她好像在思考着什么，难于说出。

"这是为什么？你这是为什么呀？"悲鸿急切地问。

但是，蒋碧微仍沉吟不语，她好像有什么心事。

"唉！"悲鸿叹了一口气，有些烦恼地说，"你在想什么呀？"

"我在想，我在想，"蒋碧微喃喃地说，"刚才，我看见对面那家时装店的橱窗里，挂着一件漂亮的皮大衣，看那尺寸，我穿上正合身，价钱也是这样多。如果我买下这把小提琴，就无法买那件皮大衣了。"

"你不是早就想买一把好琴吗，为什么忽然改变了主意？"悲鸿焦急地问。

"为什么？你应该明白，"蒋碧微突然生起气来，"在巴黎，在柏林，在许多社交场所，我连件普通的大衣都没有，更不必说像样的大衣了，我觉得难堪。"

悲鸿惊愕地听着妻子的这些话，它们像一阵飓风一样，把他刚才的快乐都吹跑了。虽然，他心中还试图说服妻子买下那把小提琴，因为学习远比衣着重要，但是，他很了解妻子的倔犟性格，她认定了的，别人就无法使她改变。因此，悲鸿沉默着，听随她自己的选择。

蒋碧微终于放弃了小提琴,买下了那件皮大衣,当她穿着那件款式新颖、裁剪合身、闪着亮光的黑色皮大衣,像位贵妇人一样,顾盼自如地走在悲鸿身边时,悲鸿仿佛第一次真正看到了:他们在生活中追求的东西有多么不同,生活的目标又是多么不一致!悲鸿也才第一次预感到:也许有一天,他们在生活的道路上将会分手。一种无名的烦恼突然涌塞在悲鸿心里。

在柏林,悲鸿结识的几位朋友是异乎寻常的。

他除认识了中国留学生宗白华外,还认识了朱家骅、俞大维等人。宗白华先生才思敏妙,刻苦攻读,归国后,长期担任中央大学和北京大学哲学系教授,成为我国著名的哲学家。

朱家骅先生和俞大维先生虽也聪敏过人,但回国后都参加了国民党统治集团,做了高官。朱家骅曾长期担任教育部长,俞大维则长期担任国防部长,在学术上都没有任何贡献。

也是在柏林,有一位在伦敦学习美术的中国学生张道藩,正在那里旅游,特地访问了悲鸿,对悲鸿表示钦慕。不久,他又去到巴黎学画。这位来自贵州的出手阔绰的花花公子无心学习,他仰慕的只是欧洲的物质文明,留学只不过是为了镀金。因此,他在绘画上一无所得,也一无所成。回国后,他成了国民党中统特务的头目。他那狡猾而邪恶的眼睛从第一次见面起,便落到了蒋碧微身上:"嗬!她多么美!"于是,他那双卑污的黑手就悄悄地、逐渐地、有计划地一步一步伸进悲鸿的生活中来了。

第十一章

一九二三年春天，巴黎宽阔的林阴道上的树木绽出新芽，阳光欢快地在树梢上闪烁、浮动。悲鸿和蒋碧微又回到了巴黎。温暖的、不带寒意的风就像家乡的风那样，亲切地吹拂着他们。中断已久的留学生学费终于又从国内寄来了，这是多么使他们振奋的消息！

"悲鸿，你说'天无绝人之路'，我过去总不爱听，现在看来，也许有几分道理。"蒋碧微走在悲鸿身旁，脸上透着异常柔和的微笑。

"是这样！人必须有信心去战胜生活中的一切逆境。首先，不应悲观绝望，不能在精神上退缩！"悲鸿一面踩着人行道上的树影，一面说着，"我相信每个人都有可能走向成功之路，但必须自己有坚强的毅力去开创。"

"那么，你就相信你自己能开出一条路来，就一定能在绘画上取得成就？"

"当然能够！我坚信我的意志和能力，我将百折不挠。你呢？"他抬头看着妻子。

"我呀！"蒋碧微思索地说，"我还是继续学我的小提琴吧！"

悲鸿重又回到巴黎国立高等美术学校上课。这时校长弗拉孟先生已逝世，倍难尔先生继任校长。每逢星期天的早晨，悲鸿仍去达仰先生的画室里受教。

"先生！"悲鸿见到已二十个月不曾见面的达仰先生，崇敬地叫道，"我在柏林虽很努力，学习上并无丝毫松懈，但我觉得毫无进步。"一见面，悲鸿就迫不及待地把心中的疑虑统统告诉了自己的老师。

达仰先生认真、仔细地检视了悲鸿在柏林所作的速写、素描和油画，十分称赞。但是他仍以坚定的语气说：

"你必须再继续画严格的、精确的素描。油绘人体时，必须分细部研究，务必体会那些精微的东西，不要追求爽利夺目的笔触。"

达仰先生站起来，在他那间宽大的画室里一边慢慢地踱着方步，一边看着悲鸿说："当然，还需要下苦功。人须有受苦的习惯，因为没有经历过苦境的人，往往缺乏宏大的志愿，世界上最大的作家都是意志和毅力最强的人，所以能为人类申诉……"

悲鸿遵从达仰先生的教导，很见功效，于是更加努力。

这一年，法国举行全国美展，悲鸿在柏林所作的油画《老妇》入选，在展览会上获得好评。

悲鸿在巴黎高等美术学校以优异的成绩通过了美术史、美术理论、解剖、透视等课程的结业考试以后，仍然毫不松懈地学习和创作。这个已经把身心熔铸在美术事业里的青年，对"学然后知不足"的理解越来越深刻了。平日里，他有时在学校里作画，有时去蒙班奈各画院自由作画，有时去卢浮宫临摹油画。逢到星期天，是他最快乐的日子。因为他可以到达仰先生的画室里，继续不断地聆听达仰先生的教诲和鼓励，还可以见到达仰先生的一些老友。他们都是七八十岁的长者，常在一起评论作品，或漫谈一些历史掌故。其中有一位安弥克先生，

/
徐悲鸿在法国留学时的导师达仰·布弗莱的素描像

既是著作家,又是鉴赏家和收藏家,他购藏了达仰的许多佳作,陈列在巴黎郊外的"香低怡"中。

蒋碧微也继续在学音乐,她请了巴黎歌剧院的琴师比松先生教她小提琴和乐理。

不久,学费又断绝了,生活的困难重新摆在眼前。悲鸿只好租住一间小阁楼。房子在六层楼上,虽然有电梯,但不许住阁楼的人乘坐。悲鸿又开始了半工半读的生活,除了学习,还为商店搞橱窗布置,或为书店画插图、散稿等。蒋碧微也为一家百货公司做点刺绣。

一个温暖而平静的夜晚,他们正在吃着极其简单的晚饭,蒋碧微忽然皱蹙双眉,无限烦恼地说:

"这日子怎么过呵?有了今天的,没有明天的,老鼠还有隔夜粮,可是我们呢?"

"我还是那句话,天无绝人之路,"悲鸿爽朗地说,"我就不相信有什么困难能难住我!"

"可是,人总得要吃饭呀!而且也不能再向书店和百货公司去预支了!"蒋碧微那张好看的脸上布满了愁云。

"碧微,不要着急,"悲鸿安慰她说,"我可以写信找朋友去借点钱……"

但是,平静的夜晚似乎起了变化。呜呜的风急速地从屋顶上吹过,沉重的雨点打在窗子上,阁楼的天窗上突然发出了噼噼啪啪的响声。雨水滴滴答答地漏下来,一会儿,倾盆般的大雨便哗啦哗啦地往室内泼来,玻璃也乒乒乓乓地坠落下来。悲鸿和妻子惊恐地看着眼前这一幕骇人的情景,慌忙把地上的东西搬到床上、桌子上。这场夹着大冰雹的暴雨足足下了一个多小时才停止。

好容易挨到了天亮,悲鸿急忙去找房屋的主人。房主却冷淡地说:

"先生，不用说了，这应该由你赔偿！"

"这是天灾呀！"悲鸿带着委屈说，"不是我损坏的，怎么能叫我赔偿呢？"

"先生，你还是回去看看我们签订的租赁合同吧！"房主说。

悲鸿急忙跑上阁楼，打开合同，只见上面写着："房屋损坏，不论任何理由，均由房客负责赔偿。"

悲鸿向朋友借的钱如期寄来了，恰好够赔偿被冰雹打碎的那十五片大玻璃。贫穷仍然困扰着悲鸿。

然而，天无绝人之路。当时，我国驻巴黎总领事赵颂南先生是江苏人，与悲鸿有同乡之谊，虽未曾见面，但他听说了悲鸿的穷困和刻苦努力，忽然给悲鸿写了一封信，并寄赠五百法郎。真是雪中送炭！悲鸿怀着感激的心情拜望了赵颂南先生，并为赵夫人画了一幅油画肖像。

第十二章

转瞬到了一九二五年秋天,巴黎那高大的法国梧桐树上,叶子开始渐渐变黄。悲鸿的绘画也到了比较成熟的时期。他画了许多卓有功力的人体习作,其中有素描,也有油画,为他以后的创作打下了坚实的基础。他还创作了油画《箫声》《蜜月》《远闻》《怅望》《抚猫人像》等,尤以《箫声》和《远闻》备受赞扬,《怅望》则被达仰先生的挚友购去。

有一天,悲鸿在巴黎一家画店忽然见到达仰先生的一幅油画《奥菲丽娅》,他立刻被吸引住了。奥菲丽娅是莎士比亚的名剧《哈姆雷特》(又名《王子复仇记》)中,丹麦王子哈姆雷特的恋人、未婚妻,是那场残酷的王室斗争中的无辜受害者和牺牲者。剧本反映了人文主义的思想,剧中人物也被一些画家描绘过。而达仰先生敏锐地抓住奥菲丽娅在失恋后精神失常,不幸失足溺水,临死之前的片刻,着重刻画了这个纯真的少女极其痛苦的心理状态。美丽而不幸的奥菲丽娅手中拿着紫罗兰、荨麻、延命菊,失神地坐在林中。她的两肩披着那纤长而柔软的金发,美丽的眼睛射出炽烈而忧伤的光芒,她仿佛在向人生看最后的一眼。周围是静悄悄的原野,没有人听见她内心的呜咽。

这幅作品宛如一首悲伤的抒情诗。

悲鸿徘徊在这幅精美的油画面前，很久不忍离去。他是多么想买下来呵！但是，每天连吃饭都发愁的悲鸿，怎样去筹措这笔巨款呢？这简直是痴心妄想了。然而，悲鸿抱着事在人为的决心，向画店老板请求保留这幅作品，他一定按照原价，不打任何折扣，尽快地买下来。画店老板答应了他的要求，时限是不超过三个月。

悲鸿满怀信心地为筹措画款奔波，但筹集那样一笔巨款又谈何容易！这时，正好有一位旅居新加坡的华侨黄孟圭先生（福建人）在巴黎倦游思归。他很器重悲鸿的才华，听说筹款之事后，力劝悲鸿去新加坡卖画。悲鸿筹款心切，立即接受了这个建议，便急忙与黄孟圭一同起程了。蒋碧微则留在巴黎，等待悲鸿归来。

明媚的新加坡繁花遍地，仿佛是太平洋上一座美丽的花园。那里华侨众多。黄孟圭先生将悲鸿介绍给华侨巨商陈嘉庚先生，悲鸿便为他画了一幅油画像。陈嘉庚先生以二千五百元现洋赠送悲鸿。

悲鸿立即将这笔钱汇往巴黎的画店，达仰先生的《奥菲丽娅》，便如愿以偿地归悲鸿所有了（此画现存徐悲鸿纪念馆）。悲鸿当时那种喜悦，简直是无法言传的。为了报谢陈嘉庚先生，悲鸿又画了马克思和托尔斯泰的油画像，赠给陈嘉庚先生所办的厦门大学。

悲鸿还为新加坡其他华侨领袖画了肖像，尽管有时挥汗如雨，但终于得到一笔数目不小的款子，足够他和妻子在巴黎生活几年。

但是，悲鸿没有即刻返回巴黎。他系念着阔别了六年的祖国，便由新加坡匆匆回到上海。

上海依旧是半封建半殖民地的城市，也依旧是穷人的地狱、富人的天堂。国内仍处于帝国主义为后台的军阀割据下，政治黑暗，民不聊生。这一切又一次加深了悲鸿从少年时代就萌发了的忧国忧民之感。

他去访问了田汉。这位热情的作家和悲鸿一见如故。他们开怀畅谈,针砭时弊,发着感慨,如同多年的老友一样。他们的友谊从此开始,终身未衰。田汉当时为悲鸿举行了"消寒会",介绍悲鸿和上海文艺界人士郭沫若等人见面。

悲鸿还去看望了康有为先生和黄震之先生,并为他们作了油画肖像,以表示对他们的感谢。

回到了上海的悲鸿,深情地怀念着远在巴黎的妻子,尽管生活在一起时,有时并不融洽,但七载相依的感情却牢牢地系在悲鸿心上。他梦见了她,并作了《梦中忆内》的诗:

> 衫叠盈高阘,
> 椽侵万卷书,
> 梦中惊祚异,
> 凄绝客身孤。
> 不解憎还爱?
> 忘形七载来,
> 知卿方入夜,
> 对影低徘徊。

但是,远在巴黎的蒋碧微是否"对影低徘徊"呢?

用她自己的话说:"起先,我以为他走了,我一定会寂寞、无聊,想不到正相反,以后的日子竟过得十分愉快、轻松……和张道藩、谢寿康、邵洵美、常玉各位先生经常在一起坐咖啡馆、聊天、看戏、看电影,而且我还学会了跳舞,有时也出席晚宴和舞会。"特别是张道藩对她的殷勤、细致，使她觉得他们两人在一起是多么契合，他们的志趣多么相投，他们的生活态度又多么一致。因此，蒋碧微便"常常请他充任我的男伴"（蒋碧微语）。

他们的亲密关系，当时已成为巴黎一些朋友们暗中议论的话题。但是，远在祖国的悲鸿却毫不知晓。他只有一颗艺术家的善良的心，有时甚至是天真的心。他从未怀疑妻子。

蒋碧微的小提琴从此静悄悄地躺在屋角里，蒙上了厚厚的灰尘。它已经被遗忘了，而且永远被遗忘了。

第十三章

悲鸿在上海逗留了三个月。

正是暮春三月,江南草长的时节,悲鸿又起程离开上海,前往巴黎。

遥远的路程,分别半年多的思念,使悲鸿急切地盼望看到妻子。但是,容光焕发的蒋碧微,见到悲鸿的第一句话便是询问:

"你带回了多少钱?"

悲鸿如实地告诉她,在新加坡挣的钱不少,但在上海又买了一些书籍、字画,剩下的虽不多,但也足够他们在巴黎生活一年。于是愤怒、埋怨、责备便像疾风暴雨一样向悲鸿扑来。悲鸿没有再说一句话,默默无言地忍受着。但沉默却使蒋碧微更加愤怒。

"你的法宝就是不说话!你以为这样就制伏了我?"她高声说着,"我还要跟你过多少穷日子呵?"

"碧微,"悲鸿终于又开口了,"我多少次对你说过,我爱画入骨髓,永远也改不了,愿你能谅解,你为什么还要吵闹呢?"

"你老是这一套,爱画入骨髓,爱画入骨髓,你就是不爱我!你的全副身心都只放在画里!"

"碧微,我是一个画家,我能不爱画吗?你为什么总是把自己和画对立起来呢?"悲鸿依旧用温存的口气说。

"你太使我失望了,我原以为有那样多卖画的钱,我们把它存入银行,可以好好在国外生活些年,可你……"蒋碧微的声音里带着哽咽,停了片刻,接着说,"你还把在上海买的那些书籍字画都留在国内,也不带点出来!难道你打算很快回去不成?"

"我当然希望很快回去。我是为了振兴祖国、给祖国争气才出来留学的。"悲鸿开始激动起来,"我这次回到上海,见到国内的情况日非一日,更感到肩上的责任沉重。我急切地盼望学成归国,为自己的国家干一番事业。"

"跟你一起生活这么多年了,连个像样的家也没有!上无片瓦,下无寸地,你总是画哟,国家哟,一套一套的大道理,我真受不了!况且,我也不是不爱国,我也希望祖国富强,但我们自己不能总是这样穷困……"她终于失声痛哭起来。

悲鸿不再说话,也不想去抚慰她。这样的吵闹使他痛苦、烦恼,而且毫无意义。他只有从艺术中去寻求安慰,于是,他又开始埋头作画了。

这年夏天,悲鸿赴比利时首都布鲁塞尔。他每天去博物院临摹油画,又像过去一样,总是一口气画下来,一画就是十多个小时,既不吃饭,又不喝水。

当时,他居住的地方正修理下水道,掘地四五尺深。每当他空腹从博物院回来时,便觉得下水道的臭气熏人,须掩鼻而过。吃过晚饭再出来,便不觉得那样臭。一连几天的感觉都是如此。这使悲鸿猛然悟到:一个人腹中饥饿时,感觉便灵敏,吃饱了则感觉迟钝。联想起古人所说的"诗穷而后工",悲鸿觉得这是很有道理的。这个年轻的艺术家就是这样，无时无刻不在追求艺术的道路上思考着，探索着，前进着……

一九二七年春天，悲鸿与蒋碧微同赴瑞士和意大利游览。瑞士是悲鸿的旧游之地。一九一九年冬天，应杨仲子的邀请，悲鸿曾去瑞士游览。这位才华横溢的杨仲子先生，当时正在瑞士学音乐，还娶了一位瑞士妻子，他们的家就在日内瓦湖的北岸。杨仲子先生因擅长金石书画，很乐于与悲鸿交往。在他的陪同下，悲鸿又一次领略了日内瓦湖山的秀美。美妙、神奇的自然景色，永远滋润着悲鸿的心灵，培养着他那艺术家的气质。

在意大利的米兰、佛罗伦萨、罗马等地，悲鸿纵情欣赏了文艺复兴时期大师们的杰作。达·芬奇、米开朗琪罗、拉斐尔等大师们的传世之作，使悲鸿低徊感叹，不能自已。他在达·芬奇的名画《最后的晚餐》前，仿佛听到画面上还回荡着耶稣的声音："在座的有一个叛徒出卖了我。"

达·芬奇花了三年时间才画成此画。他在这幅画中打破了传统，不是把耶稣吃惊的弟子们和出卖耶稣的犹大明显地分开，而是把他们画在一起，既表现这一戏剧场面，又十分自然，毫无矫揉造作。当耶稣宣布在场者中有人出卖了他时，这消息震撼了他的弟子们。他们的面孔现出痛苦惊异的神情，好像在战栗，只有在画幅中央的耶稣神情安详地说着话，那忧郁的、服从命运的镇静之情和弟子们惊讶、悲伤、愤怒之情形成鲜明的对比。叛徒犹大惊呆了。他的身体由于吃惊而向后倾，手痉挛地抓住钱袋，竭力想保持镇静，掩饰内心慌张的表情，真是描绘得淋漓尽致。

悲鸿极为欣赏米开朗琪罗的代表作《未竟之四奴》（四个未完成的奴隶雕像）。米开朗琪罗总是用人体体现灵魂，也善于和痛苦联结在一起。奴隶的肢体向各个方向徒劳地挣扎着，想摆脱那束缚自己的一切枷锁。那痛苦扭动的身躯，那紧张强烈的神情，使人感到从大理石里，喷出一种要从奴役地位中解放出来的呐喊。还有米开朗琪罗画在西斯廷教堂的天顶画，人物的动作、神情与力量无与伦比。

悲鸿还流连于拉斐尔所作梵蒂冈教皇官中的四组大壁画前，其中一组《雅典学派》，将人类哲学伟大人物聚于一堂，画面中心是被门徒环绕的柏拉图和亚里士多德。画中也包括拉斐尔自己。画面上众多的人物或沉思，或伫立，或讨论，或试题，或写作，或静听，各具神情，气势雄伟。

在罗马，悲鸿还看到了《西莱纳的维纳斯》，是公元前三世纪的大理石雕刻。虽然，在西莱纳出土的这个维纳斯是无头无臂的，但动作的优雅，结构的精密、量感、质感、内感的表现，却是无比动人，表现了真正的人体美。

欣赏了古代许多艺术大师的绘画和雕刻，使悲鸿感到惊心动魄，恋恋不忍离去。

最后，到了庞贝古城。这座在地下埋藏一千多年的古城，清晰地展示了当时的房屋、建筑、生活用品、壁画等。

回到巴黎后，悲鸿决定归国了。他在欧洲学习已八年，刻苦的攻读使他获得精湛的写生技法和广博的艺术知识。

这天，他去辞别达仰先生。就像往常那样，他走进那间十分熟悉的客厅。达仰所画的他的夫人的油画像仍悬挂在正面墙上，另一面墙上挂着达仰的自画像和达仰画的一幅十分宁静和谐的风景画。悲鸿又照例站在这些作品前面欣赏着，但是却不见达仰先生像往常一样含笑走出来。等了一会儿，神色忧郁的达仰夫人走进了客厅：

"嗬，对不起，徐悲鸿先生，你的老师卧病在床了。他工作得太多，可能是因为画那张大幅油画而过分疲劳，得了心悸症。"夫人的面容苍白、不安。多年来她和达仰先生形影相依，他们唯一的爱子不幸在第一次世界大战中为国牺牲。

"夫人，这使我很难过，我能不能去他卧室里看望他？因为我马上要回国了。"

达仰夫人将悲鸿领进了卧室。病卧在床上的达仰先生显得十分疲乏和虚弱，那张布满皱纹的脸也更加瘦削了，他在不停地喘息着。见到悲鸿进来，他竭力使自己仍像往常一样和悦地微笑。

"先生，您觉得好一些吗？"悲鸿关切而焦灼地问。

"很不好，我的脉搏每分钟跳一百六十次，我太疲劳了。"他喘息着说。

悲鸿立即感到这次离别可能是永诀，一种十分凄楚的心情包围着他。他深恐达仰先生察觉，只好勉强谈笑，又不知道如何措辞，迟疑了一下，才说：

"我这次送往法国全国美术展览会的作品共有九幅，都入选了。"

"很好。"达仰先生说。

"但是，"悲鸿说，"展览会征收每幅作品陈列费达八十法郎，简直是在牟利了！"

达仰先生喟然长叹道："是呀！"他喘息了片刻，十分凄伤地说，"听说你要回国了，我心里很难舍。希望你继续努力不懈，做一个伟大的中国人。将来如果有机会，愿你再来法国。"

"先生，但愿我能不辜负您的希望和教导……"悲鸿觉得有许多话想说，他多么想向这位老师表达他最深切的感谢，他觉得除了自己的父亲以外，只有达仰先生对他的教诲最多。但是，他的嘴唇在打战，话没有说出来。他只是在竭力忍住悲痛。

最后一次握过达仰先生那双温暖的又干又瘦的手,悲鸿便依依地与达仰先生辞别了。

第十四章

这是一九二七年四月。巴黎的气候宜人,灿烂的阳光含笑地普照大地。宽阔的林阴道上树木已一片葱茏。

悲鸿满载着他那满箱满篋的书画,向车站走去。这些书画不仅有他节衣缩食买来的,还有他自己的许多习作和作品,以及他临摹的许多油画,如德拉克洛瓦的《希阿岛的屠杀》、普吕东的《公理与复仇在追赶凶手》、约尔丹的《丰盛》、伦勃朗的《第二夫人像》等等。

最后向卢浮宫、凯旋门投去了深情的一瞥,悲鸿便像八年前来到巴黎的时候一样,怀着满腔激情,离开了巴黎。

但是,八年漫长的岁月留给他的回忆是如此丰富,以致当他航行在波涛汹涌的大西洋时,他的心仿佛还留在巴黎。他好像在掀开那八年生活的日记,一段一段、一篇一篇地读着它们,那些贫困、饥饿、疾病的日子,都在他的记忆中闪过去,他惊讶地仿佛第一次才看到自己怎样以顽强的毅力,战胜了那么多困难。他也难以忘记他的老师达仰先生、弗拉孟先生、倍难尔先生,还有曾代替弗拉孟给他上课的老师高尔蒙先生,他们都是德才兼备的人。高尔蒙先生不仅是位优秀的画家,而且有着极其高贵的同情心。他是不幸被汽车撞伤致死的。临终时,他遗嘱不要给汽车司机判刑,他认为司机只是由于疏忽大意而撞伤了他,不是有意要伤害他。多么高贵而动人的心肠啊!悲鸿觉得,他接触的大多数法国人,都有这样或那样的美德,待人大都诚恳热情。他们留给悲鸿多少美好的回忆呵!

在船上,他遇到了在法国取得国家科学博士学位的物理学家严济慈先生。悲鸿十分钦佩这位以科学论文震动了法国的中国科学家,当即欣然为他画了一幅素描肖像,并用法文在旁边题写了"科学之光"。

悲鸿先在新加坡上岸,又为华侨画像,筹得了足够在上海赁屋安家的一笔费用,才从新加坡乘船返回上海。悲鸿终于又一次远远地望见了黄浦江,望见了祖国。他的心猛烈地跳动起来,带着重归祖国的喜悦,他计划要开创多少事业呵!一定要使中国美术发扬光大,使它在世界艺术的宝库中重新闪耀绚丽的光彩,以提高我们国家的威望,为中国人民争气。这是他多年以来的愿望,现在,就要变为现实了!他将立刻投进祖国的怀抱,挑起这副重担。

汽笛在长鸣,轮船扑哧扑哧地喘着气,它忽然猛烈地震动了一下,响起了铁锚的咣当声。轮船靠岸了。田汉在码头上拥挤的人群中,用力地高高挥动着他那顶陈旧的宽边礼帽,高声地叫着:"悲鸿!悲鸿!"

悲鸿随着稠密的人流挤上了岸,紧紧地握着田汉的手说:"寿昌,我终于很快回国了,没有失信吧?"

田汉在近视镜片后闪着那双热情的眼睛,笑呵呵地说:"悲鸿,我接到你即将回到上海的信,高兴得一夜没有睡好。今后,我们一起合作,该有多少工作要做!"他那浓重的湖南口音依然未改。

灿烂的晚霞好像在天空燃烧着的火焰,把江水也染红了。对着这滚滚奔流的江水,悲鸿不禁想起了十二年前那个可怕的、风雨交加的日子,想起了无情的风雨怎样冷酷地打在他那年轻的胸脯上。十二年的岁月流水般地消逝了,他的生活有了多么大的变化!如今,他不再是那样孤苦无依了,而是以一个战士的姿态,投入祖国的怀抱,准备战斗,准备开拓祖国的艺术事业。但是,这条奔腾不息的黄浦江却依旧像当年一样,丝毫没有改变。它和祖国的大地一起,继续沉沦在半封建半殖民地的苦难中。悲鸿环视四周,只见衣衫褴褛的乞丐比比皆是。

田汉也皱起眉头,瞭望着黄浦江宽阔的江面,他在想什么呢?他想起不久以前,上海工人武装起义失败后被屠杀的人民,他们的鲜血染红了滔滔的黄浦江……

在归途中,田汉兴奋地告诉悲鸿,他正在积极恢复上海艺术大学,希望悲鸿支持他。

"当然,"悲鸿高兴地回答,"我一定尽力支持你。"

上海艺大是一所私立的艺术大学,设有美术、戏剧等系。校长是曾在日本留学学油画的周勤豪先生。由于经费困难,学校难于办下去,陷于瘫痪状态,周校长也离开了学校。田汉在上海艺大担任外国文学教授,他仍竭力在设法恢复艺大。当时,艺大的教师和学生都有浓厚的爱国思想。

"悲鸿,"田汉热情洋溢地说,"从今天起,你就算上海艺大的校董,怎么样?"

"当然同意!"悲鸿爽朗地笑着说,"寿昌,我们在艺术上的主张和目标都是一致的,今后就应当不分彼此,互相支持。"

"是呀!"田汉大声说,"就让上海艺大作为我们推行现实主义艺术教育的一块坚强阵地吧!"

"对!寿昌,为了复兴中国美术,必须清除那些乌烟瘴气、不健康的东西,这是落在我们肩上的责任……"

这两个朋友边走边谈，话好像是说不完似的。他们的眼睛里闪着炽热的火焰，仿佛要照亮脚下的道路，也好像要在中国文艺界点起一把火来。

悲鸿在上海安下家来。他租了霞飞坊一幢新建成的弄堂房子，房屋并不宽大，加上蒋碧微的父母都搬来同住，就更显得拥挤了。

同年十月，蒋碧微也从巴黎回来了。她穿着款式新颖的巴黎时装，浓密的黑发上斜戴着一顶小巧的法兰绒帽子，帽檐上缀着一朵小小的红玫瑰绒花。

她到家的这一天，正好田汉约请悲鸿去上海艺大讲演。

"哎呀，"蒋碧微用银铃般的嗓音叫着，"就不能改一天吗？"

"不行，布告早就贴出去了。"悲鸿耐心地解释。

"就不能不去吗？"

"不能。那样做，学生们会失望，寿昌也会失望的。而且我还要去推销为上海艺大募捐经费的话剧和京剧演出票。"他掏出身上那块陈旧的怀表看了看说，"时间不早了，我必须赶快去。"于是，他匆匆地头也不回地走了。

"唉！"蒋碧微轻轻地叹息了一声，"他就从来不会对我有所了解和关爱，何况我还怀孕了呢！"

第十五章

田汉竭力想要恢复的上海艺术大学，遭到和国民党当局息息相通的法国巡捕房的封闭。这不仅是因为艺大拖欠了房租，更重要的是因为艺大有共产党员。

不屈不挠的田汉决定另起炉灶，筹办南国艺术学院。悲鸿积极地支持和赞助他，义务担任"南国"的美术系主任。

南国艺术学院的校舍是租来的，校址在法租界爱咸斯路（现名永嘉路）三百七十一弄。由于经费困难，教师不多，执教的有洪深、欧阳予倩等人。美术系学生中有吴作人、刘汝醴、刘艺斯等人，戏剧系学生有陈白尘、金焰、郑君里、塞克、左明、赵铭彝、马宁等人。为了减少开支，学校的事务都由同学担任，全院没有一个职工。

提起美术系的学生吴作人，还有一段颇有意思的插曲。就在田汉力图恢复艺大的时候，这个来自苏州打算学建筑的年轻学生，看到上海艺术大学的招生广告，见到校董的名单中有徐悲鸿的名字，由于仰慕悲鸿，便去报考了艺大美术系。开学后，学校仍处于瘫痪状态，一直没有教师来上课。学生们便自己在教室里对着石膏像画素描。吴作人当时还不知道怎样用炭条，怎样勾轮廓，看到别的同学用炭条画，他才学着用。一个多月过去了,忽然有一天听说徐悲鸿要到艺大来讲演,他和同学们都很激动。

讲演完毕后,悲鸿便到教室里去看各班学生的成绩。田汉陪着他从高年级教室走到低年级教室,悲鸿依次地仔细观看了每一个学生的习作。他忽然在一年级教室里的一张素描习作前停住了,虽然画得还很幼稚,但看得出这个学生用笔灵巧而准确。悲鸿抬起他那双锐利的眼睛,向围在他身边的一些学生中搜寻。

"这是谁画的?"他见没人回答,又大声问,"谁叫吴作人?"

一个十九岁的年轻人,悄悄地几乎是羞涩地从人群后面走到悲鸿面前。他有高高的瘦削的身材,那张腼腆的脸上现出紧张的神情:"是我,我叫吴作人。"

悲鸿夸奖了他,并将自己家的地址写给他,叫他星期天到家里去。从此,吴作人便在悲鸿精心地培育下,迅速地成长起来,如同一颗丰硕的种子,植根于肥沃的土壤中,畅饮着阳光和雨露。上海艺术大学遭到封闭后,吴作人便转学到了南国艺术学院,更多地受到悲鸿的教诲。

悲鸿担任南国艺术学院美术系主任后,将自己的美术书籍、图片都搬到学校,听任学生们自由翻阅。他还将自己的画具也搬到"南国",因为霞飞坊家中的房子太窄,而"南国"给了他一间宽敞的画室。于是,他每天都在"南国"教课和作画。

他在教学中,对学生进行了极为严格的素描训练。他认为素描是一切造型艺术的基础,必须通过严格的素描训练,使学生能初步掌握写生的能力和造型的规律。他在素描教学中要求高度的准确,不允许有一线之差。他也强调提炼、取舍、概括,注重体积、结构、质感和空间感,要求学生们"但取简约,以求大和,不尚琐碎,失之微细",既要"致广大",也要"尽精微",以表现对象的特征和实质。

/
一九二八年,徐悲鸿与田汉、吴作人等人在上海

在教学的同时,他开始了巨幅油画《田横五百士》的构思和创作。

《田横五百士》取材于《史记》。田横是齐国的后裔,陈胜、吴广起义抗秦后,四方豪杰纷纷响应,田横一家也是抗秦的部队之一。汉高祖消灭群雄,统一天下后,田横不顾齐国灭亡,同他的战友五百人仍困守在一个孤岛上(现名田横岛,在山东)。汉高祖听说田横很得人心,担心日后为患,便下诏令说:如果田横来投降,便可封王或侯;如果不来,便派兵去把岛上的人通通消灭掉。田横为了保存岛上五百人的生命,便带了两个部下,离开海岛,向汉高祖的京城进发。但到了离京城三十里的地方,田横便自刎而死,遗嘱同行的两个部下拿他的头去见汉高祖,表示自己不受投降的屈辱,也保存了岛上五百人的生命。汉高祖用王礼葬他,并封那两个部下做都尉。但那两个部下在埋葬田横时,也自杀在田横的墓穴中。汉高祖派人去招降岛上的五百人,但他们听到田横自刎,便都蹈海而死。司马迁感慨地写道:"田横之高节,宾客慕义而从横死,岂非至贤!"司马迁推崇的是田横能得人心和不屈的高风亮节。

当时,悲鸿痛恨国民党的腐败和帝国主义的侵略,而有一些人却为了个人名利,趋炎附势于国民党和洋人,毫无气节。悲鸿读到司马迁写的这篇列传时,抚今追昔,感触极深。司马迁在书中对"不无善画者,莫能图,何哉"的慨叹,更加触动了这位艺术家的心。一种不可推卸的责任感,促使悲鸿决定自己来画这幅画。他要突出"富贵不能淫,威武不能屈"的高尚气节,以此为主题思想,对那些趋附于国民党和帝国主义的人给以无情的贬斥。

他选取了田横与五百壮士诀别的场面,着重刻画了不屈的激情。田横面容肃穆地拱手向岛上的壮士们告别,他那双炯炯的眼睛里没有凄婉、悲伤,而是闪着凝重、坚毅、自信的光芒。壮士中有人沉默,有人忧伤，也有人表示愤怒和反对他离去，那个瘸了腿的人正在急急向前，好像要阻止田横去雒阳。整鞍待发的马站在一旁，不安地扭动着头颈，浓重的白云沉郁地低垂着。整个画面呈现了强烈的悲剧气氛，表现出富贵不淫、威武不屈的鲜明主题。

要进行这幅高一百九十八厘米、宽三百五十五厘米的大画创作，悲鸿必须全力以赴，画面上的每个人物都有模特儿，都画了精确的素描稿，然后才画到画布上去。除了教课，他就置身于南国艺术学院的这间画室里，沉浸在创作的热情中，每天工作到很晚才能回家。这幅作品从一九二八年开始创作，至一九三〇年才完成，历时两年多。然而，这两年多的经历又是何等的艰难！

刚刚开始构思不久，南京中央大学艺术系也来聘请悲鸿担任教授。悲鸿当即提出，以不能辞去"南国"的教职为条件。中央大学表示同意。于是，悲鸿半个月在"南国"教课，半个月去南京中央大学教课。从此，悲鸿在创作《田横五百士》的同时，大量时间都风尘仆仆地往返于京沪道上。

正当悲鸿以旺盛的精力从事教学和创作时，来自家庭的干扰不幸地爆发了。有一天清晨，悲鸿正准备乘早车去南京教课，蒋碧微却拦住他，埋怨地说：

"你回上海半个月，就没有一天待在家里，整天都在南国学院，你简直把'南国'当成了家，把家当成了旅馆！"

悲鸿耐心地解释说："《田横五百士》这样的大画，我无法在家里画，而且一旦进入了创作，我的思想和我的笔就很难停下来，这种创作热情如果没有了，创作本身也就完了。希望你能理解我，作为一个画家的妻子，是应该理解的。"

"但是，你为什么要画这样的大画？你为什么要画这样的题材呢？你不会画轻松一点的东西，像现在一些时髦的画家一样，画点香蕉、苹果之类的静物画？"蒋碧微用她那响亮的嗓音气呼呼地说着，仿佛在质问悲鸿。

"我的创作意图早就告诉你了。天下兴亡，匹夫有责，你为什么对国难当前就熟视无睹？"悲鸿有些按捺不住内心强烈的反感。

"哼，我熟视无睹？我不关心国家，就你关心！"蒋碧微愤愤地说，"你现在画这样的画，是没有好处的！我知道，你是受了田汉这帮共产党人的影响！"她停顿了一下，接着说，"我决不能容忍你再跟田汉在一起！从今以后，你必须立刻离开'南国'！"说完，她就像一阵风一样呼呼地冲了出去。

悲鸿焦灼地看了看表，去南京的列车只有半小时就要开车了，他匆忙赶赴车站。

蒋碧微从家里跑出来，雇上一辆汽车，一直开到法租界爱威斯路南国艺术学院门前。她怒气冲冲地走进悲鸿的画室，将悲鸿的全部书籍、字画和画具都命人搬到了车上。当时，田汉正带着南国社的同人在外地演出。田汉的母亲眼见蒋碧微来搬走悲鸿的书画，很惊异地问：

"徐太太，你这是为什么呀？"

"我不允许悲鸿再到'南国'来了！"蒋碧微高声说。

"那么，徐先生知不知道呢？"

"他到南京去了！"

"你能不能等他回来了再搬？他和寿昌是好朋友，他们同心协力开办南国艺术学院，他怎么能走呢？"田老太太几乎是央求地说。

"我顾不了这样多，我只知道他把'南国'当成了家，把家当成了旅馆，我忍受不了，而且，我们很快要搬到南京去。"

"唉，徐太太，你怎么说这样的话？哪一个妻子不愿意丈夫干一番事业，为国家多出把力？！徐悲鸿先生有本领，有才气，而且年富力强，让他天天守在家里，行吗？"

田老太太还有许多话想说下去，但是蒋碧微打断了她。

"不必你操心行不行，反正我不允许他再到'南国'来！'南国'给了他什么好处？一分钱也没有给，连车钱都是自己掏！"她沉下了脸，气势汹汹地走了。

半个月以后，悲鸿从南京回到上海，才知道这一切。

"你怎么可以这样干预我的工作？"悲鸿几乎对蒋碧微叫喊起来。

"我就要干预！我还干预得太晚了，早就应当干预！你必须立刻离开'南国'！"蒋碧微高声地叫嚷着。

"我决不能离开'南国'！何况'南国'目前正处在极为困难的时刻，而且学生们又都需要我！"

"你为什么不说田汉需要你，共产党需要你？！"

"希望你不要这样意气用事。"悲鸿望着盛怒中的蒋碧微说，"田汉是我的好朋友，我们在艺术上的主张和目标是一致的。我们只是在一起办学校，为中国艺术界培养年轻的一代，我们有这个责任共同维护'南国'这块阵地，我决不能背叛他。离开'南国'便意味着背叛。"

蒋碧微更加激动起来："好！你不能背叛他，那就背叛我吧！我们离婚！"

"碧微，你冷静一些，不要说这些伤害感情的话，你我年龄都不小了。"悲鸿尽力在压抑内心的愤怒。

"我现在给你一个选择，要就离开'南国'！要就离婚！"她盛气凌人地叫喊起来。

正如悲鸿在巴黎预感的那样，他们在生活的道路上，出现了可怕的分歧。

这天晚上，悲鸿不能工作，甚至不能睡眠。夜深了，他仍在卧室里踱来踱去，像跟脚下的土地生气似的，他重重地踩着步子。离婚？他从来没有想过；但是，离开"南国"，离开志同道合的朋友和他喜爱的学生们，他也没有想过。"为什么她总要这样那样地干预我的工作和爱好呢？"以往的许多争吵又浮现在悲鸿眼前，他第一次懊悔了，"看来，跟她生活在一起是错误的。我们在兴趣上、爱好上、生活的理想和目标上，甚至气质上，都是迥然不同的。但这已是无可挽回的事实了！"他耳边又响起了她"离婚！"的叫喊，"难道我就被这条锁链锁住？"他问自己，内心的反抗使他第一次开始考虑离开她。但是，忽然，他听见了婴儿的哭声，在蒋碧微身边熟睡的婴儿大声啼哭起来。一种对家庭的责任感，对儿子的深沉的爱，猛然使他想到离婚将带来的不幸……他又想起了十二年前，蒋碧微勇敢地私奔，他们乘着轮船在波涛汹涌的太平洋上航行，手携手地走进了生活……他依旧从心底珍惜这些感情。"但是，无论如何，我不能离开'南国'呵！"悲鸿痛苦地在心中呼喊。

田汉终于了解了这一切，十分同情悲鸿艰难的处境：

"悲鸿，你不要为难了，就离开'南国'吧！"田汉十分难过地说，"我同情你，理解你，也不会责怪你。我相信我们的友谊是不会被割断的。"

悲鸿的嘴唇颤动着，发不出声音，泪水在他的眼眶里挣扎，终于从眼角轻轻地流下来。那些围在悲鸿身边的学生们，他们原本都要求悲鸿回去教课的，这时都默默地低下了头，有人在悄悄地擦去眼泪。

悲鸿紧紧地握着田汉的手，哽咽地说："虽然，我暂时离开了'南国'，但我仍将继续支持你的工作。我们的友谊永远也不会被割断的……"

第十六章

一列特别快车在宁沪线上箭一般地向着苏州飞驰。悲鸿充满忧郁的双眼注视着迅速向后逝去的房屋、茅舍、树木、田野……

"悲鸿,苏州的庙里可能还存放着我那只装了石头的假棺材呢!"蒋碧微高声地说着,仿佛在炫耀一件辉煌的功绩,然后舒畅地扬声大笑,周围的旅客都把好奇的眼光投向她。

悲鸿微微地皱了皱眉。他深深地感到身边这个女人的骄横和自负,一种厌烦的心绪包围了他,他什么也没有说。

自从离开了"南国",悲鸿感到无限忧伤,就如同一个战士放弃了一块阵地,他整天郁郁不乐。这时,苏州的颜文梁先生特意来邀请悲鸿去苏州游览。悲鸿毫无意兴。但蒋碧微却辉耀着胜利的光彩,力劝悲鸿去苏州一游,她深知美丽的大自然能打开悲鸿的心灵之窗,医治他的创伤。加上颜文梁先生再三催促,他们终于起程了。

列车风驰电掣地向西奔驰着。也许是这列特别快车触动了悲鸿的心,勾起他对一段往事的回忆。

那是刚刚回国不久的一天,悲鸿和蒋碧微一起,也是搭乘这列火车,回了一趟家乡。在国外八年,家乡的一切常常闯进悲鸿的梦中。

在巴黎时，多少次在塞纳河畔，他黯然记起了故乡门前的那条河，还有那辛勤操劳的母亲和从小就在生活中挣扎的弟妹，这一切常常牵动他的心。如今，他回来了。那永远奔腾不息的河流，那脉脉含情的小屋，那屋前屋后的树木，都依然如故，只是弟妹都长大了，母亲也显得衰老了。她白发如霜，脸上纵横的皱纹里包含着多少的艰苦和忧虑啊！但是，她的眼睛里却闪烁着照人的光彩，这是看到远方的儿子胜利归来的母亲才有的那种幸福、安慰、欢欣交融在一起的光彩。她依旧是那样温顺地、有点儿胆怯地微笑着，仿佛依旧害怕幸福会突然从她眼前飞走。

那些可爱的乡亲们，那些人曾是他童年时的小伙伴，都热烈地围在他身边。他们都是朴实的农民和小手工业者，脸上挂着憨厚的笑容，大声地对悲鸿说着乡音浓重的话语。悲鸿沉醉在这些亲切的感情中，他的心好像在温暖的波浪上浮游。

"砰！"突然一声尖利的枪响，"砰！"接着又是一声。人们急速地向各处逃跑。悲鸿被一双粗大的手牵住，迅速钻进了一个谷仓，这时他才看清牵他手的是童年时的一个朋友。枪声渐渐地消失，终于一切又复归于平静了，他们从谷仓里跳出来。

"唉！"他童年的朋友叹了口气，"这年月没有法子过呵！人没有活路，只好打家劫舍。"

他是个手艺出众的篾匠，能做各种精巧的竹器。悲鸿望着他那双粗糙的手，回想起他们幼年时，曾一同砍竹子做刀枪棍棒的往事，也记起了他自己那可笑的"江南贫侠"的梦。二十多年过去了，人民却依旧陷在深沉的苦难中，而他却无能为力。悲鸿紧紧地皱蹙双眉，仿佛在心里谴责自己。

从家乡回到上海，他的心情变得抑郁了。贫困的农村和上海畸形的繁荣构成了强烈的对比。大革命失败后，反动派加紧了和帝国主义的勾结，政治上一片黑暗。反映在艺术上，是那些资产阶级没落的抽象派、未来派、野兽派等形式主义绘画更加泛滥，它们完全脱离现实。国画则以模仿古人为能事，陷于复古主义，奄奄一息。处在这样的逆流里，悲鸿如果选择一条平坦的道路，那么，他可以随波逐流。但是，他没有这样，也不可能这样！他的爱国心和强烈的责任感使他挺身而出，充当了中流砥柱。他严厉地抨击了那些狂妄、荒诞、脱离真实的形式主义新派绘画，提倡艺术应当追求真实，追求智慧，追求真理。他希望以写实主义作为开端。同时，他在教学和创作中都坚定不移地贯彻自己的主张。然而，这个家，这个使他无限烦恼的家，却无情地羁绊着他……

"咣当当！"火车制动的强烈震动，打断了悲鸿的沉思。他从车窗向外望去，苏州车站已经到了，特地赶到车站迎接他的颜文梁先生，正向他频频招手呢！

颜文梁先生是一位造诣很深的油画家。他的油画色彩沉着，笔触细腻。他不仅是一位很有功力的现实主义画家，也是一位循循善诱的美术教育家。他在苏州办了一所私立美术专科学校，培养的人才很多，桃李满门。

苏州美术专科学校的校址在沧浪亭，风景十分优美。颜文梁先生首先陪同悲鸿参观了苏州美专，并请悲鸿作了讲演，还画了一些画（悲鸿为苏州美专看门工人画的素描肖像，至今仍保存在徐悲鸿纪念馆内）。

后来，苏州美专新盖的大礼堂落成时，悲鸿还特地画了一大幅中堂表示祝贺，上面题了"中流砥柱"四个大字，旁边附有一行小字："安格尔曰：素描者，艺之操也。"于此可见他对颜文梁先生的推重，以及他们在教学上的主张相同。他们之间的友谊终身未衰。

颜先生还陪悲鸿游览了苏州的名胜风景。人们常说："上有天堂，下有苏杭。"把苏州的自然美比作天堂，确有几分道理。苏州的园林精巧纤秀，高雅别致，且能在小中见大，并富有东方艺术的韵味和诗意。

特别使悲鸿难以忘怀的是游览了寒山寺。唐朝诗人张继的《枫桥夜泊》诗："月落乌啼霜满天，江枫渔火对愁眠。姑苏城外寒山寺，夜半钟声到客船。"使寒山寺驰名中外，赢得美誉。寺内庭院幽静，树木和碑碣甚多。那口巨大的铜钟依旧凝重地高悬着，带着沉思的神情注视游人。多少苦难绵延的岁月在那悠长的钟声中流逝！

离寒山寺约半里，便有一条宽阔的河流，河面上有一座石拱桥，名叫枫桥。也许那就是张继的客船停泊的地方吧！夕阳美丽的余晖静静地抹在那颜色斑驳的石拱桥上，河面波光闪闪，三三两两的木船在悠然往来。悲鸿迷恋地站在桥边，郁闷的心情开始消失，一种心旷神怡的感觉流遍了他的全身。美丽的祖国河山永远像神奇的手指，温柔地抚慰他的心灵。这是一个艺术家在痛苦中得到的补偿。

第十七章

不久,在蒋碧微的主持下,悲鸿移居南京,搬进了丹凤街中央大学的宿舍。这幢两层的旧式楼房里住了中央大学的四家教授。悲鸿分得四个房间,蒋碧微的父母仍和悲鸿住在一起。中央大学艺术系还给悲鸿预备了两个房间,作为他的画室。中央大学给他的薪金是每月三百元现洋。

优厚的待遇,安定的生活,使蒋碧微感到满意。但是,她绝没有想到,她是怎样粗暴地伤害了悲鸿的感情。悲鸿很不满意这种生活。他心里深深地怀念着田汉,怀念着南国艺术学院和南国社的同人。他像离群的马一样,常常在心里发出悲哀的嘶鸣。他以无限伤感的诗句,来表达他那极其痛苦的心情。

> 亦似鸳鸯宿上林,
> 亦如骐骥失其群。
> 人生甘苦每相反,
> 顿觉年来左手驯。

在刚刚移居南京的那些日子里，悲鸿常常回忆起南国艺术学院那亲密的融洽的带有战斗气氛的生活。他记得，有一次，在南国社为筹备学校经费的演出中，学生们曾演出话剧《画家与其妹妹》。剧中描写一个穷画家饥寒交迫的生活，在严寒的冬天，没有火炉，画不了模特儿……在观众们的掌声都停止以后，有一个人还在热烈地鼓掌。这个人是谁呢？主演画家的演员、美术系的学生刘汝醴从大幕的缝隙往外瞧，原来这个人就是悲鸿。散戏以后，悲鸿到后台去慰问演员，他紧握着刘汝醴的手说："你演得真好！我在巴黎的生活就是这样。"悲鸿还清楚地记得，南国社演出田汉创作的话剧《苏州夜话》《名优之死》时，他不仅观看了这些演出，还对舞台布景，服装设计等提出过意见，同时，热烈地为他们的演出推销入场券，帮助他们募捐经费……

现在，他只能寂寞地回忆南国艺术学院那丰富多彩的生活了，唯一能解除他烦恼的只有工作。他每天清晨便去中央大学教课，准时走进教室里，在每一个学生的画架面前停留、观看、指导，有时还亲自动手修改。学生们都用无比尊敬的目光迎接这位严格的教授。

悲鸿在素描教学中总是强调"宁方勿圆，宁拙勿巧，宁脏勿净"。人体，大体看来是圆的，但任何一个圆面都是由许多方块的面组成的，就如同任何一条弧线是由若干条直线组成的一样。要表现圆很充实，有重量，有体积，不像是照相般平滑，必须通过方的面来表现它。这就是"宁方勿圆"的道理。"宁拙勿巧"也是如此。"巧"固然好，但必须老老实实，按步骤去画，虽然笨拙一些，终能达到"巧"；反之如果只求"巧"，就会不充实，趋向浮滑。"宁脏勿净"的道理也一样，画面干净固然好，但如果追求干净，就会失去很多东西。悲鸿提出的"三宁三勿"，是要使初学绘画的学生能健康地步入艺术的坦途。他认为，学画也和学科学一样，必须不畏艰辛、循序渐进和刻苦钻研，没有捷径可循。

他还十分强调明暗对比，教导学生必须找出对象最亮的点、最暗的点、次亮的点、次暗的点，以次类推，反复、认真、详细地比较，抓明暗交接线，使体积感更强，增加中间色的层次，有利于刻画暗部的变化，用分析和综合的方法，使之集中、统一。

悲鸿一直坚持对学生进行严格的素描训练，使学生打好基础，练好基本功，从来不允许学生马马虎虎。有一天，在素描习作课上，他看见一个学生完全没有用心，没有仔细观察，只是漫不经心地在画，便走过去，大声问他：

"你看看，对象的哪一点最亮？"

那个学生朝对象看了一眼："这儿最亮。"他指着对象的前额说。

悲鸿很严厉地说："我是问你，哪一点最亮？"他把"点"字说得很重。

这一下，那位学生发窘了，他答不上来。

"哪一点最亮？你必须仔细看，仔细比较。"悲鸿提醒他，语调稍稍平和了些。

那位学生看来看去，终于嗫嚅地说："这一点最亮。"他指着前额上那一点最亮之处。

悲鸿说："对了！你要看，要仔细看，不看，哪能知道哪一点最亮？"悲鸿又问，"你说说，哪一点最黑、最暗？"

那位学生又像第一次指最亮点那样，用手指了指对象说："这儿最黑。"

悲鸿十分生气地说："我是问你，哪一点最黑？"

那位学生紧张起来。他看了很久，才指着对象小声说："这一点最黑。"

悲鸿严肃地对他说："你不看，不比较，不观察，你就答不出我提出的问题，也就画不好这张画。"

这位学生羞愧得面孔绯红，但这却给他一个难忘的教训，也许使他终身受益呢！

所有的学生都十分惧怕悲鸿这种严厉的批评和毫不留情的斥责，但是又从心底尊敬他。因此，在他的课堂上，经常保持着那种严肃、认真、紧张的气氛。

悲鸿还要求学生下笔就准。他教导学生：必须看准了才下笔，下笔时一定要心中有数。即使画错了，也不要擦掉，让自己知道，错在什么地方。他严格要求形的准确。

悲鸿还要求学生默写。他说：如果不会默写，形象不在你脑子里，便违反了中国绘画的传统理论：落笔有神。形象如同过眼烟云，如何才能下笔有神呢？必须练出默写的功夫。因此，他规定学生们都要有严格的默写，而且根据他自己的经验告诉学生，默写可以收事半功倍之效。

在观察和描绘对象时，悲鸿要求学生要有轻重主次，要抓住关键处，要概括、提炼、集中，不要自然主义地把一切都画下来，应观察入微，有重点地取舍，不仅要造形准确，而且要比现实的形更提高。

悲鸿也很注意因材施教，根据各个学生不同的优点和缺点、不同的才能和性格，来引导学生向前发展。他很爱惜人才，以极大的热情发现和扶植着有才能的青年。当时，南国艺术学院的学生吴作人、刘艺斯、吕霞光等人提出继续跟悲鸿学画的要求，他想方设法把他们转到中央大学做旁听生。

悲鸿的这些科学的教育思想和教学方法，不仅是他学习、创作实践经验的总结,而且是他为振兴中国美术事业倾注的巨大心血的结晶。他在南京中央大学任教期间,除了继续从事《田横五百士》的巨幅油画创作外,其余全部时间都用在指导和培养学生上。

在军阀混战的旧中国,悲鸿推行他的这些科学主张,并不是一帆风顺的,他受到了种种诽谤和打击。但是,悲鸿仍坚持不懈地推行他的主张,辛勤地培养着具有坚实基础的年轻一代。一九二九年,南京国民党政府举办第一届全国美术作品展览,悲鸿拒绝参加。同时,就全国美展中宣扬形式主义作品,和徐志摩展开了论战。徐志摩是当时著名的鸳鸯蝴蝶派诗人,他不同意悲鸿对形式主义绘画的贬斥。

悲鸿在《惑》一文中提出了自己的论点。首先,他列举了法国许多杰出的现实主义和浪漫主义艺术大师的名字,以及他们辉煌的成就。接着他写道:"勒奴幻(Renoiv)之俗,塞尚(Cézanne)之浮,马梯斯(Matiss)之劣……借卖画商人之操纵、宣传,亦能震撼一时……美术之尊严蔽蚀,俗尚竞趋时髦。"他还愤激地写道:"若吾国'革命'政府,启其天纵之谋,伟大之计,高瞻远瞩,竟抽烟赌杂税一千万元,成立一大规模之美术馆,而收罗三五千元一幅之塞尚、马梯斯之画十大间(彼等之画一小时可作两幅),为民脂民膏计,未见得就好过买来路货之吗啡、海洛因……"

悲鸿在《惑之不解》一文中又写道:"形既不存,何云乎艺?"既然是造形艺术,连形都不存在,还算什么艺术呢?他也指出形式主义美术之"伪",认为"真伪不能混淆",只有真实地描绘对象,才能予人以美感。他也深恶痛绝院体式美术之伪。他写道:"但与伪别者为真","不能以伪别伪。"他满腔热情地写道:"我唯希望我亲爱之艺人,细心体会造物,精密观察之。""我以青藤之同宗,来扳程朱面孔,无端致人厌恶,但处今日中国,实不能自已。""我之穷困,当不亚于自来一切之艺人,但我终以为真理高于一切。"

在论战中,他的思想日趋成熟,愈来愈看清了形式主义美术的本质。

当时,油画家李毅士撰文支持了悲鸿的主张。他在《我不惑》一文中写道:"我想,悲鸿先生的态度是真正艺术家的态度。""塞尚和马梯斯的作品,我研究了二十多年的洋画,实在还有点不懂,假着说,我的儿子要学他们的画风,我简直要把他重重打一顿。"

第十八章

转瞬到了暑假。

南京的夏天是酷热的。火一样的太阳高高地挂在明净无云的天空上，烤炙着人们。燥热的风阵阵吹来，使路旁的尘土漫天飞扬。

正在悲鸿筹划着如何度过暑假的时候，在福州担任教育厅长的黄孟圭先生来信邀请他去福州作画。于是，悲鸿在他的学生王临乙同行照料下，乘轮船经台湾海峡，来到福建省省会福州。

老朋友相见，分外亲热，互相畅叙着新加坡分手以后各自的经历。为了叙谈方便，黄孟圭先生安排悲鸿住在福建省教育厅内。一住下来，黄先生便提出，请他作一幅《蔡公时》的油画。黄先生告诉悲鸿，蔡公时是福州人。一九二八年北伐军为了推翻帝国主义和封建军阀在中国的统治，将革命推向全国，分三路向北进军。在节节胜利中，日本帝国主义竟在济南制造混乱，企图阻挠。蔡公时是外交特派员，挺身而出，与日方交涉，不幸，被日本军阀逮捕杀害。当时，引起我国人民强烈的愤怒和抗议，在我国历史上称为"五三惨案"。

烈士的英雄行为深深感动着悲鸿。他塑造了蔡公时烈士威武地站在日军面前，大义凛然，临危不惧，具有民族气节的光辉形象。这幅

/
二十世纪三十年代,徐悲鸿摄于南京

大油画从那时起，便陈列在福建省教育厅。可惜，抗日战争爆发以后，下落不明了。《蔡公时》刚刚画完，福建省教育厅便询问悲鸿应付多少稿酬，悲鸿立即表示，他本人不希望得到稿酬，只愿福建省能给一个留学生名额，派他的一名优秀学生去法国学习油画。这个要求立刻得到了满足。

于是，悲鸿立即写信给中央大学艺术系的学生吕斯百，决定将这个名额给他，要他做好准备。

身材瘦削、资质聪颖、在班上成绩出众的吕斯百，收到这封意外的信后，心里很不平静，既惊喜，又忧虑。他欣喜这突如其来的幸运，但是名额只有一个，而他和王临乙是同班同学，两人的成绩又不相上下。他再三考虑，觉得应该让王临乙去，何况王临乙当时还正在福州，就在悲鸿老师的身边。他回信给悲鸿，把自己的这些想法都写在信上。

悲鸿接到吕斯百的信以后，沉吟、思索了很久，究竟让谁去呢？一时难于决定。一天，他把这封信拿给黄孟圭先生看，以征求意见。黄孟圭先生看到信后，大受感动，毅然决定给两个名额，让两个人都去法国留学。

悲鸿感激万分。于是让吕斯百学油画，让王临乙学雕塑，赴法深造。他们在巴黎都很努力，成绩斐然。后来，学成归国，吕斯百成为著名的油画家，曾长期担任中央大学艺术系教授兼系主任。王临乙成为著名的雕塑家，长期担任国立艺专教授、中央美术学院教授和雕塑系系主任。两人都尽瘁于美术教育事业，为我国培育了不少英才。

悲鸿在福州期间恰值陈子奋先生举行画展。每逢这样的机会，悲鸿是决不会放弃的。他立即前往参观，因而与陈子奋先生相识。陈先生擅治印，又精于双钩花卉。他见悲鸿来参观展览，用带着浓重福建口音的普通话十分激动地说：

"徐先生，您能光临我的展览会，是我未曾料到的，很希望得到您的指教。"

这位比悲鸿年轻一些的陈子奋先生，看上去很朴实。

"不要说指教。"悲鸿谦逊地说，"我们互相探讨吧！你刻的印章很好，你的双钩花卉也很精到。双钩是中国画的本源。"

"哦，你这样推崇双钩？"陈子奋先生快活地问。

"是的，"悲鸿说，"中国画不可缺少勾勒，但勾勒必须写生，用勾勒精确地描绘对象，同时，又要随着对象的变化而变化勾勒的技法。千万不可墨守古人的成规，要使勾勒技法能有所发展和创新……"

两位艺术家互相倾谈各自对中国画的见解。

福州是我国南方温暖而明媚的城市，终年花果不断。勤奋的悲鸿不放过任何一个学习的机会，在那里画了很多双钩花卉的写生稿。他画得精确、细致，旁边还细心地用小字注上花、叶或蕊、萼的颜色。他每次去陈子奋先生家里，总带着一只很大的画夹，里面有用炭精笔或铅笔、钢笔勾勒的各种花卉，和陈子奋先生一同观看、讨论。他们从此成为朋友。后来，陈子奋先生专为悲鸿刻了二十多方印章。

在福州作画两个月，悲鸿又回到南京。临离开福州，福建教育厅十分感激悲鸿赴闽作画，仍赠送他三千元稿酬。

第十九章

一九二八年年底,由于蔡元培先生推荐,悲鸿受聘担任北平艺术学院院长。刚刚从福州回到南京的悲鸿,立刻只身赶赴北平。

这个五四运动的发源地,这个充满文化气息的古城,曾经给了悲鸿多少诱惑和希望!现在,他又站在天安门的城楼下,谛听着历史的回音,感到心潮澎湃。从一九一九年离开北京,到现在已经十年过去了。尽管许多先行者为人民的利益献出了生命,但是,从政治上到学术上,都仍如十年前那样黑暗、腐朽、落后。

北平艺术学院也同样是顽固守旧。悲鸿面前严酷地摆着两条道路,要么稳稳当当地拿一个月五百元的院长薪金,随波逐流,要么逆反潮流,另辟蹊径,而承担去职的风险。以复兴中国艺术为己任的悲鸿毫不苟安畏缩,虽然他深知开拓者披荆斩棘的困难,还是勇敢地选择了后一条道路。他在北平艺术学院大胆地提出了革新的主张。在美术方面,他强烈地贬斥了那些复古主义者,抨击了那些毫无生气、陈陈相因的八股文人画。他提倡师法造化,提倡国画的革新,号召学习西方一些优秀的技法,使之和中国民族绘画的优秀传统相结合,创造出新颖的、有真感、有生气的中国画。在用人方面,他也不墨守成规。当他发现齐白石在中国画方面的高深造诣后,亲自去拜访了这位当时处境十分孤立的老画家,并决定聘请齐白石先生担任北平艺术学院教授。

齐白石先生是木匠出身,当时已届六十七岁的高龄。他的作品不仅体现了中国画高度凝练和概括的特点,而且饶有生气。他通过对生活的反复观察,画出了那些栩栩如生的虾和螃蟹,呱呱鸣叫的青蛙,飞翔在残荷上的蜻蜓,惹人喜爱的小鸡,有浓郁乡土气息的山水……他的作品既有浓厚的民族特色,又不落古人窠臼。在当时以模仿古人为能事的国画界,如同一枝奇花异卉,引起悲鸿的欢欣和赞叹。

在西单跨车胡同齐白石先生的画室里,三十多岁的悲鸿和六十多岁的白石先生竟一见如故。他们谈画,谈诗,谈文章,谈篆刻,各抒己见,彼此有许多相同的看法。但当悲鸿提出聘请白石先生担任北平艺术学院教授时,他却婉言谢辞了。过了几天,悲鸿再去拜访白石先生,重提此事,又被白石先生谢绝。悲鸿没有灰心,第三次又去敦请。

白石先生深深地被感动了。他坦率地告诉悲鸿:"徐先生,我不是不愿意。我很愿意和你共事,帮你办学。我对你的人品和画品都很看重,但是我已经年老了,不想多走动了,而且讲课很累人的,我这样大岁数了,真不想再费那样多口舌啰。"

悲鸿欣幸终于找到了问题的症结,告诉白石先生,不需他讲课,只要他在课堂上给学生作画示范便可,并说:

"我一定在旁边陪着你上课。冬天,给你生只炉子,夏天,给你安一台电扇,不会使你感到不舒服。"

于是,白石先生十分感动地答应了。

第二天清晨,悲鸿亲自坐了马车来迎接白石先生。那是一个晴朗而美丽的清晨,阳光微笑着俯瞰大地。白石先生穿了一件宽大的缎子长袍,拄着一根手杖,和悲鸿一同登上马车。一匹瘦弱的马拉着那辆四轮马车,缓缓地沿着狭窄的胡同行进。白石先生极其庄重地坐着,脸上浮现一种专注的神情,流露出他内心的思索与不安。在车轮的隆隆声中,马车穿过宽阔的大街、繁华的闹市,忽然轻轻摇晃了一下,停在北平艺术学院的门前。站在门首的学生们热烈地鼓掌迎接,白石先生矜持地颔首致意。

在学生们的簇拥下,白石先生和悲鸿来到教室里。画案上已经摆好笔墨纸砚,但白石先生却拿出他自己带来的几支画笔。他慎重地、沉思地举起画笔,运笔非常缓慢,仿佛每一笔都在精雕细琢,笔墨异常精练。学生们的眼睛都跟随着他的画笔在移动。白石先生巧妙地运用笔锋的变化和墨色的枯湿浓淡,达到了悲鸿所说的"致广大、尽精微"的艺术效果。

画完以后,在悲鸿的引导下,白石先生同学生们展开了漫谈:

"不要死学死仿,我有我法,贵在自然……"白石先生环顾学生说,"花未开色浓,花谢色淡,画梅花不可画圈,画圈者匠气……"

一堂生动的课在铛铛的下课铃中结束。学生们很满意,悲鸿和白石先生也很满意。

然后,悲鸿又坐了马车送白石先生回家。那匹瘦弱的马和那位懒洋洋的马车夫仿佛也感染了他们的欢乐,马车轻快地奔驰起来。到了跨车胡同白石先生家门口,悲鸿搀扶白石先生下了马车。白石先生用激动得有点发抖的声音对悲鸿说:

"徐先生,你真好,没有骗我,我以后就照这样的办法教课。我应当拜谢你。"

话音未落,他便双手打拱。悲鸿慌忙扶住了白石先生,泪水涌到了悲鸿的眼眶里。从此,这两位在当时享有盛名的艺术巨匠便成了莫逆之交,他们的友谊终生不渝。

但是，上世纪二十年代的北平，在艺术上也和政治上一样，极为落后和顽固，对待悲鸿的一些革新中国画的主张，保守派不仅不能接受，而且十分嚣张地破坏和反对，就连聘请齐白石担任教授一事，也成为众矢之的，引起顽固分子的非难。虽然在此之前，林风眠先生曾聘白石先生担任北平艺专教习。

"徐悲鸿是在故意捧齐白石！"

"徐悲鸿凭个人好恶用事，他要把北平艺术学院搞成什么样子？"

流言飞语，诽谤刁难，明枪暗箭，一时俱发。悲鸿的改革计划遭到了强烈的阻挠，他感到孤掌难鸣，只好拂袖而去。

这天，他去辞别白石先生，准备南归。白石先生心情黯然，他颤颤索索地拿起画笔，画了一幅《月下寻归图》送给悲鸿。画面是一位穿长袍的老人，扶杖而行，这是白石先生的自写。他忧伤地在画面上题了两首诗：

（一）

草庐三顾不容辞，
何况雕虫老画师。
海上清风明月满，
杖藜扶梦访徐熙。[1]

旁边附一行小字：悲鸿先生辞余出燕，余问南归何所？答：月满在上海，缺，在南京。

---

[1] 徐熙是我国南唐著名画家，擅画花果、林木、草虫、禽鱼，才气过人，世称神妙。白石先生借他的名字比喻悲鸿。

（二）
一朝不见令人思，
重聚陶然未有期。
深信人间神鬼力，
白皮松外暗风吹。

白石先生还在给悲鸿画的一幅山水画上，题过这样一首诗：

少年为写山水照，
自娱岂欲世人称。
我法何辞万口骂，
江南倾胆独徐君。
谓我心手出怪异，
鬼神使之非人能。
最怜一口反万众，
使我衰颜满汗淋。

诗中"江南倾胆独徐君"便是指悲鸿。他深深感激悲鸿，能在他孤立的处境中，敢于"一口反万众"地支持和赞扬他。

悲鸿南归以后，和白石先生书信往返不绝。白石先生每有佳作，必寄悲鸿，悲鸿便按白石先生的笔单，将稿酬寄去。那时，正是白石先生精力旺盛，创作最成熟的时期，悲鸿购藏他的佳作极多。

当时，白石先生虽然已经出过画集，但选择的题材和印刷的质量都令悲鸿感到不十分满意。悲鸿为了向更多的人介绍白石先生的艺术成就，向中华书局推荐出版齐白石画集。中华书局的主要负责人之一的舒新城先生是位博学多才又很重道义的有识之士，对悲鸿的主张一向是支持的，便慨然允诺。于是，由悲鸿亲自编辑，亲自撰写序言，正式出版了齐白石的第一部画集。

白石先生收到自己的画集和稿酬时，心里涌起无限的喜悦，但使他迷惑不解的是："为什么替我出了画集，不要我的钱，反而送钱给我呢？"他低声地咕哝着，又一次对悲鸿产生了信任和感激。

悲鸿在北平还结交了五四时期的著名白话诗人刘半农先生，为他画过《春山驴背图》的画卷。有一次，刘半农宴客，悲鸿和鲁迅先生都在座。刘先生早在民国六年至八年时，收集了不少初期白话诗，并且决定将它们编印出来，曾得到很多人支持。后来这部诗集出版了，其中有李大钊、陈独秀、鲁迅等人的白话诗。半农先生在序言中写道：

> 民国六年提倡白话文已是非圣无法，罪大恶极，何况提倡白话诗。所以适之诗中有了"两个黄蝴蝶"一句，就惹恼了一位黄侃先生，从此呼适之为"黄蝴蝶"而不名……

他最后写道：

> 有几位朋友劝我把自己的诗稿也放一两首进去，我却未能从命。第一，因为那时的稿子早已没有，现在既然找不出，自然也不便倒填了年月假造。第二，听说有位先生编印世界名画集，内分三部，第一部是外国名画，第二部是本国名画，第三部是他自己的名画。这真是一个妙绝古今的编制法，可惜我竟不能造起一

个"初期白话名诗"之类的名目来,要是能于造成,我也就很有胆量和勇气把自己的名诗放进去……

刘半农先生所指的这位编印世界名画集的先生,便是以惯于抄袭剽窃和宣扬形式主义新派绘画闻名的上海某画家。这种人自然是悲鸿所深恶痛绝的,悲鸿当时便曾给予无情的揭露和批判。

第二十章

悲鸿回到南京以后，继续担任中央大学艺术系教授。但在艺术系旁听的吴作人等人却遭到了学校当局的驱逐，原因是他们接触了一些左派人物，学校怀疑他们有不轨活动。

吴作人十分焦急地来找悲鸿："徐先生，中央大学已经明令赶我们走，事情无可挽回，怎么办呢？"

悲鸿非常气愤地说："真是岂有此理！"他思索了一会儿，坚决地说，"你到法国去！到巴黎去学画！"

吴作人幼年丧父，依靠孤苦伶仃的母亲和长兄维持一家数口的生活，在国内求学已不宽裕，如何能到外国去求学呢？这是他连想也不敢想的事啊！他茫然地看着面前这位老师。

悲鸿看出这个家境贫寒的青年的心事，安慰他说："我会替你想办法的，先到了巴黎再说，反正不会饿死。"

在为吴作人申请出国留学的护照时，由于国民党教育部规定必须有大学毕业的文凭，悲鸿只好叫吴作人去找他的老师田汉设法。田汉笑呵呵地说："这容易！"他伸手打开橱柜，从那一叠空白的南国艺术学院的毕业文凭中随便抽出一张，填上了吴作人的名字。后来，悲鸿又替吴作人买到一张价格便宜的水手票。于是，吴作人从上海搭上一艘海轮起程了。

来到法国，天资聪敏的吴作人虽然考入了悲鸿当年就读的学校——国立巴黎高等美术学校，但是生活十分贫困。在资本主义社会里，贫穷是备受歧视的。因此，每逢学校食堂开饭时，吴作人不敢立即走进去，总是等待那些佳馔都已卖完，食堂里杯盘狼藉，剩下零零落落的几个人时，他才低着头走进去，买一盘仅有的土豆聊以充饥。渐渐地，他连买土豆的钱也发生困难了，不得不写信向悲鸿求援。悲鸿立即托人设法为吴作人在比利时皇家美术学院取得了奖学金。于是，吴作人由巴黎转到布鲁塞尔继续学习。他没有辜负悲鸿的苦心栽培，以第一名的优异成绩在比利时皇家美术学院毕业。回国后，他先后担任中央大学艺术系教授，北京艺专教务长，中央美术学院院长、名誉院长，继承悲鸿的主张，为我国美术事业倾心尽力。

悲鸿回到南京，除在中央大学艺术系教课，仍以饱满的激情继续进行油画《田横五百士》的创作。但是家庭的不宁静，依然影响着他的心绪。虽然，他和妻子已经有了一儿一女，他们之间的龃龉却并未因此消失。永远不能调和的矛盾——悲鸿对艺术的至诚热爱，为蒋碧微永远不能理解和接受——使他们常常因为购买书画而掀起轩然大波。

有一次，悲鸿以三十元稿费买了一块鸡血石图章。他如获至宝地拿着这块小巧的鸡血石图章，高兴地走进家门，亲切地叫着：

"碧微，你快来看，我买了一块好看的鸡血石图章。"

他多么希望蒋碧微能分享他的喜悦。蒋碧微走过来，从悲鸿手中接过图章，看了一眼，便问：

"多少钱买的？"

"三十块钱。"悲鸿如实地回答。

蒋碧微猛然举起胳膊，用力将那块图章朝痰盂里扔去，"乓"的一声，它掉在了痰盂里。悲鸿默默无言地走过去，弯腰捡起那块美丽的图章，但图章的一角已被摔碎了。悲鸿痛苦地感到，那被摔碎的，不仅是图章，还有他的心，他那颗酷爱艺术和渴望美好家庭生活的心。

事情并未以悲鸿的沉默而结束。第二天，蒋碧微以报复的姿态到南京最大的一家绸缎商店，以三十元的同样价钱定制了一件金色花纹的丝绒旗袍。后来，她穿着这件金光闪闪的旗袍，硬要悲鸿为她画一幅油画肖像，她似乎要悲鸿永远铭记她的愤怒。当悲鸿苦恼地移动画笔时，不禁悲伤地感到，那个在十多年前他所爱过的少女已经永远不存在了，在他面前的只是一位高傲而任性的妇人。

在这样痛苦的生活中，悲鸿以惊人的毅力，于一九三〇年完成了油画《田横五百士》的创作，开始构思创作巨幅中国画《九方皋》。

这是取材于《列子》中的一个故事：春秋时代，有个姓九方，名字叫皋的人，很有识马的本领。有一天，秦穆公对以相马闻名的伯乐说："你的年纪已很老了，儿孙中有没有可以继承你的本领的人？"伯乐叹息道："我的子孙中有能识马的，但没有能识千里马的。我有一个朋友，名叫九方皋，他虽是个挑柴卖菜的苦力，但识马的本领，不在我之下。"秦穆公听了，非常高兴，便叫九方皋为他物色一匹千里马。九方皋在各地跑了三个月，看了无数的马，最后，才找到他所中意的一匹黑色雄马。他回来见秦穆公，穆公问道："你找到的马是什么颜色呀？"九方皋答道："黄色。"穆公又问："是雌的还是雄的？"九方皋答："雌的。"穆公叫人牵马来看，却是一匹黑色的雄马，不禁大失所望，便对伯乐说："九方皋连马的雌雄颜色都不能辨认,如何能识别马的好坏呢?"伯乐喟然叹息说:"大王呀!您不知道,九方皋在观察马时,是见其精而忘其粗,在其内而忘其外,见其所见,不见其所不见呀!"意思是说九方皋注重的不是马的皮毛外貌,而是马内在的精神、品质。秦穆公听了,令人骑上这匹黑色的雌马试验,果然是天下最好的马。

悲鸿有感于这个动人的故事,正是由于他亲眼看到了在当时的政府统治下,大量人才被压抑、被埋没的现状;也是由于他亲身感受到要提携、培养一个有才华的人是何等的艰难;同时,他永远也忘不了自己为生活所迫几乎投江自尽的悲惨经历……所有这一切,都强烈激发着悲鸿创作的欲望。他要借《九方皋》倾吐内心的抑郁,抒发渴望发掘人才的美好意愿。

这幅宽三百五十一厘米、高一百三十八厘米的中国画,栩栩如生地塑造了一位朴实的劳动者——九方皋的形象。他正在聚精会神地察看面前的那些马,而那匹黑色的雌马仿佛突然见到了知音,发出快乐的嘶鸣,扬起钢铁般的蹄子,跃跃欲试。

人们都知道悲鸿善于画马。他笔下的马都是奔放不羁的野马,从来不戴缰辔,但在《九方皋》画面上的这匹黑色雌马却例外地戴上了缰辔。有人问悲鸿:"这是为什么呢?"悲鸿笑着答道:"马也和人一样,愿为知己者用,不愿为昏庸者制。"

正当悲鸿将全部精力倾注于教学和创作时,已经成为中统特务头目的张道藩又来到他家里。张道藩知道,这个时间悲鸿正在中央大学的教室里教课,就如同在巴黎时,经常趁悲鸿在学校上课的时间去找蒋碧微那样,他是很善于利用机会的。张道藩穿着笔挺的西装,身上散发着外国香水的气味,扬扬自得地走进了悲鸿的家门。

这天晚上,悲鸿从中央大学画室刚回到家里,蒋碧微就带着满脸的愠怒对悲鸿说：

"我今天才知道，你借着搞创作，画大幅作品，整天在中央大学，原来是心上有人！"

"你说什么？"悲鸿不明白发生了什么事。

"你以为我不知道？！"

"什么事呀？你说清楚。"

"有没有一个女学生，名字叫孙多慈？"

"有。"悲鸿说，"她现在是艺术系的旁听生。"

"她画得很好？"

"是的，她很聪明。看来，在绘画上很有才能。"

"你很爱她？"蒋碧微扬起头，用严厉的眼光逼视悲鸿。

"我很爱她的才华。你知道，我对所有聪明、努力的学生都是十分珍爱的。她的成绩很好，虽然学画的时间很短，但进步之快是罕见的。"

"哦，原来这一切都是真的！"蒋碧微像对悲鸿，又像对自己喃喃自语。

"碧微，你听到什么了？"悲鸿抚慰说，"我们是曾经共过患难的夫妻，我决不会离弃你，你千万不要多疑。至于孙多慈，我只是爱重她的才华，为国家培植人才，你就把她当成是一个男学生好了。"

但是，不管悲鸿怎样解释、安慰，蒋碧微充耳不闻。这个不幸的家庭又掺进了新的纠纷。而张道藩那只卑污的手却在幕后紧紧地操纵着。

孙多慈是安徽寿县人，生长在旧知识分子的家庭。她并没有绝色的姿容，也不爱与人交往，沉默寡言，是一个很普通的身材纤细的姑娘。悲鸿教过不少有才华的男学生，而当时在女学生中，像她这样才华出众的并不多见。翌年，孙多慈以绘画100分的成绩，正式考取了中央大学艺术系。

通常上课时，悲鸿总是一个一个地顺着次序走到学生们的画架前检查作业，指出优点、缺点、哪个地方画得好、哪个地方画得不好、应该怎样画等等。一两小时后，他再去一个一个检查。每次走到孙多慈的画架前，总是看到她能按着老师提出的要求，画得非常好。十分爱惜人才的悲鸿有时按捺不住心中的满意，就会说几句称赞和鼓励的话。谁知道，这些话马上就被汇报到蒋碧微那里。

这卑鄙的特务活动，是张道藩一手指挥的。作为中统特务头目的张道藩，在中央大学艺术系也和在其他地方一样，有着驯服的爪牙，他们随时向蒋碧微报告悲鸿的一举一动，不仅妄加揣测，而且不惜添枝加叶。本来就不算和睦的家庭，现在面临着即将摧毁的风暴了。

第二十一章

一九三一年，悲鸿利用暑假之便去了南昌。他一到南昌，当地报纸就报道了他的行踪。这一来，找他的人便络绎不绝，其中多数是热爱美术的青年，来向他求教的。

当时，著名画家傅抱石先生还处于困境，失业在家。有一天晚上，他正守着昏暗的煤油灯潜心作画，忽然，有人用拳头重重地捶打他家的大门。他惊慌起来，不知道发生了什么事。接着，他听到一个熟悉的声音叫喊：

"抱石！抱石！快开门！你快开门呀！"

这是他的一位好朋友的声音，傅抱石急忙起身打开大门。他的好友气喘吁吁地说：

"徐悲鸿大师到南昌来了，你赶快去见他呀！或许能对你有帮助……"

第二天清晨，傅抱石夹着自己的画，匆匆地赶到悲鸿住宿的旅店，但那里已座无虚席了。轮到悲鸿接待他时，后面又来了许多人。悲鸿匆匆地看过他的画，便请他将画留下，并让他晚上再来。

傅抱石回到家里，他的妻子急切地问："见到徐悲鸿了吗？"

"见到了。"

"他对你说了一些什么话?"

"他叫我把画留下,还要我晚上再去。"

"嗬!"他妻子眼睛里露出希望的光芒,"是不是徐悲鸿看出了你的才能呢?"

"不知道。"

"那么,他对别人说了同样的话吗?"

"好像没有。"傅抱石想了一想说。

聪明的妻子——这位跟傅抱石先生甘苦与共而从无怨言的罗时慧夫人——立即高兴地笑了。

当天晚上,傅抱石来到悲鸿的住处。悲鸿和他促膝交谈,就像对待一位老朋友一般。傅抱石那横溢的才华使悲鸿惊异。

"你没有进过学校,也没有拜过老师,那你是怎样学画的呢?"悲鸿闪着他那双微笑的眼睛问。

曾经当过学徒、做过制伞工人、也当过小学教师的傅抱石,眼睛里流露出深沉的目光。他直视着对面的墙壁,仿佛从少年时代的往事,忽然一股脑地涌到了眼前。他缓缓地、声音不大地叙述起来:

"小时候,我住家的那条街上有个裱画铺子,经常裱些名人字画,如石涛、石豀的画就很多。我常到那家裱画铺去看画,仔细地在心里摹写、默记,学他们的技法,然后用到我自己的写生稿上。久而久之,和店铺老板熟悉了,有了交情,他们便让我去临摹……"

"你常去写生吗?"

"常去。我很爱山川的美,观察和描绘它们在阴晴晦暗中的变化,是我的乐事。"开始还有点拘谨的傅抱石,越谈越轻松起来。

"那么,你是怎样读书的呢?"悲鸿指着他带来的那一堆文稿说,

"你从什么地方获得这样丰富的资料?"

"哦,这也是在我家附近的一条街上。那里有个旧书店,我常去站读,久而久之,店主人见我用功,动了同情之心,让我上楼,到他的书库里去。这样我就读到大量金石书画的著作。"

悲鸿陷入沉思,他深深地感动了。从傅抱石的身上,他看见了自己的影子。这是一个苦学而有才华的人,但是贫穷失业,几乎使他陷于绝境。这是一块埋没在沙砾中的闪闪发光的金子啊!一定要发掘它,让它发出灿烂的光彩!悲鸿站起来,恳切而热情地对傅抱石说:

"我希望看到你更多的作品,明天我到你家登门拜访!"

傅抱石回到家中,把这一切都告诉了妻子。妻子变得激动不安了,立即开始打扫他们仅有的那间狭窄的屋子。她要使这间既作画室又作卧室的屋子变得窗明几净,将它多年来蒙受的尘垢都清除出去。"也许,我们从此就交了好运呢!"她一面打扫,一面快乐地在心里想。

第二天,她猛然想起了什么:"哎呀,我穿什么衣服呀?"她看着自己身上打了补丁的蓝布衣衫,有点难为情地说。

"没有关系,你就穿这身衣服。"傅抱石望着钟情的妻子,想起她多年来和自己共贫苦、同患难,从来没有埋怨过一句,而自己却没有能力让妻子穿一件不带补丁的衣服,心中十分歉愧,只得强作笑颜安慰着她。

"但是,人家是大师呵,我能穿这样打补丁的衣服吗?"妻子惶惑地问。

这时,忽然传来了笃笃笃的敲门声。"哎呀,徐悲鸿先生来了!"罗时慧一面说,一面急急忙忙躲进墙根的那只大木柜里。这只陈旧的大木柜,原来装着傅抱石的许多画,今天通通拿出来,准备请悲鸿一一过目,里面就成了空的。

悲鸿匆匆走进了屋,没有坐下,也没有喝一口茶,便说:"先看画吧!"他迫不及待地帮着打开傅抱石那一堆一堆的画。这些难以数计的画,说明了傅抱石下过许多苦功。

"一点也不错,天才出于勤奋,这是颠扑不破的真理。"悲鸿一面欣赏和品评那些笔墨狂猖奔放的作品,一面心里这样想。

时慧从大木柜的缝隙里悄悄往外瞧,只见悲鸿大师穿着一件白色的夏布长袍,长袍的肩胛上好像也打了一个补丁,而且他的谈吐多么谦和、平易近人。这时,她听见悲鸿大师问抱石:"尊夫人不在家吗?"

"哦,哦……"傅抱石有点结结巴巴地说不下去。

时慧赶紧趁悲鸿低头看画时,踮着脚尖从柜子里轻轻走出来。

"她,她在这里。"傅抱石惊喜地向悲鸿介绍说,"这就是内人。"

一阵寒暄之后,他们继续看画。一张、两张、三张……十张、五十张、一百张、二百张……已经到吃午饭的时间了,拿什么来款待这位贵客呢?丰盛的酒席办不起,有什么吃什么未免太失礼,对不起悲鸿大师。时慧心中暗暗着急。她挽起竹篮,走到街上,买回了一些小笼包子和玫瑰饼。

"徐先生,请你不要见笑,寒舍简陋,招待不周。"时慧有些腼腆地说。傅抱石脸上也浮现了一片异常抱歉的神色。

但是,悲鸿却快活地叫起来:"呵!小笼包子,还有玫瑰饼,这简直是双倍的美味。"他愉快地吃着,赞不绝口,他显然是想减轻主人负疚的心情,故意增添大家的兴致。

饭后,时慧研墨,求悲鸿作画。

"夫人,你要我画什么呢?你点题吧!"悲鸿问时慧夫人。

时慧不假思索地回答:"给我画张鸭子吧!"

悲鸿欣然答应,时慧心里格外高兴。她多少次想买只鸭子,给过于劳累、营养不良的抱石补养一下身体，但拮据的生活使这个愿望久未实现。古人说：画饼充饥。那么，今天权且画鸭充补吧！时慧一面看悲鸿画，一面快乐地在心里这么想。

悲鸿挥动他那支墨汁淋漓的画笔，转瞬之间，一只张开翅膀的鸭子便出现在纸上，它异常生动，仿佛要破纸飞走似的。悲鸿又用淡墨画了几枝芦苇，然后写上"时慧夫人清正"。

"多么谦虚的大师！"时慧想，"还请我清正呐！"她将这幅画挂在墙上，和抱石一起欣赏了很久。半夜，她又起床，担心灰尘落在画上，悄悄收起，放入木柜中。

第二天清晨，傅抱石按习惯早早起床用功，发现墙上那张鸭子竟不见了，心里很纳闷，问时慧：

"昨夜睡觉时，我见它还挂着，怎么今天一早就不见了呢？"

时慧心中暗暗好笑，便说："古人有画龙点睛，龙破壁飞走的事，那只鸭子也可能是破纸飞走了吧！"

"真有这样的事？太可惜了！太可惜了！"傅抱石满脸现出遗憾的神情。

"你这个书呆子呀！"时慧扑哧一笑，"是我将它收在柜子里了！"

夫妻俩忍不住快乐地相视而笑。人们常说：贫贱夫妻百事哀。可是，他们这一对贫贱夫妻却是这样互相体贴，互相安慰，充满了生活的情趣。

从傅抱石家中出来，悲鸿直趋江西省主席熊式辉的官邸。奔走于权贵之门，对悲鸿来说，当然不是一件愉快的事。但是，为了替傅抱石的前途筹划，他不得不这样。递进了名片后，悲鸿被请进了那宽大的客厅。熊式辉彬彬有礼地接待了他。

"徐先生,你这次来到本省,本主席感到十分荣幸!"熊式辉客气地说。

"熊主席,"悲鸿开门见山地说,"我来拜访你,是因为我发现了你们江西省的一个人才。"

"什么人才?"熊式辉急切地问。

"画家傅抱石!"

"傅抱石?没有听说过。"熊式辉摇了摇头,疑惑地问,"他现在在做什么?"

"他正失业,但是,他很有才华和功力……"

"徐先生的意思是想给他找个职业吧?"熊式辉打断了悲鸿的话。

"不。我想,你们江西省应当培养他,把他送到国外去留学,比如说,送到日本去,让他扩大眼界,接触世界艺术……"

熊式辉面露难色:"这件事可是不容易,留学名额太少、太少。"他加重语气说。

"但是,像傅抱石这样的人才就更少。熊主席,这是你们江西省的人才,一个极为难得的人才,将来会成为鼎鼎大名的画家,能对中国美术做出不平凡的贡献……"悲鸿滔滔不绝地说着,想引起熊式辉的重视。

然而,熊式辉没有表态,却把话题引开了。他很客气地说:"悲鸿先生,久仰你的画名了,如果你不见外,明天请到舍间来用便饭,我这里备有纸笔,如果先生有兴挥毫,能赠我一幅奔马,我当珍若拱璧。"

"吃饭不必了,因为找我的人很多,时间很紧,画一定送上。"悲鸿一面在心中筹划,一面愉快地回答。

熊式辉显然非常高兴,满脸堆笑,亲自派车送悲鸿回旅馆。

次日，悲鸿将带在身边的一幅裱好了的奔马派人送到熊府，并附一封信。内容是请熊式辉赠给傅抱石一千元，助他去日本留学。

熊式辉将画挂在墙上，眯细眼睛欣赏起来。他身边的一位幕僚说：

"省长，这是一幅佳作呵！"

熊式辉脸上挂着满意的微笑，安坐在扶手椅上，静静地欣赏着。忽然，他皱起了眉头，反复念着画上的那两句题词：

"问汝健足果何用，为觅生蒭竟日驰。"熊式辉当时正好跌伤了脚，走起路来有点瘸，"他这是什么意思？'健足'不是挖苦我吗？"熊式辉的眉心拧成了一个疙瘩，愤愤地对他的那位幕僚说。

那位幕僚是颇懂书画的人："不，徐悲鸿不会是这个意思，我看见他在另外的画上也题过这样的词句，这是他常用的题词，并非对省长写的。"

"哦，哦。"熊式辉这才释然。

于是，熊式辉先生也终于决定帮助傅抱石去日本留学。这对傅抱石先生后来的成就，起了重大的作用。

悲鸿每到一地，一定去瞻仰那里的名胜古迹，这已经成了悲鸿的习惯。在南昌期间，悲鸿和几位朋友去游览了八大山人隐遁的地方——青云谱。这是一所道院，院内十分幽静。这里藏有八大山人的遗像及遗墨。山人高颧骨，黑须，长身瞑坐，十分传神。院中有一棵极高大的桂树，树身大三围，高四丈。桂花开时，香飘数里。院中有祖先堂，供奉着历来道士及施主的木雕像。

悲鸿见龛中有几座像栩栩如生，非常惊异，便向周围的人询问作者的姓名，却没有人知道。后来，询问一位叫廖体元的先生，才告知是民间艺人范振华所作。他告诉悲鸿：

"范家世代都以雕刻为业,江西一些大寺庙的神像多是范家所作。传到范振华,更有独到之处,能以木雕人像,状貌毕肖。"

悲鸿问廖体元先生:"我能去拜访范振华先生吗?"

廖体元回答说:"范振华家住乡下,但常常进城来,来时便住在水观音殿,可以去那里找他。"

几天后,廖体元、傅抱石等几位朋友陪同悲鸿前往水观音殿访范振华先生。当时正是酷暑,烈日炎炎。他们来到水观音殿,只见范振华正赤膊昼寝,鼾声如雷。有一个小徒弟正在一旁工作,见到了客人,想要叫醒师傅。悲鸿连忙制止他,不要打扰师傅的好梦。悲鸿静静地站在那里,等待了很久,范振华仍未醒来,悲鸿只好离去。他托廖体元和傅抱石两位朋友,代他向范振华购买一个木雕的农民头像和一只木雕水牛。

悲鸿十分推崇范振华的精湛技艺,但又为这样一个人才的处境感到不平。他曾在一篇文章中感叹地写道:

> 若范君者,吾侦得其名耳,其名初未出于闾里,而国中所造中山像,必令大雕刊家为之,洋雕刊家为之。平心论之,吾所见者,未能加乎"青云谱"祖先堂木人也。虽然,倘江西人忽欲造孙中山先生之像,必不倩范振华为之,可断言也。噫嘻!

第二十二章

一九三一年是我国国难极其深重的一年。

日本帝国主义发动"九一八"事变,大举入侵我东北三省。由于蒋介石下令"绝对不抵抗",以致数十万东北军几乎未放一枪,就将东北的大好河山拱手送给日本侵略军,引起全国人民无比的悲愤。国民党政府推行的这种卖国政策,一面软弱地向帝国主义屈膝投降,一面积极地镇压人民群众和民主运动,陷人民于水深火热之中。国破家亡的惨状,严酷的社会现实,使悲鸿满腔义愤。他不能再安于一般的教学和创作,他要为人民控诉,为国家呼吁,他怀着强烈的不满,开始构思巨幅油画《徯我后》。

《徯我后》取材于《书经》,描写的是夏桀暴虐,商汤带兵去讨伐暴君,受苦的老百姓盼望大军来解救他们,纷纷地说:"徯我后,后来其苏。"(意思是说:等待我们贤明的领导人,他来了,我们就得救了。)

画面描绘一群穷苦的老百姓在翘首瞭望远方,大地干裂了,瘦弱的耕牛在啃着树根,人们的眼睛里燃烧着焦灼的期待,那种殷切的心情,就如同大旱的灾年渴望天边起云下雨一样。画面高二百二十六点五厘米，宽三百一十五点五厘米，共有十六个人物，每个都有真人般大小。

悲鸿在构思中曾数易其稿。现在保存在徐悲鸿纪念馆里的素描画稿上，还有"吊民伐罪"的旗帜。作品表现了悲鸿对国民党政府的这种统治有着多么强烈的痛恨，对苦难中的中国人民有着多么深厚的感情！

正当他全力以赴地开始从事这幅巨画的创作时，中统特务头目张道藩那只卑污的手又伸了进来。一天晚上，悲鸿从中央大学回到家中，蒋碧微又带着满脸愠怒的神色说：

"你一天到晚借着画画的名义待在中大，我也无可奈何。现在，你又画起《徯我后》的油画来了。你画《徯我后》是什么意思？你是对谁的？"没有等悲鸿回答，她又愤愤地说，"这不是含沙射影吗？"

悲鸿敏锐地感到，这些话不会凭空出于当时还是一个家庭妇女的蒋碧微之口。他没有回答，反问道："今天谁来了？"

蒋碧微愣了一下，一个疑虑的表情急速地、谁也没有觉察地掠过了她的颜面。她异常镇静地说：

"张道藩先生来了。他开会正好路过我们家，匆匆地说了几句话就走了。他很关心你，是来给你打招呼的。他说，现在这个时候，悲鸿怎么能画这样的画呢？他还说，你这个人太不通窍，所以才处处碰壁……"她的声音渐渐柔和起来。

悲鸿做了一个十分厌烦的表情，同时，用力扬了一下手掌，制止她往下说。

但是，蒋碧微却因此激动起来了："你呀！就听不进我的劝告，你不但移情别恋，而且又画《徯我后》这样的画，你是在一天一天把你自己毁掉！"

"碧微，"悲鸿咬了咬嘴唇说，"每当我极为疲乏地从学校回到家，希望得到一点点宁静和温暖时，你给我的只是叫嚷、吵闹、猜疑和不信任。你干预我的工作、我的创作、我生活中的一切，以至我的一举一动。你为什么专以使我痛苦为乐呢？"

"我使你痛苦！那你何必回来！去找能使你幸福的人好了！"她又开始叫嚷起来，"哼！孙多慈算什么人？她不过是个淫妇罢了！"

"你怎么可以这样侮辱人？侮辱我的学生，侮辱一个规矩的女孩子！她至今也没有单独和我说过一句话。"

"侮辱？你心痛了？我不但要说，还要叫人写出来，贴到她的教室里去！"

"你这样蛮不讲理地吵闹、骂人，简直失去了理性，叫我如何在这里生活和工作下去？"

"我早就让你辞职，离开这里，我们再住到巴黎去，你也知道我是喜爱巴黎的。而你却恋恋于这里，难道不是为了她？"

"在国难当头的时候，我们怎能抛弃自己的国家，跑到外国去过悠闲的生活！如果我这样做，还有何面目对自己的学生，自己的国家！"悲鸿抑制不住愤怒，眼睛里射出锋利的光芒。

"你又在讲大道理，又在指责我，我什么都不好，成了你的眼中钉……"蒋碧微含着眼泪，号叫起来。

夜深人静了，但蒋碧微的叫嚷声并未平息下去。悲鸿默默地、愁苦地坐在书桌边，用两只胳膊支着头。"这是什么生活？这是什么样的生活啊！"他在心中悲哀地叫喊。

能使他平静的只有工作，只有那永远在召唤他的、具有强烈魅力的工作。在晨光熹微中，他急速地走向画室，又开始了一天的创作。当他站在那幅大油画《徯我后》面前时，一切忧郁和痛苦便悄无声息地消失了。他兴奋地拿起调色板，愉快地挥动画笔，沉浸在创作的欢乐中。那些个人的苦恼和不幸，便像天边的云雾那样，离他很遥远、很遥远了。

第二十三章

一九三一年四月,悲鸿带领中大艺术系的学生们去北平参观和写生。经过天津时,应南开大学的邀请,悲鸿前往讲演。听到悲鸿在讲演中热烈赞扬中国民间艺术的丰富多彩,校长张伯苓先生便对悲鸿谈笑风生地讲起天津泥人张的故事。最后,他十分惋惜地说:

"我少年时曾见过泥人张,可是,后来就不知他的下落了。"

悲鸿津津有味地听着。因为他早已听到过关于泥人张的种种逸事,传说泥人张能在袖子里捏塑人像,而且惟妙惟肖。但悲鸿未曾亲眼见到,总不免有些怀疑。

"伯苓先生,"悲鸿深感兴味地说,"您能否帮助我,让我看一两件泥人张的作品?"

张伯苓先生沉思了片刻,说:"这不难。我认识一位严范孙先生,泥人张替他的父亲和伯父都塑过像,我可以陪你去严宅。"

于是,他们驱车前往。严范孙先生很热情地接待了他们,立刻捧出他父亲和伯父的塑像。两座塑像分别被放置在玻璃座中,座高约一尺八寸,像旁有桌椅,是木制的,其他都是泥塑。严先生的伯父像蓄有胡须,戴了瓜皮小帽,帽上缀有宝石,右手倚靠桌上,身穿黑色的长袍马褂，神采毕现，栩栩如生。严先生的父亲戴眼镜，穿背心，未留胡须，唇边略略下陷，现出微笑的神情。两座塑像都上了颜色，色彩简洁而淡雅。至于人物比例的精确，骨骼的肯定，与传神的微妙，都是当时在雕塑中很难见到的。

严范孙先生回忆说："如果泥人张活到现在，将近有一百岁了。他的后代也都以制泥人为业。"

"那么，您能不能帮助我去找到他们，看一看他们的作品？"悲鸿满怀兴趣地问。

待客热情的严范孙先生点头同意，便带着悲鸿和张伯苓先生一同来到泥人张当年开设的商店参观。他们走进门面狭窄的商店，只见上上下下全是泥人，有古代的美人西施、王昭君及现代的摩登女郎和西装少年等，多姿多彩。但使悲鸿感兴趣的还是那些民间人物，卖瓜者、占卜者、臃肿不堪的和尚等等，真是各尽其态，美不胜收。店主说，这都是泥人张的第五个儿子所作的。

"这真是令我倾倒，几乎难以置信呵！"悲鸿激动地在那些泥人面前流连、观赏，就如同他在巴黎的博物馆中欣赏罗丹的名雕一样。

离开商店时，悲鸿选购了一个卖糖者、两个卖糕者、一个占卜者和两个胖和尚。

当悲鸿结束行程回到南京以后，他仍念念不忘泥人张的事迹，提笔写了一篇《泥人张感言》。他怀着热爱自己民族艺术的深厚感情，热烈赞扬泥人张和范振华的非凡成就，并为他们鸣不平。他在文章中写道：

> 此二卖糕者与一卖糖者，信乎写实主义之杰作也。其观察之精到，与其作法之敏妙，足以颉颃今日世界最大塑师……怀此惊

人绝技，而姓名尚无人闻知哉！以视工计术者，得查中央银行之账，受命为简任之官，与谄媚一人，俨然成院部之长，皆能国难来而不惧，纵陆沉亦安全者，其命运之距离，诚有霄壤之判矣。

他对腐朽的艺术界发出深深的慨叹："今日中国之艺术，人犹欲以写四王山水者，为之代表。"

《泥人张感言》犹如一篇战斗的檄文，为受压抑的杰出的民族艺术和民间艺术家发出大声疾呼。对于国难当前，而仍冥顽不化、唯知模仿古人的那些画家，以及只知贪污钻营，置国家、民族危亡于不顾的一些国民党官僚，给予了无情的鞭挞和谴责。

第二十四章

悲鸿在南京住的中央大学宿舍房子比较狭窄，也没有能作画的地方。钱昌照先生等几位朋友曾倡议凑钱，给悲鸿建一所带有画室的住房。房屋于一九三二年十二月正式落成。悲鸿全家便由南京丹凤街迁入了新建的傅厚岗六号的楼房。

这座精巧的两层小楼，有客厅、餐厅、卧室、画室、浴室、卫生间等，还有很宽阔的庭院，院内有两株高达数丈的白杨树，萧萧作语。

虽然个人有了这样安适的新居，但悲鸿的心情却很沉重。因为国家、民族正陷于深重的灾难中，九一八事变后，国难日益严重。他是带着和全国人民同样痛苦的心情而迁入这所新居的。他将它命名为"危巢"。

蒋碧微沉下了她那张快活的脸，十分愠怒地说："你这个人真叫人扫兴，为建这所房子，我花了多少精力！买地皮、购料、监工，都是我一人。如今，总算搬进来了，有了一个像样的家，你却偏偏取名'危巢'，就不能取个吉利的名字？"

悲鸿只是默默地淡然一笑，这个笑容是凄苦的。他渐渐习惯于在蒋碧微面前完全保持沉默，为的是不致引起激烈的争吵。

为什么取名"危巢"呢？悲鸿在《危巢小记》中写道：

古人有居安思危之训，抑于灾难丧乱之际，卧薪尝胆之秋，敢忘其危，是取名之义也。

这就道出他在国难如此深重的时候，不敢图取个人的安乐，而忘记国家的危亡。悲鸿在《危巢小记》中还作了一个极为深刻的比喻：

黄山之松生危崖之上，营养不足，而生命力极强，与风霜战，奇态百出。好事者命石工凿之，置于庭园，长垣缭绕，灌溉以时，曲者日伸，瘦者日肥，奇态尽失，与常松等。悲鸿有居，毋乃类是。

他是多么诚挚、多么深切地在警惕自己呵！但是，这些发自内心深处的声音，蒋碧微却听不见，而且也不愿听见。

似乎心满意足的蒋碧微整天忙于布置新居。她在院子里种上了如茵的草皮、繁盛的花木，梅竹扶疏，桃柳掩映。夏天来到的时候，她又在草地上安上两把很大的遮阳伞，伞下放着小圆桌和藤椅，可以在那里乘凉，喝消暑的饮料。室内的陈设更是一派法国气氛，骤然来到这里的人，会怀疑是否到了外国。这一切，对于酷爱自己祖国的悲鸿来说，是怎样的难堪和痛苦呵！争吵是没有必要的，彼此都知道对方的性格，谁也说服不了谁。

正是思想上的分歧导致了在生活上的分歧，甚至在一些微小的生活琐事上，彼此也格格不入。有时，两人有事上街，打算在外面吃顿饭，悲鸿愿意到那些具有地方风味的小饭馆甚至小摊上，吃点价廉物美的食品。他不仅是因为爱吃这些小吃，而且是因为它们常常将他带

/
一九三二年，徐悲鸿迁入南京傅厚岗六号新居，鉴于当时国难深重，徐悲鸿为其取名"危巢"

回往事的记忆中——在和父亲一起流浪的日子里，在上海失业的时候，这些小饭馆和小吃摊对他有着多么强烈的诱惑！并且在那里，还可以看到那些最善良、憨厚的劳动者，听到他们朴实而直率的谈话。悲鸿多么愿意有这样重温往事的片刻呵！

但是，蒋碧微却激烈地反对。她认为悲鸿是大学教授和有名望的画家，自己是堂堂的画家夫人，到小饭馆或小摊上去吃饭是自贬身份和有失尊严。为了避免不愉快的争执，悲鸿一一屈从，但他的心却在隐隐作痛。

他只有更热烈地投身于工作，只有工作才能使他忘记心灵上的痛苦。他继续在创作《徯我后》的大幅油画。他不仅是用颜色，而且是和着自己的血泪在画。祖国危亡的命运在燃烧着他的心，他仿佛自己也置身于画中，像画面上那些穷苦的老百姓一样，在翘首企望有人来解救他们。

悲鸿每天仍然去中央大学艺术系教课。一走进教室，他那个人的烦恼和痛苦就会无影无踪。他永远是那样严格、认真、一丝不苟地培养着学生。同时，他也关怀着校外的青年，尽心竭力去帮助他们。著名的雕塑家滑田友和著名的画家蒋兆和便是其中的两位。

一天，悲鸿收到了一个陌生青年的来信，里面还夹着一张照片。写信的人名叫滑田友。他在信上说：他是江苏淮阴县一个贫苦木匠的儿子，少年时便开始学做木匠活。不久前，他用写生的方法，给他三岁的小儿子雕刻了一个木雕头像，然后用照相机拍下，现在寄来请悲鸿大师指正。

悲鸿从照片上看到那生动、可爱的幼儿头像，十分欣喜，亲自写信鼓励他。处在穷乡僻壤的滑田友收到悲鸿的亲笔信，感到极大的鼓舞，便带着这个木雕幼儿头像，来到南京，求见悲鸿，希望能获得学习雕塑的机会。

于是，悲鸿开始为滑田友筹谋发挥他才能的工作。当时，著名的雕塑家江小鹣正在塑造孙中山先生的雕像，悲鸿很快把滑田友介绍到江小鹣的工作室里，充当助手。从此，滑田友向雕塑家的道路迈出了第一步。完成孙中山先生的雕像后，滑田友被请去苏州一个大寺庙里，修理相传为唐代杨惠之所作的泥塑罗汉像。通过两年努力地摸索和实践，滑田友掌握了雕塑的许多技法，决心献身于雕塑事业。

悲鸿看到他的进步，十分高兴，打算给他创造机会，进一步深造。一九三三年，悲鸿利用到法国办展览会之机，为滑田友出路费，将他带到巴黎。于是，滑田友在巴黎开始了半工半读的学习生活。他曾和我国著名音乐家冼星海同住在一间廉价的小屋里。冼星海也和他一样贫困，有时，背着手风琴上街卖唱，疲乏不堪地回来，总是随手将挣到的几个法郎往桌上一摔，豪爽地说："田友，你一半，我一半。"

滑田友就这样在巴黎刻苦学习多年，随后又在法国从事雕塑工作，终于成为一个出色的雕塑家，曾任中央美术学院雕塑系教授。

当时，备受悲鸿器重的还有出身于贫寒家庭的蒋兆和。他慕悲鸿的名前往求教，悲鸿以敏锐的眼光，发现了他的卓越天才。于是，让他住在家里，从悲鸿学习素描。后来，蒋兆和成为著名的中国画家，特别以人物画出色。他的作品兼有中西画法之长，造型严谨，笔墨生动而传神，创造性地丰富了中国画的表现方法，具有鲜明的个人风格。特别是他笔下的那些现实人物的描绘，如流浪的儿童，鲁迅作品中的阿Q等，感人至深，使他成为一代宗师。这些成就是和他那深厚的素描基础分不开的。

第二十五章

九一八事变后，中国的国际地位一落千丈。这使每一个具有爱国心的中国人，无不痛心疾首。

"如何能使世界各国认识中国是一个有高度文化的国家呢？"悲鸿常常这样冥思苦想，似乎有一种不可推卸的责任感在驱使着他，"要是能到国外举办一次中国近代绘画展览该多好啊！这样可以取得世界人民的了解和同情，也可以提高中国的国际地位。"

正在这时，法国国立外国美术馆来函邀请悲鸿赴法举办中国画展。他立刻积极筹备，于一九三三年一月起程前往巴黎。悲鸿携带了数百幅中国近代绘画，其中有悲鸿自己的作品和收藏，有当代许多著名画家的作品，有购自他们本人的，也有从私家收藏中借来的，总之，代表了中国近代绘画的各个流派。

这是悲鸿第三次赴欧洲的旅行，除蒋碧微外，还有滑田友同行。他们乘坐一条法国船，船长是一位法国人。他发现了悲鸿在他的船上，十分高兴，常常邀请悲鸿去船长室喝咖啡、吃点心，随意漫谈。有一次，他问悲鸿：

"艺术家对机械可能缺乏兴趣吧？"

"不，"悲鸿说，"我对机械很感兴趣，因为我喜爱科学方面的知识。"

"那么，"船长说，"你愿意参观这条船吗？"

"当然很愿意。"

于是，船长便引导他参观。这是一条一万四千吨的轮船。只见船中咸水、淡水、冷水、热水的管道，纵横交错，一切电气的设备，气象的测定，商情的起伏，以及所经历的世事变迁，都有仔细的测报和安排，十分繁杂而有秩序，完全像一个城市的设计，且须利用极为有限的空间和面积，不容有间隙的空地。后来，悲鸿曾极为感叹地写道：

> 此仅为一万四千吨之中型轮船，其结构精密完善已臻如此，而造船之工程师及工人纵有多量杰作流行于世，世人受其惠者不可胜计，此类造船之工程师及工人之名字并不为人所知，也无人询问，而末世之艺术家画几枚颠倒的苹果，畸形的风景，或长脖大腿的女子，便以为有功于文化，两相比较，其道理不特世人不解，我也深感迷惑，可惜此类艺术家无缘一度自省。

悲鸿又随船长来到轮船下层，只见烧火工人多是我们亲爱的同胞。那熊熊的烈焰发出呼呼的响声，无数鲜红的火舌在贪婪地舐着炉膛，一股强烈的热浪扑过来，使人感到烤炙般的痛苦。那红色的火光映照着一张张沾满煤烟的愁戚面孔，使悲鸿感觉如同到了地狱一般。回到船舱后，他为此而很久不能平静。后来，他曾经写道："乍临此境，心中震悸。"

汽笛高声鸣叫，轮船哗哗拨水前进。就如同十四年前那样，悲鸿穿越着太平洋、大西洋。在漫长的行程中，他常常对着辽阔的大海，回忆这十四年不平静的岁月。多难的祖国、痛苦的人民、不和谐的家庭，都像乌云一样飘到他心里。生活的道路是多么崎岖不平！自己肩负的责任又是多么沉重！

又来到了巴黎，又流连于卢浮宫和凯旋门下，悲鸿心潮阵阵起伏。他亲爱的老师达仰先生已经与世长辞了，他在达仰的画室前徘徊了很久，那里已搬进了陌生人，往事如烟的感触，使他悄然落泪。

在画展开幕前筹备的紧张日子里，悲鸿惦记着正在法国学习的王临乙和吕斯百，他抽空专程去看望了他们。悲鸿不仅是一位敢于独树一帜的艺术家，也是一位与众不同的艺术教育家。他能慧眼识别人才，又尽自己所能，资助他们走进艺术的大门，最难能可贵的是他能不断引导和严格要求学生走正道而不走邪道。这就一扫封建主义教育家的那种"师傅领进门，修行在个人"的传统观念。这是何等高尚的艺术教育家的品格呀！当悲鸿来到巴黎国立高等美术学校的时候，正是怀着这样的心情。他见到王临乙和吕斯百，听说他们的成绩都很优秀，经常名列前茅，他的心里有说不出的高兴，多么希望他们早日学成归国，为振兴祖国艺术做出贡献呀！悲鸿认真地翻阅着他们的习作，忽然，发现吕斯百画了一张歪七竖八的变形的静物画。严厉的悲鸿当即批评了他。尽管当时巴黎风行这种形式主义新派绘画，但悲鸿决不允许他的学生舍弃真实，去追求虚伪和浮夸。他语重心长地告诫吕斯百，追求时髦对于发展祖国艺术事业毫无用处，要用为祖国艺术事业献身的信念时时鞭策自己，才能成为一个真正的艺术家。他对吕斯百十分严厉的批评，使吕斯百从此以后，没有再去追求那风靡一时的形式主义美术。

中国近代绘画展览于一九三三年五月十日在巴黎市中心公各尔广场的国立外国美术馆正式开幕。举行开幕式时，有法国教育部部长、外交部部长及各界著名人士三千多人前来参观和祝贺。画展期间，展览目录印至三版，在报纸杂志上发表的赞扬评论达二百余篇，观众达三万人以上。此外，英国、西班牙，甚至远达美洲，也都有文章介绍和报道，足见中国绘画在欧洲所引起的强烈震动。这使一心宣传祖国文化、提高祖国威望的悲鸿感到慰藉。

展览闭幕后，法国政府购藏中国画十五幅，有徐悲鸿、齐白石、张大千、高奇峰、王一亭、经子渊、陈树人、汪亚尘、吕凤子、张书旂、郑曼青等人的作品，并在国立外国美术馆辟专室陈列。

接着，比利时邀请悲鸿前往举办悲鸿个人的画展。在那里，悲鸿的作品受到比利时人民的高度赞扬，比利时皇后也兴致勃勃地参观了画展。

不久，应意大利邀请，在米兰举办了中国近代绘画展览。意大利全国报刊一致赞扬中国绘画艺术的精湛技艺和伟大成就，并把画展盛况拍摄电影，在全国放映。一家报纸评论说："这是继马可·波罗之后，中意文化交流的又一个高潮。"

随后，柏林美术会邀请悲鸿举行他个人的作品展览，悲鸿又携作品来到德国。柏林美术会全体会员举行公宴欢迎悲鸿。画展期间，柏林开设专栏介绍和评论悲鸿作品的报纸、杂志达五六十种之多，对悲鸿的作品推崇备至。

离开柏林，悲鸿来到法兰克福。他是应邀来这里举办个人作品展览的。隆重的开幕式，由法兰克福大学校长主持，并由法兰克福市举行公宴表示欢迎。画展两星期闭幕，许多观众纷纷要求延期。但因为还接受了其他国家的邀请，日程排得很紧，不能延期。悲鸿决定将作品运至罗马，准备五月一日前后在罗马举行展览。

这时，英国和苏联都来邀请悲鸿，也都把时间定在五月一日前后。

／
一九三三年，徐悲鸿在巴黎举办《中国近代绘画展》时接待观众

／
徐悲鸿在法兰克福举办《中国近代绘画展》时的目录、封面

并且，苏联的邀请急如星火，说是五月一日在莫斯科红场，照例举行盛大的检阅，全国各界重要的人物届时都汇集莫斯科，希望悲鸿一定赴邀。

悲鸿反复考虑，决定放弃英国和罗马的展览，到苏联去。他为什么改变原定日程的安排，而做出这样的决定呢？一九四六年，他在撰写《中国近代美术》一文时，回忆道：

> 悲鸿之意，苏联为首先取消对我国不平等条约之国家……大革命后厉行建设，久欲访问其邦而不得，此乃极好机会。

日程的变更给悲鸿带来不少麻烦。他必须先乘火车经瑞士到意大利北部的港口热那亚，然后再从热那亚乘海轮去苏联。但是到达热那亚后，悲鸿托运的那些画箱还未运到，必须在那里等待几天。

"碧微，"悲鸿对妻子说，"我很想利用这几天，去西班牙的马德里参观。马德里的博物馆收藏世界名画很多，我不想错过这次极好的机会。你在这里等着画箱，好吗？"

"不！我绝不！"蒋碧微坚决摇头拒绝。

悲鸿望着盛装的妻子，回想起在巴黎举行画展前，当自己忙忙碌碌，为画展奔走、布置而累得疲惫不堪时，蒋碧微却双臂交叉在胸前，完全无动于衷地袖手旁观。她只热心于进出许多商店，为她自己购置化妆品和定制晚礼服、时装……为了不引起更多的不愉快，悲鸿只得默默地放弃了自己的打算。

在热那亚等了几天，画箱运到，悲鸿便和蒋碧微乘一艘意大利客轮，开始向东航行。

轮船经过古希腊的都城雅典时，悲鸿上岸游览了巴尔堆农古神庙的遗迹。远在十四年前，悲鸿曾在大英博物院参谒过巴尔堆农古神庙的残刊，神魂为之颠倒。现在，看到这里只剩断壁残垣，荒烟蔓草，在徘徊凭吊的漫步中，他不由得想起古代希腊的那些伟大学者和令人销魂的艺术，像有一阵习习的和风，从他心上吹过，使他觉得自己仿佛来到了两千多年前，正在和索克拉特、柏拉图、亚里士多德、飞弟亚史、米隆等共呼吸。

第二十六章

轮船进入黑海,辽阔的苏联国土遥遥在望了。

悲鸿在黑海之滨的敖德萨登陆。苏联对外文化协会派专人来欢迎和照顾,并陪他游览了当地的名胜和建设。

到达莫斯科后,悲鸿立即积极筹备画展。展览会一切布置和准备工作,都由苏联对外文化协会派专人负责。一九三四年五月一日,中国近代绘画展览在红场历史博物馆开幕。苏联对外文化协会会长致辞,追溯了中国与苏联人民一向友好的历史,希望中苏两国人民在文化上获得更进一步的了解。悲鸿致答词,感谢苏联招待的盛意,并望今后加强中苏两国的文化交流。画展盛况空前。正如悲鸿归国后撰写《在全欧宣传中国美术之经过》一文时热情回忆的:

> 开幕后,参观者之踊跃为各处所不能比拟,有重来五六次者。尚有一可注意之事,即在他国画展中,参观者多半是知识分子,而在苏联,除知识分子外,大半是工人农民。彼等伫立凝视,在一幅前探索玩味,苟遇我在,必寻根究底,攀问各画内容。彼等对美术兴趣之浓厚,不但中国工人所不及,虽各国之时髦绅士亦

难比拟……彼等认为自大革命以来，这是最有兴趣、最大规模之外国展览。

展览期间，悲鸿应邀到苏联美术协会、美术院校等处多次讲演，并与苏联著名画家如涅斯切洛夫（Nesteroff）、版画家克拉甫钦科（Krafchenka）等交换作品。特别使悲鸿兴奋的是与苏联著名雕刻家梅尔库洛夫（Merkyloff）结下深厚的友谊。

已经五十多岁的梅尔库洛夫（一九五二年去世），蓄着浓密的头发和胡须，深黑色的双目炯炯照人。他热情地邀请悲鸿到他家里做客。他家住在莫斯科郊外，有一个八十亩的大园地，放置了无数硕大无比的花岗石。他受苏联政府委托做雕像的工作，预计十年之内还不能全部完成。园中种植了许多白杨树，树干粗大。每到春天，他就在树干上开一个小孔，消毒以后，将瓶口对准小孔接住，每天可得树浆一瓶，其中含有各种维生素，据说可延年益寿，每棵树一年可取浆十余次。梅尔库洛夫含笑对悲鸿说：

"假如你早来一个月，当可饮用这种甘美无比的饮料。"

悲鸿笑着答道："我虽未饮到，但听到已经很快乐了。"

梅尔库洛夫以亲手所制的极为珍贵的列宁面模和托尔斯泰面模赠与悲鸿。这两个面模虽然是石膏所制，但雕刻家给它们染以铜绿色，看上去有铜雕的感觉。悲鸿深为感谢。

莫斯科展览完毕，列宁格勒又来邀请，于是画展又在苏联最大的隐居博物院举行。这是俄国沙皇的冬宫，前面的广场可以容纳数十万人。为了广泛地向苏联人民介绍灿烂的中国文化，该院以所藏珍贵的中国古铜器、陶器、瓷器、琢玉、象牙、雕刻、漆器等一同展出，吸引了无数苏联观众。

在列宁格勒，悲鸿结识了苏联著名汉学家亚列塞耶夫。他专门研究中国古汉语，曾把连中国人都很难读懂的《易经》译成俄文。这位汉学家跟悲鸿讲话都用文言，连悲鸿听了也有些好笑。后来抗日战争期间，郭沫若同志应邀访苏时，亚列塞耶夫也仍用文言和郭沫若同志交谈，他向郭沫若探听悲鸿的近况时，不是问徐悲鸿的身体好不好，而是用文言说："徐悲鸿君无恙乎？"

悲鸿在列宁格勒还认识了老画家李洛夫。很多年以后，悲鸿还曾多次对我称赞李洛夫的风景画《绿舞》。李洛夫邀请悲鸿去他家里倾谈，还津津有味地给悲鸿讲了一个笑话：有一年，苏联政府征集一切关于大革命的红军战迹画，在各大城市展出，也请李洛夫拿出作品。李洛夫笑着说："我所画的都是风景，与大革命无关，怎能展出呢？"但有人强索他的一幅风景画，陈列于展览会上。观众中有人奇怪，这幅风景画与红军有什么关系？便问展览会的主持人。主持人回答道："你没有看见这画面上的一座木板房子吗？房子后面便是红军。"观众听到这个回答，都哈哈大笑起来。悲鸿听到这儿，也止不住笑了。

当时苏联老一辈画家中，艺术最精卓的是涅斯切洛夫。他是个虔诚的基督教徒，大革命以前俄国许多大寺院的壁画，多出于他的手笔。悲鸿专门访问了他。他很热心地询问悲鸿和法、德艺术家的关系，尤其对于悲鸿与达仰的关系，他很感兴趣。涅斯切洛夫将他的近作人物肖像多幅出示悲鸿，都是非常精妙的作品。悲鸿感到，当代世界各国画家中能与涅斯切洛夫相提并论的，为数寥寥。但涅斯切洛夫只是埋头作画，厌闻世事，也不愿以作品参加展览，苏联政府想购买他的画，也不可得。后来，有一位他的晚辈强以他的作品《画家樊司耐差夫像》陈列于一次展览会，请他定价。他故意定了一个极为昂贵的价，超过

一九三四年五月,徐悲鸿(前排右一)在莫斯科举行《中国近代绘画展》时的合影

徐悲鸿在列宁格勒举办的《中国近代绘画展》

平常价格的十多倍。但苏联政府竟购买下来，陈列于美术馆。次年，这位晚辈又以涅斯切洛夫的自画像陈列于展览会，苏联政府又以巨款买下，并请涅斯切洛夫展览近作，政府全部买下。悲鸿对此深有感触，他在一九三六年所写的回忆中说：

> 苏联政府主持艺术之不避嫌怨，惟崇真艺之态度与其苦心如此，诚令人感奋至于下泪。

中国画展举行的日子，正值列宁格勒夏至前后。在那一个月内终夜明朗，不需灯火，号称"白夜"。悲鸿常常在那无尽的黄昏中，徜徉于涅瓦河畔。掠过水面的清风徐徐吹拂着他，他带着梦样的情思，度过了那些短暂而愉快的日子。展览期间，悲鸿除了访问和参观外，一有空，就去古董店和画店涉猎。有一天，他看到了一具非常精美的人物雕塑，索价三千卢布。他爱不忍释，决定以手头仅有的三千卢布买下。当他掏出这三千卢布准备付款时，却被身边的蒋碧微一把夺过去。她横眉怒目地说："你有了钱瞒着我，我还需要钱买东西呢！"当众出丑的难堪，使悲鸿心痛不已。他不愿意向蒋碧微作更多的解释，因为这是中国驻莫斯科代办吴南如先生赠给悲鸿作零用的钱。吴先生是江苏人，又是悲鸿住在傅厚岗的紧邻。他知道悲鸿此次出国办展览未得到政府一文钱资助，而奔走异国他乡花费又大，便慷慨解囊。

那么，蒋碧微要买什么东西呢？原来，她看中了一套西餐餐具，是纯银镀金的，式样完全仿照沙皇皇宫的餐具，共一百二十件，金光闪闪，一派皇家气象，索价也是三千卢布。由于钱已经到了蒋碧微手中，自然，她就购买了这套金碧辉煌的餐具。当她喜气洋洋地将它们装入箱中时，她不会想到，而且永远也不会想到，悲鸿那颗艺术家的心是怎样因受到创伤而剧烈地疼痛。一个将艺术视若生命的艺术家，面对一个如此庸俗而泼悍的妇人——而这个妇人竟是他的妻子——他的痛苦是难以言状的。

列宁格勒展览完毕，基辅又发来邀请。悲鸿因出国日久，学生们都盼望他早日回校授课，只好婉言辞谢了基辅的邀请。

在离开列宁格勒前，苏联美术界希望悲鸿能留下一部分中国画，悲鸿便请他们自己挑选。隐居博物院挑选了十二幅中国画，悲鸿又以中国现代名画家作品十五幅赠送莫斯科现代美术馆。莫斯科人民教育委员会开会决定赠给悲鸿以十九世纪俄罗斯著名作家及现代作家作品十三件。后来，由于国民党政府的阻挠和破坏，未能实现。

第二十七章

悲鸿取道海参崴，乘一艘日本客轮，于一九三四年八月十七日回到上海。他的学生们举行了盛大的欢迎会，庆贺他载誉归来。他带回了极为珍贵的列宁和托尔斯泰的面模，也带回了很多西方现实主义艺术大师们的美术复制品分赠给学生们，其中有大量的俄罗斯巡回画派艺术大师列宾、苏里科夫等人的作品复制品，如《伊凡杀子》《札波罗热哥萨克人给苏丹王写信》《近卫军临刑的早晨》《女贵族莫洛卓娃》……悲鸿热烈地推崇这些作品。他是第一个将俄罗斯巡回画派介绍给中国的人。

悲鸿在一九三六年撰写的《在全欧宣传中国美术之经过》一文中写道：

> 吾此次出国举行中国画展，曾在法、比、德、意、苏展览七次，成立四处"中国近代美术展览室"于各大博物院及大学，总计因诸展而赞扬中国文化之文章杂志达两万万份。吾于展览会一切接洽，在内在外，绝对未用政府名义……其岁縻国人巨款，号称文化基金之专门机关，皆未有一文之助，凡我国民皆请注意于此点

也……我又忆及一最感动之事，苏联人屡次问我：贵国有多少美术馆？如此有悠久历史之文明古国，美术馆之设备定比我国好。我诚非常痛苦，只得含糊作答。苏联美术馆之宏大，设备之精美，绝不亚于英、法、德、意诸邦，且觉过之。而我国可怜，民众所需之美术馆，国家从未措意，惟有岁糜巨款，说办文化事业，白日见鬼，连一个美术馆也没有。

悲鸿离开苏联前，曾建议苏联美术家到中国举行展览。他的建议促成了一九三五年在南京和上海举行的苏联版画展览。他为展览会撰写的序言说：

艺术是一个民族生活的反映和民族思想的表征……世界各民族之间互相尊重和互相友好的感情应当从文化交流开始。

悲鸿从国外归来，才知道高奇峰先生不幸因病逝世。他的女弟子张坤仪女士含泪跪在悲鸿面前，陈述这一不幸消息时，悲鸿缅怀往事，也不禁泫然下泪。

高奇峰先生早年与高剑父先生、陈树人先生皆从广东岭南派之居廉（居古泉先生）学习花鸟草虫。以后，三人皆留学日本，学回我国古人的写生方法。他们的作品很生动，又以新意写山水，用日本法渲染，风格新颖，卓有成就。

悲鸿在一九三五年出版的高奇峰遗画集第一辑中题写了"发扬真艺，领导画坛"八个大字赞颂高奇峰先生的功绩，并写道："奇峰先生以画负盛名于中外，吾与纳交廿年，而一别十余载。去年七月，吾以其《孤帆》售于法博物院，何期归来，遂已隔世。张女士坤仪以其画集见示，言念旧游，凄然泪下，庶几其泣鬼神而惊风雨者，不随其魂魄而长往也。"

一九三五年年初，一个不幸的消息，犹如晴天霹雳，强烈地震动了刚刚回国不久的悲鸿——他的好友田汉突然被国民党政府逮捕，并被押解到南京。

他急忙赶到田汉家里。田汉的老母见到悲鸿，扑通一声扑倒在悲鸿的面前，痛哭失声。这位年轻时就死了丈夫，孤苦伶仃地抚养三个孤儿的母亲，在生活中经受过种种困苦和磨难，她都毫无怨言，十分坚强地走过来了。但是，现在她眼看最心爱的长子陷入囹圄，就像有人在她心上捅了一刀，从来不愿流泪的母亲，现在却泣不成声。悲鸿搀扶着田老太太，耐心地劝慰她。田汉的妻子林维中强忍着内心的巨大悲痛，和悲鸿一起安慰着年迈的婆母。她流着眼泪告诉悲鸿，这些日子她背着孩子、提着饭菜去探监时见到田汉的情形。眼前已是孩子母亲的林维中，就是当初由于读了田汉的作品，而写信向田汉表示钦慕的那位贤惠姑娘。悲鸿满含热泪表示，一定要尽心竭力去营救田汉。

悲鸿为营救田汉而四处奔走。终于由他和宗白华先生一起出面，保释田汉出了监狱。

这位坚强的共产党员出狱后，并未沉默。他献身于中国进步戏剧事业的决心毫未动摇，并积极筹组话剧团体，准备上演反映现实、"为中国民族独立、自由而战"的戏剧。田汉大声疾呼：

"有人说，过去民众的戏剧运动碰壁了，现在该由政府来办了，我想，这是本末倒置的话。从来'民为邦本'，没有民众到处碰壁，而政府单独干得起来的。救国运动如此，戏剧运动也如此。"

这年十一月，田汉主持的中国舞台协会宣布成立，文艺界许多人前来祝贺,洪深、张曙、马彦祥、白杨、舒绣文、魏鹤龄、吴茵、吴作人等都到会了。第一次公演的剧目是《械斗》和《回春曲》。田汉为《械斗》所写的主题歌歌词强烈地震动人心:

> 同胞们!快停止私斗,
> 来雪我们中华民族的公仇!
> 快停止一切私斗!
> 来雪我们中华民族的公仇!
> ……

当时,悲鸿深受感动地写道:

> 垂死之病夫,偏有强烈之呼吸,消沉之民族里,乃有田汉之呼声,其音猛烈雄壮,闻其节调,当知此人之必不死,此民族之必不亡。

革命的文化运动激励着悲鸿的斗志,陶冶着悲鸿的思想。正当这个爱国的艺术家热心投身于抗日救亡的文化运动之时,一只罪恶的手在他的背后设下了卑鄙的陷阱。

这天,悲鸿打算约一位朋友同去田汉那里,提前从中央大学回家来。他走到大门口,正碰上张道藩往外走。这个经常利用悲鸿不在家时私会蒋碧微的国民党鹰犬,没有料到悲鸿提前回家,弄了个措手不及,又尴尬,又恐慌,又不得不装腔作势。

"哦,哦,悲鸿兄,"张道藩闪着他那双狡黠的小眼睛,"我来看你,不巧你不在家。我刚才对嫂夫人说了几点意见,请她转告你。"

他回过头，对站在他身后的蒋碧微笑了笑，然后，又转身向着悲鸿，"对不起，我有事不能久留。"便扬了一扬他手里那顶崭新的宽边礼帽，像一头狼犬似的溜走了。

蒋碧微随着悲鸿走进室内，她妩媚地笑着，似乎心情很好。

"悲鸿，"她温和地说，"你怎么可以拒绝为蒋委员长画像呢！刚才张次长说，他特地为此事去中央大学找过你！你却一口拒绝，还说什么对蒋委员长不感兴趣。你有没有想到这个后果？这在别人求之不得的事，你却拒之千里，我真想不通。给蒋委员长画了像，你就有可能平步青云，何乐而不为？再说，你在巴黎苦攻苦读，回来也不过是当个教授而已，你看我们在巴黎的同学，那几位参加国民党的，都做了大官。而你，戴传贤院长和朱家骅部长两人要联名介绍你参加国民党，你也不肯参加，唉！"

她轻轻地叹了一口气，用手指指着挂在墙上的那幅用黄色绫子装裱的、悲鸿集泰山经石峪的大字对联："独持偏见，一意孤行"，接着说："你还写这样一副对联挂着，叫我看着都觉得不顺眼。你为什么直到现在还要跟田汉那帮共产党搞在一起呢？从苏联回来，你光写宣传共产党的文章，说了苏联那么多好话，你为什么不写苏联人又穷又苦呢？识时务者为俊杰。你怎么不看看国内的潮流，当今的形势！我看，你就赶快替蒋委员长画张油画像，这对你有好处，否则……"

听着蒋碧微没完没了的絮叨，悲鸿那两道又黑又粗的眉毛越来越紧地拧在一起，他的面容由暗淡而变成愤激了。

"我请求你不要再说下去！"悲鸿打断她的话，同时扬起一只胳膊，做了一个制止的动作，"尽说这些自私自利的话！"

"你未免欺人太甚了！我是好心劝告你。"蒋碧微愤愤地说，"我告诉你,我们可以分道扬镳。你不参加国民党,我参加!你不要以为我会屈从你!"

"你还可以给蒋介石画像吧?"悲鸿带点讽刺说。

"哼!你用不着讽刺,我没有孙多慈的本领,只有她才伟大。我真想不到你是这样一个人,你变得如此刻薄……"蒋碧微嚎叫起来。

几天后的一个清晨,正当悲鸿准备去中央大学上课时,一个男学生跑来,气喘吁吁地说:"老师,您今天不要到学校去了!"

"为什么?"

"教室里贴满了反对你的标语,连地上也用粉笔写满了,还把孙多慈的名字也搬出来。"

悲鸿的脸色骤然变得铁青,他一句话也说不出来,仿佛突然被人从背后刺了一刀,而无力还手。

蒋碧微却微笑着走过来,似乎这一切都不使她感到意外,那笑容里明明白白地显露着内心的喜悦。

"哎,"蒋碧微带点娇媚地对悲鸿说,"我看你还是去找张道藩先生解解围吧!他还是很关心我们的。"

"我不需要找谁解围!"

"那你就去找孙多慈吧!"

"我没有想到要去找她!"

"你已经为她做得够多了!还想派她出国留学,你以为我不知道!"

"我没有否认过,很爱她的才华,我培养过不少有才能的男学生,帮助过他们出国学习,为什么对一个有才华的女学生就不能培养?"

"我决不能让她得逞!我告诉你,她的留学名额已被取消了!"蒋碧微的眼睛里亮着得意和胜利的光彩。

"你做得太过分了！她承受了种种的侮辱、恐吓、打击，这一切你都清楚，这是不公平的。"悲鸿竭力保持着理智。

"你又为她辩护起来了！你的心能不能不向着她？"蒋碧微又歇斯底里地叫喊起来。

为了结束这场可怕的争吵，悲鸿急匆匆地从家里走出来。他什么也没有拿，身上连一文钱也没有，他一整天只是在家门附近徘徊。夜色降临了，他望见远远近近的窗子里都射出温暖的灯光，想象着那些和谐而快乐的家庭都在吃饭的情景！他开始感到饥肠辘辘。然而，倔强的悲鸿此时却不愿意走进自己的家，而且他多么盼望有片刻的安静。他步行了很长一段路，来到他的留法同学沈宜甲先生家里。

沈宜甲先生是位化学家。他在法国时爱上了一位国民党元老的女儿张女士，但张家父母坚决反对这门亲事，不同意女儿嫁给这样一个贫寒的学生。张女士不顾父母亲的反对，和沈宜甲在巴黎正式结了婚，随即，双双归国。到达广州时，张家电告广东省主席将沈宜甲扣押起来，关在监狱里，但她矢志不渝。后来他们终于又生活在一起，生了一个可爱的男孩。不幸的是这个男孩患病夭折。他们夫妇受到这个打击，心情都很抑郁，时常发生口角，感情渐渐破裂。最后，彼此同意离婚。张女士嫁给一位革命先烈之子，沈宜甲则一人孤单地生活着，以至于今。

悲鸿来到沈宜甲先生家里，得到了老同学的同情和安慰。那天晚上，悲鸿忽然感到头很沉，全身软弱无力，这是从未有过的现象，好像要病倒下去似的。第二天，他到一位很熟悉的医生王苏宇那里求诊。经过仔细检查以后，王苏宇医生对他说：

"徐先生，你的血压偏高，现在还不严重，但有高血压的倾向，你要注意，不要太紧张。而且，你的肾脏、摄护腺有慢性的炎症，这和劳累有关，需要很好地休息。"说着，给悲鸿开了药方。

但是，他到哪里去休息呢？他从王苏宇医生那里出来，仍回到了沈宜甲的住处。他不想再回自己的家，他害怕那无穷无尽的吵嚷。他多么愿意有一个安静的角落让他休息呵！

第二十八章

一个星期后，悲鸿决定离开南京，到山水甲天下的桂林去作画。

在南京下关车站乘上火车，悲鸿如释重负。他靠在车窗旁，凝望着车窗外面急速后退的房屋和田野。在隆隆的车声中，南京远远地被抛在后面，他觉得心上一阵轻松，长长地吁了一口气。那些无边无际的忧虑和痛苦，好像随着火车头喷出的浓重烟雾，袅袅地飘散在漫长的旅途中。

美丽的大自然永远是悲鸿精神上最好的慰藉，它温柔地抚慰着他那受了创伤的心。桂林无比秀丽的青山绿水，重新唤起悲鸿心上的欢愉和振奋，他又沉浸在创作的热情中。他用淋漓的笔墨，描绘了烟雨迷蒙的漓江，苍茫而秀丽，在我国的山水画上别开生面。

悲鸿正在桂林专心作画时，广西、广东爆发了要求抗日的"六一运动"，并向全国发出通电。电文中写道：

> 连日报载，日入侵我愈亟，一面作大规模之走私，一面增兵平津，经济侵略、武力侵略同时并进。瞻念前途，殷忧曷极……今日已届生死关头，惟抵抗足以图存，除全国一致奋起与敌作殊

死战外，则民族别无出路……呜呼！九一八之创伤未复，一·二八之血腥犹存，辽、吉、黑、热四省之同胞，陷于敌人铁蹄之下，已逾五载，今平津又将继之矣。国家之土地先民所遗留，亦民族所托命，举以资敌，宁异自杀……

通电呼吁国民党政府顺从民意，领导抗日。当时，西南将领数十人通电表示拥护，愿"为国家雪频年屈辱之耻，为民族争一线生存之机"。"六一运动"使全国为之震动，悲鸿也感到鼓舞。

但是，接着而来的却是蒋介石调集四五十万大军，直向广西进逼，准备分四路围困广西。广西当局也异常愤激，将省防军由十四个团扩编为四十四个团，预备与中央军决战。剑拔弩张，形势危急。许多人纷纷逃离广西，但悲鸿却坚决表示愿留在广西，支持广西军民的抗日要求。当时，悲鸿还没有看到统治集团之间的权力之争，只被"抗日"和"反蒋"的口号所激动，因此不计个人安危，但求民族精神之振奋。广西军政领导李宗仁、白崇禧、黄旭初等人对悲鸿这种态度十分敬重，给予很高的礼遇。

在南京的蒋碧微眼看战事如弓在弦，一触即发，她决定亲自冒着危险，去劝说悲鸿赶快回来。她由上海乘轮船赴香港，由香港转乘火车至广州，由广州又转车至三水，然后乘轮船至梧州，由梧州乘小火轮来到广西省会南宁。正值炎热天气，她一路奔波，十分辛苦和焦虑。

悲鸿接到蒋碧微将到达南宁的电报，无限欣喜和感激地去轮船码头迎接她，过去那些不幸的争吵仿佛已化为轻烟，他心中重新升起美好家庭的愿望。

但是，两人单独相对时，却又开始了极不愉快的谈话。蒋碧微郑重其事地说：

"你知道我是为什么来的吗？"

"我不知道。"悲鸿突然又感觉过去那种不和谐的气氛弥漫在他们之间。

"我来，是接你回去的！"

"碧微，"悲鸿深深地喘了一口气，亲切地说，"你千辛万苦来到南宁，我本应跟你一同回去，但是，在目前的情况下，我不能走。广西全体军民强烈要求抗日，理应得到全国人民支持，何况现在广西被数十万中央军包围，我走，岂不变成了负义！"

"我知道，你心中永远没有我，你不愿负别人，就只愿负我！我千里迢迢而来，难道再让我一个人回去？"

"那么，你也留在这里，好吗？"悲鸿满怀希望地问。

"你真是异想天开！我对广西就反感，李宗仁、白崇禧这伙人是强盗，他们想造中央的反！"

悲鸿的脸沉下去，真正感到"话不投机半句多"，他默不作声了。

在后来的日子里，悲鸿陪同蒋碧微去游览了漓江，在桂林和阳朔逗留，但彼此心情落寞。

不久，悲鸿从南宁飞机场送走了蒋碧微。他又重新开始投入创作。他先后画了《风雨思君子》《晨曲》《古柏》《逆风》等国画，以寄托自己的忧国忧民之情。

在《晨曲》的画面上，光秃秃的枝丫纵横交错，许多小麻雀在唧唧喳喳歌唱，期待春天的到来。悲鸿在画上题字："丙子，春不至。"这道出了画家多么渴望人民生活中的春天到来，但春天却没有来。

《逆风》的画面也是画了一些小麻雀，正迎着狂暴的逆风振翅疾飞，表现了画家的愿望和人民的反抗精神，富有强烈的时代气息。

《古柏》的画面描绘了在北平习见的古老柏树，巨干虬枝，郁郁苍苍，树下坐着一个人，那正是画家自己。悲鸿在画面上慨然题诗：

> 天地何时毁，
> 苍然历古今。
> 平生飞动意，
> 对此一沉吟。

在南宁，悲鸿还义愤填膺地写了一篇斥责蒋介石政府贪污腐败、卖国投降的文章，发表在广西的报纸上。没想到，这正义的呼声却招来了一场风波。这篇文章不久就被一位惯于抄袭剽窃的上海画家翻印了数百份，分寄给国民党政府的党政要人，以讨好他们，并企图置悲鸿于死地。后来，有人又假借中央大学学生会之名，登报攻击悲鸿反对蒋委员长，说他在需要加强国防之际搞分裂活动，他已不能见容于南京国民党政府和文化界了。当时中央大学艺术系的学生、中共地下党党员朱丹、徐萱等人十分气愤，募捐并联合同学登广告，用中央大学艺术系学生名义，斥责有人盗用中央大学学生会之名对徐悲鸿老师进行攻击，指出这种行径极为可耻。

然而，悲鸿的言行却受到国民党反动当局的注意，以至这年九月初，国民党中央决定撤回包围广西的各路大军，采取和平解决的办法，紧张局势顿趋缓和的时候，悲鸿却不能归去。几位好心的朋友从南京来信，劝他不要急于回南京。于是，悲鸿只好亡命广西。他又回到了桂林，放舟于漓江之上。

美丽的漓江不仅是悲鸿的良伴，而且成为悲鸿的安身立命之处。他经常乘一只木船漂流在漓江，过着与水上人家相似的生活。为他驾船的是一位四十多岁的广西船夫，悲鸿亲切地叫他周大哥。周大哥有一个独生子，已二十岁，在桂林街头摆小摊，卖点香烟之类的零星物品，他常和母亲一起到船上来。悲鸿和他们一起聊天，一起吃着那最简单的饭食：香喷喷的稻米，甜滋滋的芋头。悲鸿也分享着他们的家庭温暖。难得的水上人家生活唤起悲鸿的创作欲望，从不肯停下手中画笔的悲鸿，在船上创作了国画《船户》，反映劳动人民的生活。

有一天，悲鸿在阳朔舍舟登岸，见到阳朔镇上有一所破败的小屋。屋前有两棵高大的白玉兰树正在盛开，朵朵繁花艳如白雪。悲鸿恋恋不忍离去。他忽然想租下这所小屋，和那位船夫周大哥一起住到这里，做一个阳朔的老百姓。他当时还刻了一方图章："阳朔天民"。后来，这件事被李宗仁知道，派人去买下了那所小屋，加以改建，送给悲鸿。悲鸿虽然感激李宗仁先生的盛情，但他站在那白壁红窗、巍然屹立的房屋前，却感到惘然若失，他深深地怀念着原来那所小屋的天然情趣。

这时，南京中央大学艺术系的学生们虽然十分盼望悲鸿回校教课，但那位上海画家已由国民党政府主席林森推荐，准备去代替悲鸿的位置，校长罗家伦先生也已决定聘请他。艺术系的学生们得知后，立即向罗校长请愿，坚决拒绝那位能力浅薄的上海画家，强烈要求学校当局请悲鸿回来教课。罗校长说：

"不是我们不请他，是他自己不回来呀！"

学生冯法襈用拳头捶着桌子质问罗校长：

"为什么学校不去信，请徐悲鸿老师回来呢？"

后来，由于学生们纷纷写信催促悲鸿回来教课，悲鸿才回到南京，又开始了他辛勤培养美术人才的工作。

悲鸿对学生的要求仍极为严格。有一次，学生冯谷兰生了一场病，病愈后回来上课时，悲鸿看到她画的素描，造型有点不准确，十分严厉地说：

"你病了一场,把聪明都病掉了,应该打两下手心!"

他对学生的素描习作,要求高度准确,不允许有一线之差。但是,他并不要求学生都学他的画法,善于引导学生向各自的长处发展。学生沙耆在塑造形体时,善于用大块的面来表现体积感,画得比较朴实,很少用华丽闪光的色彩,喜欢用灰调子,但却能表现本质的东西。悲鸿很赞赏,不断地表扬他。学生问德宁的色感很强,他的习作色彩丰富,只是素描差一些,造型不十分严格。但是,他有自己特有的色感,有个性,别人代替不了他。悲鸿也很鼓励他,说他很有发展前途。很可惜问德宁不幸早逝,这是非常令人遗憾的。

这一年十二月十二日,爆发了西安事变。张学良和杨虎城出于爱国热忱,逮捕了蒋介石,并通电全国,要求停止内战,联合共产党共同抗日,得到了全国人民的热烈支持,蒋介石也被迫接受停止内战和联合抗日的条件。这使抗日民族统一战线有了初步形成的可能,为发动全国抗日战争作了有利的准备。

一九三七年一月二十八日,悲鸿缅怀淞沪抗战,创作了国画《壮烈之回忆》,在画面的右上角题写了:

廿六年一月二十八日,距壮烈之民族斗争又五年矣,抚今追昔,曷胜感叹。

这幅国画以高叫的雄鸡,象征全国人民对光明的渴望和期待。随后,他又创作了《风雨鸡鸣》。画面描绘了"风雨如晦,鸡鸣不已"的时代,抒发了画家渴望漫漫长夜逝去、黎明即将到来的心情。这个时期,悲鸿精力充沛,创作颇多。祖国的多灾多难和动荡不安,使他越来越紧密地把自己的创作同民族的命运、祖国的安危融合在一起。

这一年春天，悲鸿携带他的作品赴长沙、广州、香港举办画展，积极宣传抗日。在长沙画展时，由于观众拥挤，致使楼板坍下，几乎肇成大祸。

画展圆满结束，悲鸿准备由香港转赴桂林。途经广州时，有一天，他在街上看到一个版画展览的广告。由于他十分关心刚刚在我国兴起的版画事业，尽管他对广州的道路不熟，还是按着广告上写的地址，寻路而去。版画展览会设在一家照相馆的楼上，是赖少其、潘业、秦仲刚三个年轻人举办的，内容都是反映现实、反映救亡运动的，表现出对国民党政府极不满的倾向。悲鸿几经曲折找到这里，兴致勃勃地浏览了他们的版画作品。三个青年没有想到悲鸿会来参观他们的作品展览，毫无准备。悲鸿并不介意，十分高兴地鼓励他们继续努力创作，并与三个年轻人合影，表示了他对革命新兴版画事业的热情支持。

当时年仅十九岁的赖少其同志,现在不仅在版画上有卓越的贡献，而且他的国画和书法也独具风格，赢得美誉。

不久，悲鸿来到曾伴他度过漂泊岁月的桂林。在那里，他创作了有名的国画《漓江春雨》，描绘了祖国河山的美丽，以激发人民在国破家亡之际对祖国壮丽河山的爱恋。

第二十九章

一九三七年七月七日，卢沟桥的炮声燃起了中国人民全面抗日战争的烽火。八月十三日，日军大举进攻上海，威逼南京。正在桂林的悲鸿急忙赶回南京，打算将家小全都接到桂林去。但是，蒋碧微却坚决反对：

"我对你那个广西只有反感，毫无兴趣！"她愤愤地说，态度极为冷漠。

眼前国难深重，时局糟到如此地步，还有什么心思闹家庭纠纷呢？悲鸿切望与蒋碧微言归于好。但是，他没有想到蒋碧微已堕落成为张道藩的情妇。当时，国民党政府已经准备迁往重庆，而张道藩暂时还在南京，蒋碧微宁愿留在南京；要走，也只愿到重庆去。于是，悲鸿只好留下一笔路费给她，自己匆匆返回广西了。

不久，中央大学迁往重庆，学生们又纷纷要求悲鸿回校教课。悲鸿于这年十月，回到中央大学。

刚刚迁到重庆的中央大学，校舍简陋，绘画材料也很匮乏。悲鸿帮助学生们从各方面克服困难，用猪鬃做油画笔，找油漆工厂做油画颜料，忙于为学生奔波。有些学生情绪低沉，他极力鼓励他们，使他们精神振奋起来。除了课堂作业，他还教学生们画宣传画，让他们积极投入抗战的洪流中。

至于家呢？蒋碧微早已在重庆安家，家中已高朋满座。悲鸿回到家里，不仅看到她浓妆艳抹，高谈阔论，而且从她身上还看到那种盛气凌人的傲慢。如果说，在以前和悲鸿的争吵中，还有着妻子对丈夫的感情，还有爱，那么，现在却只有冷漠和憎恨了，已经看不见丝毫感情的火花。有一次，因为对一件生活小事的看法不同，蒋碧微便恶语相加。再也无法忍受的悲鸿，又默默地离开了家。从此，他再没有搬回去。他让他的学生杨建侯帮助他去蒋碧微那里取回衣物，但是蒋碧微什么也不给，只给了几件单薄的旧衣服，用根绳子捆了一下，叫杨建侯提着走了。

杨建侯是悲鸿在南京中大的学生，在绘画上十分刻苦勤奋，数十年如一日，卓有成果，现在是南京师范大学美术系教授，也已桃李盈门了。

悲鸿住进中央大学的单身宿舍，过着孤寂的生活。只有用教学和创作来冲淡他个人生活中的不幸，也只有教学和创作才能使他感到欣慰。他永远没有想到，蒋碧微和张道藩在南京已"信誓旦旦"，而此时，蒋碧微写给张道藩的情书中竟还有"我的精神、身体都已属于你了"的词句。

中统特务头目张道藩，这个在绘画上一无所成的国民党政客，既嫉妒悲鸿的才能，又痛恨悲鸿不愿为国民党所用，便通过蒋碧微的手，来对悲鸿施加迫害和报复。这不仅是这个无耻之徒个人私愤的发泄，而且也反映了在当时的政府统治下，一个勇于坚持真理、追求进步的艺术家，将遭到怎样意想不到的打击和厄运。

一九三七年的农历除夕，在人们的鞭炮声中，悲鸿独自一人，在嘉陵江畔踽踽而行。家庭的温暖已变成遥远的往事了。在家家户户团聚的除夕之夜，他不禁想起了自己的童年，想起了远在沦陷区的老母和弟妹，他们已杳无音信……国破家亡的辛酸感触，弥漫在他心里。

夜已深沉。对岸的灯火渐渐熄灭，星光也慢慢暗淡下去，大地在酣睡，嘉陵江笼罩在一片浓密的夜色中。

在寂静无人的岸边，忽然有一个身背竹篓捡拾破烂的妇人蹒跚地向悲鸿走来。她衣衫褴褛，两只饥饿的眼睛射出可怕的光芒。这个在除夕夜晚还惶惶地寻找生活的妇人，蓦地出现在悲鸿面前，引起了他强烈的同情和怜悯。他急忙伸手到衣袋里，掏出所有的钱，塞到那个妇人手中。那个妇人双手捧着钱，呆呆地站在那里，吃惊地望着眼前这位慷慨的施主。

"你还要什么呢？"悲鸿疑惑地问道，语调十分温和。

"哦，老爷，"她仿佛明白过来了，"我谢谢你。"她深深地弯腰鞠躬，然后，拄着她手中的拐杖，蹒跚地走开了。

就在这一瞬间，悲鸿眼前闪现出二十多年前在黄浦江畔的那个阴冷而可怕的夜晚，他仿佛又听到了江水的呜咽和叹息。时间过得多么快啊！他已四十多岁了，但这个社会仍是那样，什么也没有改变。

他急匆匆地跑回宿舍，在寒冷的灯光下，研墨挥笔，默画了那个妇人的形象，这就是他的国画《巴之贫妇》。在画的右上角，悲鸿感慨地题写了如下的词句：

丁丑除夕，为巴之贫妇写照。

在重庆，悲鸿尽管个人生活遭到极大不幸，但他的创作热情并没有因此而稍减，仍旧不停地用他那支画笔，抒发他对国家命运的忧虑和对劳动人民的同情。

悲鸿一到重庆，就发现这个依山而筑的城市，房屋层层上升，街道也是上上下下的斜坡，有层层而上的石梯。在他住的沙坪坝，常常看见许多人用双肩挑水，爬越百丈以上的阶梯，将一担水送上岸来。这种极为艰苦的劳动，深深触动着艺术家的同情心。悲鸿经过长时间的仔细观察，创作了国画《巴人汲水》。在这幅长二百九十五厘米、宽六十三点五厘米的画面上，悲鸿深刻描绘了劳动人民的艰辛。他还在画面题写了一首诗：

> 忍看巴人惯担挑，
> 汲登百丈路迢迢。
> 盘中粒粒皆辛苦，
> 辛苦还添血汗熬。

在重庆，心情抑郁的悲鸿还创作了一幅国画《自写》，抒写了他对国难家仇的忧愤和对光明的憧憬。画面上，他站在两棵巨大的古柏下，遥望远方，脚下是乱石、流水、幽兰。在画的左上角题写了深沉的诗句：

> 乱石依流水，
> 幽兰香作威。
> 遥看群动息，
> 伫立待奔雷。

第三十章

七七卢沟桥事变后，出现了国民党战场的大溃败，继平津陷敌之后，一九三七年十一月，日军占领上海，十二月南京又失守，武汉岌岌可危。许多不愿做亡国奴的同胞纷纷逃到后方，扶老携幼，流离失所。为了筹款捐助这些无家可归的难民，也为了向华侨和在国外宣传抗战，悲鸿决定去新加坡举行画展。

当时，为避免敌机滥施轰炸，悲鸿曾将自己的全部作品存放在桂林七星岩岩洞内。由于需要携带一部分作品出国展览，一九三八年七月，悲鸿离开重庆，去到桂林，然后，由广东沿西江东下，拟赴香港，再从香港去新加坡。但是，由于广州沦陷，他在西江漂流了月余。

船到西江江门，附近有一个著名的小城市，约五万人口，名叫四会。那里有一位画家陈先生，曾在广州美术学校任教，听说悲鸿路过此地，特来船上访问，并邀悲鸿至其叔父家餐叙。饭后，陈先生拿出一幅他自己的作品《西江寻梦图》请悲鸿观赏。这是陈先生应他的叔父所请而作的。他叔父有一位爱子，十七岁而殇，心中万分悲痛，所以请陈先生作此图纪念。悲鸿虽然很称赞陈先生的技法，但是，他一眼就看出这张画的缺点，幽默地说：

"此图可题为长江寻梦图或改为黄河寻梦图否？甚至叫黑龙江寻梦图也无不可。"

陈先生愕然："那么，徐先生，我应当怎样画，才能叫《西江寻梦图》呢？"他不安地望着悲鸿，急于等待回答。

悲鸿微笑着说："既然是广东西江，就应当有确指地域和环境的标志。如果用屋宇表示，广东房舍的结构与别处不同；如果用植物表示，如长江以北少竹，黄河以北更罕见。就竹而分，广东、广西多是丛生的慈竹，不像江浙、湖南、湖北、安徽、江西等省，竹能成林。再有，福建、广东多见垂根之巨榕，湖南、江西、四川也有榕树，但不垂根，而叶大。这也是区别之处。但据我看，芭蕉在广东省结实累累，在江浙、四川的芭蕉便只开花，很少结实。而广东近热带，多参天的棕树，如在图中多画几株高大的棕树和结实累累的芭蕉，便自然不可改易地域了。"

陈先生恍然大悟，连连点头称是，心里惊叹眼前这位艺术家竟对祖国地理、植物如此熟悉。

这年年底，悲鸿到达香港。

早在前一年，悲鸿来港举办画展时，有一天，作家许地山先生及夫人介绍悲鸿去看了一位德籍夫人收藏的中国字画。这位夫人的父亲在中国任公职数十年，去世后，遗产由其女儿继承，其中有四箱中国字画。但她对中国字画一无所知，便托许地山夫人为她觅人销售。因此，当悲鸿来到她家时，她十分欢迎，亲自将四箱字画打开。悲鸿先看了第一箱，又看了第二箱，从中挑出两三件他欣赏的佳作。看到第三箱时，悲鸿的眼睛陡然一亮，一幅很长的人物画卷奇迹般地出现在面前，以致他展开画卷的手指因兴奋而颤抖起来，他的心欢快而激烈地跳动着。他几乎是叫喊道：

"下面的画我都不看了！我只要这一幅！"

德籍夫人愣住了，她仍请求悲鸿继续看下去。但是悲鸿连连摇头说：

"没有比这使我更倾心的画了！"

当即商量价格，悲鸿因手头的现金不足一万元，提出愿意再加上自己的作品七幅，作为交换。

德籍夫人思索了一会儿，表示同意。

这就是悲鸿为之神魂颠倒的唐画《八十七神仙卷》。这是一幅白描人物手卷，佚名，绢底呈深褐色。画面有八十七个人物，列队行进，飘飘欲仙，那优美的造型，体态的生动，遒劲而富有生命力的线条，虽然没有着任何颜色，却产生渲染的效果，展现了我国古代人物画的杰出成就。悲鸿十分推崇我国传统的线条白描技法。他认为："线条必须综合渲染作用，方为尽其能事。"《八十七神仙卷》是达到这个境界了。

我国北宋画家武宗元所作的《朝元仙杖图》与此卷构图完全相同，但武宗元卷显然是个摹本。张大千先生认为："北宋武宗元之作，实滥觞于此。"并认为此卷可能是唐代画圣吴道子的粉本。后来，谢稚柳先生也写道："先是广东有号吴道子朝元仙杖图，松雪题谓是北宋时代武宗元所为，其人物布置与此卷了无差异，以此视彼，实为滥觞……"悲鸿也认定，非唐代高手不能为，并在画面加盖了"悲鸿生命"的印章。

当时，这是在国内仅见的唐代人物画卷。除此之外，便只有后来曾归张大千先生收藏的《韩熙载夜宴图》。悲鸿能为这件流落外国人之手的国宝赎身，使它回归祖国，是他平生最快意的事。

这时，悲鸿携带着重新装裱了并加了题跋的《八十七神仙卷》来到香港，请香港中华书局照相制版，用珂罗版精印。但他来不及等待出版，就起程赴新加坡了。

新加坡依旧像一座美丽的花园，欢畅地迎接悲鸿的到来。阳光炽热而明媚，那些高达数丈的椰子树像一把一把张开的巨伞，快乐地在阳光下迎风摇摆。

这是悲鸿第三次访问新加坡，重逢许多旧友，倍增亲切之感。画家李曼峰先生和书法家陈之初先生先后来看望了悲鸿。

李曼峰先生是一位杰出的油画家，后来，曾担任过苏加诺总统府的画师。他描绘的地方风情和人物肖像丰富多彩，他的作品光华灿烂，像美丽的乐章。悲鸿为他的画集撰写了序言，并称赞他"极负才气，油绘富丽而浓郁，在国中也少见"。李曼峰先生也有过坎坷的人生经历，但他以超群的才华和坚强的毅力，克服了一切困难，终于成为誉满国内外的油画家。

书法家陈之初先生不仅以浑厚洒脱、极具功力的书法闻名，而且是美术鉴赏家和收藏家。他后来曾将自己收藏的任伯年的作品，编成一个内容丰富的《任伯年画集》。悲鸿欣然为这本画集撰写了《任伯年评传》。

为了宣传抗日和让更多的华侨了解祖国沦陷的真实情况，悲鸿不惜付出更多精力和时间与各界华侨交往。因而他也结识了南洋一些著名的画家。有善画水彩风景画的杨曼生、许西亚，有创出油画新风格的刘抗等。他在后来的回忆中还曾写道：

  潮州人张汝器，早年赴法、德两国学画，功力很深，归至南洋新加坡，与妹夫庄有钊及建筑家何光耀倡导美术，连年举行作品展览，作品多而且好，又热心公益。新加坡沦陷，三人皆殉难，至堪痛惜。

在新加坡，华侨占当地居民的大部分。他们热爱祖国，当他们更深切地了解到祖国被日军铁蹄践踏的悲惨情况后，都积极支持悲鸿的筹赈画展。

画展开幕的那天，观众十分拥挤，新加坡总督也亲临祝贺。悲鸿的作品，除了非卖品外，都销售一空。

悲鸿看着这激动人心的场面，心情沸腾起来。他知道，许多华侨不仅是来购买一位名画家的画，而且是来为祖国的抗战出一分力啊！他眼前仿佛出现了为宣传抗日而不屈不挠的田汉，仿佛又看到了除夕之夜沿江乞讨的贫妇，仿佛听到了卢沟桥的枪声……他深深地感到了一种把自己的艺术事业与国家、民族命运融会在一起的快慰。

画展结束后，悲鸿将全部卖得的画款都捐献祖国以救济难民。这个对祖国满怀赤诚的艺术家，不仅自己分文未取，而且连路费也是自己负担的。

第三十一章

一九四〇年春，悲鸿应印度诗哲泰戈尔之邀，赴印度国际大学讲学。

印度是我国亲近的邻邦，而泰戈尔先生是印度杰出的诗人和文学家。人们称他为印度近代文学之父。他也是一位爱国主义者和民主主义者，中国人民尊敬的朋友。悲鸿在国际大学所在地——圣蒂尼克坦，和泰戈尔先生一起度过了许多美妙的时光。

圣蒂尼克坦是和平村的意思。它美丽而宁静。那些硕果累累的芒果树，似火如霞的木棉花，鸟儿柔婉不倦的歌声……都伴随着泰戈尔先生优雅的言谈和举止，长久地留在悲鸿的记忆中。

悲鸿十分喜爱凝神谛听泰戈尔先生那声如洪钟般的朗诵：

……
河流唱着歌，
很快地流去，
冲破所有的堤防。
但是山峰却留在那里，

忆念着，
满怀依依之情。
……

这动人的诗篇，像温柔的手指，轻轻地拨弄悲鸿的心弦，使他深情地怀念遥远的祖国和战火中的同胞，泪水浸湿了悲鸿的眼角。

在印度，悲鸿利用各种机会，在私人交往中，或在公开的场所讲演，都积极宣传中国的抗日战争，以取得印度人民的同情和了解。他在那里除了给国际大学的美术学院讲课和社交活动外，仍然继续从事创作。他为国际大学的许多学生以及一些民间艺人画了速写，如《鼓者》《琴师》等；他还为泰戈尔先生画了十多幅素描、速写、油画及中国画的肖像。

泰戈尔先生始终如一地对中国怀着热爱和同情。他深切关怀中国的抗日战争，并多次向悲鸿赞颂中印两国人民永恒不渝的友谊。一九四〇年二月十七日，年事已高的印度圣雄甘地先生访问圣蒂尼克坦。泰戈尔先生亲自将悲鸿介绍给甘地先生，并建议举办悲鸿的画展，以敦睦中印两国人民的友谊。甘地先生表示赞许。悲鸿在拥挤的人群中，以短短几分钟的时间，便为甘地先生画了一幅速写像。甘地先生高兴地在画上签了名。

那天晚上，悲鸿参加了泰戈尔先生和甘地先生在广场上举行的祈祷。那清婉高雅的颂祷歌声，在莹澈如水的月光中缭绕，动人心魄。祈祷完毕，悲鸿穿过一片参天的树林，踩着从枝叶间漏下来的斑驳的月光，步行去泰戈尔先生的秘书钱达先生家中晚餐。钱达先生的夫人也是一位著名画家。他们夫妇殷勤好客，悲鸿每天都在他们家中就餐。

举办悲鸿画展的准备工作很快就绪了。画展先后在圣蒂尼克坦和

一九四〇年,徐悲鸿赴印度讲学,这是他与印度大文豪泰戈尔的合影

加尔各答两地举行，泰戈尔先生亲自为画展撰写了序言。他在序言中写道：

……美的语言是人类共同的语言，而其音调毕竟是多种多样的。中国艺术大师徐悲鸿在有韵律的线条和色彩中，为我们提供一个在记忆中已消失的远古景象，而无损于他自己经验里所具有的地方色彩和独特风格。

我欢迎这次徐悲鸿绘画展览，我尽情地欣赏了这些绘画，我确信我们的艺术爱好者将从这些绘画中得到丰富的灵感。既然旨趣高奥的形象应由其本身来印证，多言是饶舌的，这样，我就升起谈话的帷幕，来引导观众走向一席难逢的盛宴。

悲鸿系念着灾难深重的祖国人民，又利用这两次画展，将筹得的一笔画款全部捐寄祖国，救济难民。

随后，悲鸿赴大吉岭，在那里创作了他构思已久的国画《愚公移山》[1]。这是中国人民喜爱的一则寓言故事。它教导人们，只要有坚强的毅力，持之以恒，终能战胜一切困难。当时，正是抗日战争最艰苦的年代，但悲鸿坚信，中国人民以愚公移山的精神艰苦奋战，一定能移掉压在我们身上的两座大山——封建主义和帝国主义，一定能取得抗日战争的最后胜利。悲鸿正是怀着这样的坚定信念创作《愚公移

---

[1] 见于《列子·汤问》。传说古代有一位老人叫北山愚公，家门前有两座大山挡住了路。他下决心把山平掉。另一个老人河曲智叟笑他太傻，认为不可能。愚公回答说："我死了有儿子，儿子死了还有孙子，子子孙孙是没有穷尽的。这两座山可不会再增高了，凿去一点就少一点，终有一天要凿平的。"后来，这件事被天上的玉皇大帝知道了，他就派两个神仙下凡，把两座山背走了。

山》的。

这幅国画画面宽四百二十四厘米、高一百四十三厘米，描绘了正在开山凿石的壮观场面。每个人物都有模特儿，都画了极精确的素描稿。愚公白发长须，挂锄而立，开山者体魄健壮，挥锄掘石。整个画面表现了那种坚卓的精神和强劲无比的力量，给人们以巨大鼓舞。

从悲鸿住地大吉岭遥望雄伟的喜马拉雅山，景色无比壮美。他在怀念喜马拉雅山另一侧的祖国的心境中，创作了国画《喜马拉雅山》《喜马拉雅之山林》和油画《喜马拉雅山之晨雾》。在创作之余，悲鸿还参谒了许多古老的寺庙，惊叹印度古代艺术的辉煌成就。

悲鸿也曾骑马驰骋在异国漠漠的荒野，一直漫游到克什米尔。他迷恋着那些美丽而彪悍的骏马：尖尖的耳朵，宽阔的鼻子，像风箱般的胸脯，缎子一样闪光的皮毛，还有那高头长腿，蹄子就像钢铁铸成的，奔驰起来如同疾风闪电……他简直陶醉了。他更深刻地了解了马的驯良、勇猛、忠实、耐劳、无怨的性格，成了马的知心朋友。从此，他画的马更加雄健，他用泼墨写意或兼工带写，塑造了千姿百态的马，有的昂然伫立，有的回首长嘶，有的腾空而起，有的四蹄生烟……他借马寄托自己的悲哀、忧郁、希望和欢乐。因此，他笔下的马也人格化了。

一九四〇年十一月，悲鸿结束了访印的行程。他回到圣蒂尼克坦，向泰戈尔先生辞行。泰戈尔先生正值病体稍愈，披着那有波纹的长发和美丽的银须，躺卧在长椅上。

"徐悲鸿先生，"泰戈尔听说悲鸿要离开印度，吃力地欠起身子说，"我希望你行前，能为我选画。"

泰戈尔先生六十余岁才开始作画，到八十岁时，已作画两千余幅。他所用的作画工具有中国和日本的墨，西洋画的水彩、水粉、铅笔、粉笔、油色，题材也多种多样。他的绘画曾在巴黎、伦敦、莫斯科举行展览，脍炙人口。

于是，悲鸿与国际大学美术学院院长南达拉尔·鲍斯先生（Nandalal-Bose）用了整整两天时间，将泰戈尔先生的两千余幅作品一一检视，挑选出精品三百余幅，最精者七十余幅，交国际大学出版。

泰戈尔先生十分满意，那深邃的眼睛里泛起了温和的微笑，有病容的脸上浮现出不忍猝离的忧伤。

悲鸿怀着黯然神伤的心情，依依与病中的泰戈尔先生作别。后来悲鸿在新加坡得知泰戈尔先生与世长辞的噩耗时，悲痛万分，深切怀念这位中国人民的老朋友。

第三十二章

一九四〇年十一月,悲鸿向邻邦印度告别,踏上了赴新加坡的旅程。这是他第四次来到新加坡。在这里,他留下了许多美好的回忆。多少亲切的笑脸在热烈迎接他!那些热爱祖国的华侨都像亲人般地真诚待他。

这时,由于吉隆坡、槟榔屿、怡保的华侨都来邀请悲鸿前往举办为祖国捐输的筹赈画展,这使悲鸿异常激动。能为抗战中的祖国多做一份宣传工作,能为苦难中的同胞多尽一分力量,这正是他日夜盼望的。悲鸿踏上新加坡土地不久,便开始为这三个画展夜以继日地工作起来。

虽然已是一九四〇年岁末,这在祖国正是严冬的季节,但在新加坡却依旧是盛暑天气。悲鸿每天每夜都挥汗如雨地作画,他要准备大量的作品,以便同时在三个画展中出售,这是多么繁重的工作啊!更何况他作画时又习惯于站着,而且从不马虎,总是一丝不苟。此时,国家的危亡,民族的苦难,占据着他整个的心胸,使他在享有盛名的时候,仍能如此忘我地工作。

日日夜夜的煎熬使他突然病倒了。他感到腰部剧烈地疼痛,就如同被人折断了一样，不仅不能弯腰，也不能行动，被迫在病床上躺下来。但是，他一想起祖国艰苦的抗战，在他面前就时常出现那些被屠杀的同胞血肉横飞的惨状，那些被战争驱赶的难民流离失所的情景。他一刻也不能安宁，"必须尽快举办这三个画展！"他不断地在心里催促自己。正是这种对祖国和同胞的强烈热爱，使他在腰痛并未痊愈时，不顾医生劝阻，顽强地从病床上爬起来，重新拿起画笔，继续投入紧张的创作中。不幸，从此便种下了腰痛的病根，和他在巴黎时因饥寒交迫而患的肠痉挛症一样，开始不断地、长期地折磨他，直到他去世。

一九四一年，在吉隆坡、槟榔屿、怡保三个城市，先后举行了悲鸿的筹赈画展，受到当地人民和爱国华侨的热烈欢迎，盛况空前。华侨们都以买到悲鸿的画为快。每当悲鸿穿着浅色的西服，胸前打个黑色的大领结出现在展览会场时，热情的观众们便紧紧地围住他，每个人都抢着递上自己的小册子，请他签名留念。兴致勃勃的悲鸿就利用机会和大家攀谈，尽力宣传祖国的抗日战争。有时，他应邀到各处讲演，便大声疾呼，吁请海外侨胞多为苦难中的祖国尽力。许多华侨受到他的爱国精神感染，和他结成了好友。

华侨们踊跃支持抗战，每次画展，他们都竞相抢购，以买到悲鸿的画为荣。悲鸿把三个画展筹得的巨额收入，全部捐献给了祖国。

接着，美国援华总会也来邀请悲鸿赴美举行画展。悲鸿再一次回到新加坡，积极为赴美画展作准备，他又开始不知疲倦地埋头作画了。

然而，时局骤变对悲鸿的打击，是他万万没有料到的。一九四一年十一月底，悲鸿已将自己的画册、照片、展览会资料等全部寄往纽约，他的作品也已装箱，准备托运。十二月七日清晨，天气晴朗，冉冉上升的朝阳正向大地睁开它那光芒四射的眼睛。突然，美国在太平洋的海军基地珍珠港发出了震耳欲聋的爆炸声，红色的巨大火柱腾空

／
抗日战争时期,徐悲鸿先后在新加坡、吉隆坡等地举办义展,将卖画所得巨额收入全部捐献给了祖国。这是当时在自己的作品《九方皋》前留影

／
抗日战争时期,徐悲鸿与著名演员王莹在油画《放下你的鞭子》前合影

而起，浓烟滚滚弥漫海面，警报呜呜长鸣……日军偷袭了珍珠港，同时向新加坡进攻。新加坡猝不及防，陷于一片混乱之中。

悲鸿连夜匆忙离开新加坡，仓皇地经海路至缅甸。当时交通十分困难，时间又急迫，他来不及携带全部作品，有四十幅油画遗留在新加坡一所华侨小学内。新加坡陷落后，日军开始捕杀大批爱国华侨。悲鸿积极宣传抗日是尽人皆知的。那所小学惧祸，恐因他的作品受到连累，不得已将这四十幅油画沉到一个井底，全部遭到毁坏。

这件事给予悲鸿极其沉重的打击！因为那都是他油画中的精品，数十年心血的结晶，竟毁于一旦！

悲鸿由缅甸到达云南边境。行将进入国境，心里怀着多么亲切的感情，就如同一个远方的儿子，回到了母亲身边。他沿路都在日本飞机的空袭下紧张地奔波，疲乏困顿达于极点，但守关的国民党士兵却照例要检验行李。悲鸿看到他们翻箱倒箧，弄得满地狼藉、不堪收拾的情景，便忧愁地望着身边那几只庞大的画箱，担心它们遭到厄运。迫不得已，他掏出身上的名片，求见关上的负责人。等了不久，一位身着戎装的中年人走了出来，面带微笑地说：

"徐悲鸿先生，久仰大名了，请到里面坐吧！"同时，将他自己的名片递给悲鸿。

悲鸿看了他的名片，急忙说："黄先生，我的这些画箱能否不打开检查呢？这些都是我自己的画，绝没有别的东西。"

"当然可以，当然可以。"黄先生热情地说。

悲鸿的眼角潮湿了。对于热爱祖国的悲鸿来说，一点一滴的温暖都使他受到强烈的感动。以致当这位黄先生向他求画时，他十分高兴地送给他两幅画。

悲鸿进入国境，来到云南边陲重镇保山，在这里略事休息。为了节省，他每天去一家小吃店以烧饼代餐。那位做烧饼的伙计听到悲鸿那带有江苏口音的话语，眉开眼笑地说：

"我们是同乡啰！"他因为抗日战争，家乡沦陷，辗转逃难，来到云南谋生，但十分怀念家乡。

多次交谈以后，有一天，他向悲鸿恳求说："徐先生，你把我带走吧！"

"但是，我是回重庆呀！"悲鸿抱歉地说。

"那么，你就把我带到重庆吧！"

悲鸿望着眼前这个带有浓重乡音的中年男子，心中产生了怜悯和同情，慨然答应把他带到重庆。

不久，他们一同来到昆明。和他们同时来昆明的，还有一位从新加坡逃难出来的刘将军。悲鸿在新加坡举行画展时，刘将军来参观，几位爱国华侨特意将他介绍与悲鸿认识。据说他曾是抗日将领马占山将军的秘书，上海沦陷时，被日军逮捕，逼迫他出任伪职，他严词拒绝，因此受到监禁和非刑拷打。后来，得到监狱内的爱国志士帮助，才逃出虎口。当他来到新加坡时，许多爱国华侨听到他述说这一段经历，都肃然起敬，悲鸿也同样对他表示了深深的敬意。

四季如春的昆明使悲鸿暂时得到了休憩。在这短暂的时间里，刚刚踏上祖国土地的悲鸿，一心想为抗战做一点贡献。他在昆明举行了劳军画展，将那些准备在美国展览和出售的画移在昆明展览，受到昆明各界的热烈欢迎。他又将卖画的全部收入捐献祖国，以慰劳前方将士。

在昆明，也和在其他地方一样，许多好学求画的青年都慕名来找悲鸿。一天，一个衣着简朴的青年拿着自己的画和雕塑来找悲鸿。悲鸿细心地观看着这个青年的作品，十分欣赏这些带有生活气息的雕塑和绘画。悲鸿审视着这个二十多岁的青年人，和蔼地问：

"你叫什么名字？现在做什么工作？"

"我叫袁晓岑，正在云南大学读中文系。"

"你为什么不学绘画，却读中文呢？"

一句话，勾起袁晓岑对辛酸往事的回忆。他出生在贵州苗汉杂居的一个小山村里，从小就喜欢拿木炭在地上、墙上画他放牧的牛、羊，喜欢用河泥对着猪鸡狗兔捏小动物。后来，在县城读书时，看到任伯年绘画的印刷品，他更加勤奋地作画和作雕塑。但是，由于家境贫寒，始终没有机会学画。考上云大中文系，也是靠平时捏点小动物，卖了交学费，半工半读。他很希望能够得到悲鸿的教导，请求拜悲鸿为师。

悲鸿感动地听着，十分同情袁晓岑的境遇，很热情地鼓励他说：

"作为一个艺术家，就是要创作人民大众所喜爱的作品，不要搞那些腐朽没落的东西。"

悲鸿拿出自己的速写本和一些默写画稿，借给他看。以后，悲鸿又专门带着袁晓岑去大观楼附近的农村写生，指导他画水牛，在用炭精笔画的速写上，用水墨略加勾染，顿时增加了结实感和体积感。

有一次，悲鸿来到袁晓岑家里，看到他为画好孔雀，自己不但养了孔雀，而且还把孔雀羽毛挂在墙上练习工笔写生。悲鸿高兴地说：

"师法造化才能有创新、有进步。我在柏林学画动物时，就是这样每天对着动物画。"

他还送给袁晓岑一个陶砚，他说："端砚固然名贵，但太不实用，用陶砚最解决问题。"

悲鸿的鼓励和指导，更加坚定了袁晓岑从事美术工作的决心。后来，他大学毕业后就专攻绘画、雕塑，直至靠卖画为生，终于走上了美术道路。

就在悲鸿一面工作，一面恢复在旅途奔波的疲劳，并准备去重庆时，一个几乎使他致命的意外打击，突然袭来。

当时，他住在云南大学的一幢楼上。一天，空袭警报忽然尖利地长鸣，日本轰炸机结队而来。他匆忙和许多人一起跑入防空洞。警报解除后，他回到住所，竟发现门锁被撬开，《八十七神仙卷》被盗！同时丢失的，还有他自己的作品三十余幅。就像被人当胸猛击了一拳，他感到站立不住，眼前一片昏黑，仿佛五脏都在剧烈地翻腾。他用双手支撑着桌子，竭力想使自己镇定下来，可是，他只觉得头晕目眩……

《八十七神仙卷》，这件他幸能为之赎身的国宝，被他视之为生命的珍藏，现在在哪里呢？悲鸿内心在不停地呼喊。虽然已立即报告警方查找，但是，一天过去了，两天过去了，三天过去了，仍杳无踪影。悲鸿忧心如焚，吃不下饭，睡不着觉，日夜焦急地期待着。神经高度的紧张和焦灼，终于使他病倒了。经过医生检查，发现他的血压很高。从此，又种下了高血压的病根。十多年后，他竟以高血压病逝。

他曾悲伤地赋诗自忏：

想象方壶碧海沉，
帝心凄切痛何深。
相如能任连城璧，
愧此须眉负此身。

他以我国历史上闻名的蔺相如能保住价值连城的和氏璧比拟，而深深谴责自己未能保护这件同样重要的国宝，认为是他终身的憾事，担心它再流落到国外去。

第三十三章

一九四二年夏天,悲鸿回到重庆。

当他穿着一件白夏布长衫,戴着宽边的礼帽,腋下夹着一大卷画,急匆匆地从飞机的舷梯上走下来时,到飞机场迎接他的,只有他的几位学生,没有官方的任何人。尽管他在国外劳苦奔波,没有花国家一文钱,而为抗战中的祖国做了那么多辛苦的工作和贡献,但国民党政府却视而不见。

又回到了重庆,回到了这个多雾的山城、战时国民党政府的陪都。这里有他亲爱的同胞,有他熟悉的学生,有等待着他去做的许多工作,他感到多么喜悦!他的眼睛一直在微笑着,但那好看的眼角上却绽出了丝丝细密的鱼尾纹。他那一头浓密的黑发,也变成斑白的了。人们看到,这三年多中,他的容颜衰老得那么快。他才四十七岁,但看上去,却远远超过了他的年龄。为了多难的祖国,他工作得太多、太紧张、太疲乏了!

他来到中央大学艺术系,学生们蜂拥上前,抢着向他问好。这时,响起了噼噼啪啪的鞭炮声。悲鸿看见一个身材高大的男学生,用竹竿高高地挑起一串很长的鞭炮,它在响声中冒着硝烟和火花。

周围是数不清的欢笑着的面孔。悲鸿努力在记忆中去搜寻他们的名字，有的马上就想起来了，有的有些模糊，有的却很陌生……

他们把悲鸿拥到教室里，在那些拼凑起来的简陋的课桌上，摆满了丰盛的饭菜，那是他的学生们亲手做的。他坐下来，每个学生给他夹一筷子菜，送到他的面前，他听到那些男女学生唧唧喳喳地说着话：

"徐老师，我们终于把您盼回来了！"

"徐老师，我们望眼欲穿呵！"

……

悲鸿快乐而感动地笑着，泪水在他眼眶里打转。这是他回重庆后受到的唯一的欢迎。

这天晚上，他照旧回到中央大学的集体宿舍中，住在上下两层铺的小房间里。夜深人静的时候，他想起了已经失去的家，想起了两个儿女，也想起了蒋碧微。尽管她有那么多缺点，尽管过去生活中出现了那么多分歧和不幸，但是，对儿女的责任感，对最初的爱情的回顾，却依然情不自禁地使他的心悄悄地飞向那个"家"中。

他去看望了蒋碧微。但是她却对他冷若冰霜，坚决拒绝和解。原来，听到悲鸿行将归国的消息，张道藩便写信给蒋碧微，要她"拒绝一切调解，说明和他永久断绝，这样，你可以保留自由之身，长为我秘密的爱人"。阴险的张道藩要继续在精神上扼杀悲鸿。蒋碧微当即复信表示，她决不与悲鸿和好。她在给张道藩信中写道："忍痛重圆，此一做法，当为吾人最难堪、最惨痛之牺牲"，"至于汝之爱吾，吾固未尝有一刻怀疑"，"海枯石烂，斯爱不泯"。悲鸿没有想到，口口声声说"我又不会再嫁人"的蒋碧微竟如此不顾个人尊严，成为一个早已娶了一位法籍妻子的国民党特务头目的姘妇。而那个道貌岸然的骗子、国民党中央宣传部长张道藩竟然前来看望悲鸿，假惺惺地

/
一九四二年,徐悲鸿(第一排右四)在东南亚举办抗战赈灾义卖画展后归来,在重庆与中央大学艺术系部分师生合影

对悲鸿说:"哎呀,你们何必再闹家庭纠纷,赶快和解吧!"他狡狯地挤着三角脸上那双黯淡无光的小眼睛。

悲鸿仍将全部精力用于创作和教学上。为了弥补这几年失去的教学时间,他每天一清早就来到教室里,以高度的责任感来培养年轻一代,循循善诱地引导不同才能的学生向不同的方向发展。因材施教,永远是他的特色。当时的许多学生后来都成为优秀的美术家,多在美术院校任教。

李斛的素描是十分出色的,深得悲鸿赞赏。这个来自四川农村的青年,家境贫寒,曾担任过小学教师,学习非常刻苦。他尝试用水墨临摹油画,用线条勾画各种不同类型的人物,加以渲染,达到惟妙惟肖的程度,令人有如见其人、如闻其声之感。他的作品流利自然,毫无矫揉造作,色彩高雅,而且造型严谨,用笔精练,巧妙地将西洋画法融化在中国笔墨中。悲鸿曾十分欣喜地写道:"以中国笔墨用西洋画法写生,自中大艺术系迁蜀后始创立,李斛仁弟为其最成功者。"他在悲鸿的鼓励下,画了许多重庆的夜景,嘉陵江上的纤夫,以及人物肖像和新中国的建设等,都是不朽之作,不仅为许多美术专业者所赞赏,也为广大群众所喜爱。

宗其香也尝试用水墨描绘夜景。他想:过去中国画上的月亮只画一个圆圈,这样美丽的光为什么不表现在画面上呢?他看到了悲鸿所画的《月色》《月上》,将朦胧的月光和夜色,用中国笔墨描绘在纸上,他便也下功夫,用光和影来描绘重庆的夜色。悲鸿极力支持和指导他。于是,在他的画面上出现了沉沉夜色中的街头小贩,暗淡灯影下疲惫的轿夫,以及嘉陵江上扬帆的渔舟和闪烁的灯光水影……

当时,油画工具仍很缺乏。悲鸿就指导学生用各种废旧木板做调色板,有的很厚很重。他从来不讲这种工具不能用或那种笔不行,并且经常在教室里和学生们一起作画。

一九四二年,重庆举行全国木刻展览,悲鸿兴奋地看到解放区木刻家丰富多彩的作品。这些作品深刻地反映了人民的生活和斗争,特别是木刻家古元那饶有诗情画意的作品,引起了悲鸿的欢欣赞叹,他立即写了一篇文章。文章的开头便写道:

> 我在中华民国三十一年十月十五日下午三时,发现中国艺术界一卓越之天才,乃中国共产党的大艺术家古元。我自认不是一个思想有了狭隘问题的国家主义者,我惟对于还没有二十年历史的新中国版画界已诞生一巨星,不禁深为庆贺。古元乃他日国际比赛中之一位选手,而他必将为中国取得光荣……

悲鸿的预言并没有错。后来,古元同志果真成为出类拔萃的版画家,在国际上享有盛名。

但是,当时国民党的报刊压制舆论,他这篇文章只能在重庆一家私营的《新民报》上发表。后来,延安《解放日报》转载了它。谁知这样一篇文章却受到国民党当局的格外"关注"。

有一天,悲鸿的留法同学华林遇见悲鸿,悄悄把悲鸿拉到一边,低声耳语道:"你那篇赞扬共产党木刻家的文章招了祸啦!"

"招了什么祸?"悲鸿反问道。

"我听说张道藩在叫人写文章攻击你。"华林仍旧小声地附在悲鸿耳边低语。

"那就让他攻击吧!我行我素!"悲鸿坦然地说。

"悲鸿,我在南京就对你说过,劝过你,你是艺术家,不是政治家,你没有必要卷到政治旋涡中去。你要是当初听了我的话,也不至于得罪张道藩这样的人。"

"我觉得任何时候，我都应说我该说的话。好的作品我就应当宣扬，我在美术界有这个责任。为什么共产党的画家好，我就不能宣扬？我早在和徐志摩辩论时，就曾写过：'我以为真理高于一切。'你了解我的性格，我决不会舍弃真理而屈从权势！"

"唉！这何必呢？你又何必呢？"华林连连摇头说。

悲鸿望着这位在二十年前为反帝反封建曾在北京文化界口诛笔伐、冲锋陷阵的战士，在个人生活的挫折下竟变得如此畏缩，心里很不是滋味。

不久，蒋碧微的父亲蒋梅笙先生逝世了。悲鸿闻讯，立即赶到医院的太平间。那天晚上，他悲伤地陪着蒋碧微守灵。

在昏暗而惨淡的灯光下，他们默然无语地坐在老人的遗体旁，遥远岁月里的往事，又像潮水般向悲鸿涌来。他忽然记起了第一次到蒋家去的情景：那天，蒋梅笙先生穿一件灰色的纺绸长衫，摇着折扇，满脸堆笑地迎接他。他还清楚地记得，那把折扇是空白的，蒋梅笙先生特意买来请他作画，他当时便画了一丛墨竹。蒋梅笙十分赞赏地用食指敲着桌沿，连声叫好。后来，吃饭的时候，蒋碧微从楼上走下来，她好像是特意打扮过的，穿一件崭新的藕色上衣，下身是一条藏青色的绸裙，乌黑的头发覆盖着她的前额，那双黑闪闪的大眼睛落落大方地注视着这个新来的陌生人……

忽然，传来坐在老人遗体另一边的蒋碧微的声音："要是能给父亲画张遗容就好了。"

悲鸿抬头望了望她，轻轻地站起来，打开他随身携带的手提包，小心地拿出纸和笔，迅速地画了一幅素描。

接下来，又是死一般的沉寂。长夜漫漫，悲鸿又沉到往事的记忆中了。他记起他和蒋碧微从日本回来的时候，蒋梅笙多么欢畅地含笑迎接他们，没有说一句责备的话……几十年的岁月在悲鸿面前一一闪过去，他记起了他在蒋家的许多细枝末节的事，它们异常清晰地浮现在眼前，就像是昨天刚刚发生过的……

微弱的曙光悄悄地从窗户外朝里面窥视，天快要亮了。悲鸿用手绢擦了擦含在眼眶里的泪水，带着满腔热情说：

"碧微，你不要难过，父亲的丧事我一定好好办理。"

他举眼望着蒋碧微，但是蒋碧微低头坐在那里，没有任何表示，只是满脸悲伤。

"碧微，"悲鸿又亲切地唤她，"我们这样下去总不是办法呀！为了儿女着想，我们也不该再闹下去。"

蒋碧微急速地抬起了头，高声地说："算了吧！我们既已分开，一动不如一静，天下离异的人很多，不足为奇，你我的个性太不相同！"她用力咬了一下下唇，做了一个坚决的表情。

"你可以另外结婚，我难道还会跟你捣乱不成！"蒋碧微又斩钉截铁地补上了这两句话。

悲鸿沉默了，不再说话。他还有什么话好说呢？他怎能想到，卑鄙的张道藩一直紧紧地牵引着蒋碧微的心，并且依旧巧妙地通过蒋碧微的手，来给悲鸿施加种种难堪和痛苦，而张道藩本人却继续披着伪装，在公开场合遇见悲鸿时，总是挤眉弄眼地说着关切的话。

很多年后，蒋碧微写道："父亲去世前后，道藩对我尽了最大的爱心与关切……在那一段时期内，道藩在中宣部的工作职责重大，忙碌到夜以继日，但他仍尽可能地抽出时间，和我多聚晤。"她觉得当了中宣部长的张道藩确使她"获得莫大的荣宠和幸福"，因为她父亲

（一个普通的大学教授）的葬礼，竟"到了政府首长及名流学者数百人，并由国民党政府林森主席和行政院明令褒扬"。

悲鸿纵然还未明白事情的真相，但他顾念蒋碧微的那颗心已严严地合上了，永远地坚决地不愿再对她回顾一眼。

第三十四章

这年秋天,悲鸿准备着手筹办中国美术学院。它是由中英庚款董事会计划用庚子赔款建立的,是一所美术研究院性质的学院。由于战时的一切都很困难,只能因陋就简,院址设在沙坪坝对面的磐溪石家花园石家祠。为了给美术学院准备一批图书,悲鸿决定去桂林七星岩岩洞取回他那些藏书。

一九四二年冬天,悲鸿由重庆乘长途汽车前往贵阳,准备从那里再去桂林。他在贵阳逗留期间,又举办了一次画展,将全部卖画收入,捐献给当地的中学做经费。

随后,他乘车到达桂林。虽然当时的交通十分不便,但桂林却像亲人般吸引着他。那些美好往事的回忆,那依依在望的漓江,还有他的老友田汉和欧阳予倩此时都在桂林。只要想到这些,他便忘记了旅途的辛苦。

他终于和田汉、欧阳予倩又相聚在一起了。这三个南国社的朋友,当年分手以后,尽管各自都有着很不平凡的艰苦经历,但是,都坚强地战斗在文艺战线上。这时,欧阳予倩正在桂林创办剧社,上演了许多抗敌话剧。田汉则在郭沫若领导的政治部第三厅担任文艺处处长,肩负了极为繁重的抗敌宣传工作，并领导了那些抗敌演剧队，经常四处奔走。他们都为这次见面感到十分快活，就像驰骋在战场的战士，经历过枪林弹雨的战斗又重新团聚一样。虽然他们都只是四十多岁的人，但却都已花白了头发。田汉和欧阳予倩都戴着厚厚的近视镜片，只有悲鸿一人仍是目光精锐。他们不由得忆起并肩战斗的往事，南国艺术学院共事的情景又涌到了他们面前，然而时间却过去了十五年！他们久久地相视而笑，慨叹岁月无情，人生易老。随后，他们谈到文艺界的一些问题，谈到抗日战争的前途，感慨于大后方的歌舞升平和国民党政府的独裁腐败，他们也谈到各自的工作和家庭。

"悲鸿！你一个人单身生活了六年，总该有个家呵！"田汉和欧阳予倩几乎同时这样劝说他。

但是，悲鸿默默无言。过去那个"家"带给他的痛苦是可怕的，记忆犹新的，重新建立一个家是否就能得到幸福呢？他不敢想象。

这三位朋友一直谈到夜深才分手。摆在他们前面的道路仍将是曲折、崎岖的，但在漫天烽火、烟尘蔽日的道路上，他们仍不失为知心的伙伴。

在桂林期间，悲鸿还专程去看望了李济深先生。这位曾参加领导北伐战争，后来被蒋介石囚于汤山的桂系将军，对悲鸿十分敬重。他住在南京时，听说悲鸿爱吃枇杷，便经常派人送枇杷给悲鸿。悲鸿曾画了一幅国画《枇杷》，上面题写了"每逢佳果识时节，当日深交怀李公"，就是指的李济深先生。

李济深先生和夫人也为悲鸿孤身一人而感到不安，并寄予同情。李夫人还特意为悲鸿介绍了一位对象——一位能诗能文的富家小姐——但是，悲鸿却婉言谢绝了。

在桂林，悲鸿送走了一九四二年的最后一天，迎来了一九四三年

／
二十世纪三十年代，徐悲鸿与李济深合影

的元旦。这新的一年将给他个人生活中带来什么呢？是悲伤，还是喜悦？是痛苦，还是幸福？他没有想过，只是在计划着他要做的许多工作。虽在旅程中，他仍然继续在作画。

一九四二年，我由湖南辗转来到桂林。一个多么偶然的机会使我和悲鸿相遇了。下面，请让我写下我终身难以忘怀的那些回忆吧！因为这些回忆是和悲鸿紧密地联系在一起的，直到悲鸿不幸逝世。这些回忆也是悲鸿最后十余年生活的真实记录。

亲爱的读者，请你们和我一起掀开下一页的篇章——我的回忆——让我们一同向桂林眺望吧！

佳作品赏

徐夫人像(素描·一九四三年)

晴岚翠嶂(国画·一九─八

隶与狮（油画·早期）

/
马与马夫（素描·早期）

老妇坐像（油画·一九二二）

自画像（素描・一九二二）

抚猫人像(油画·一九二四)

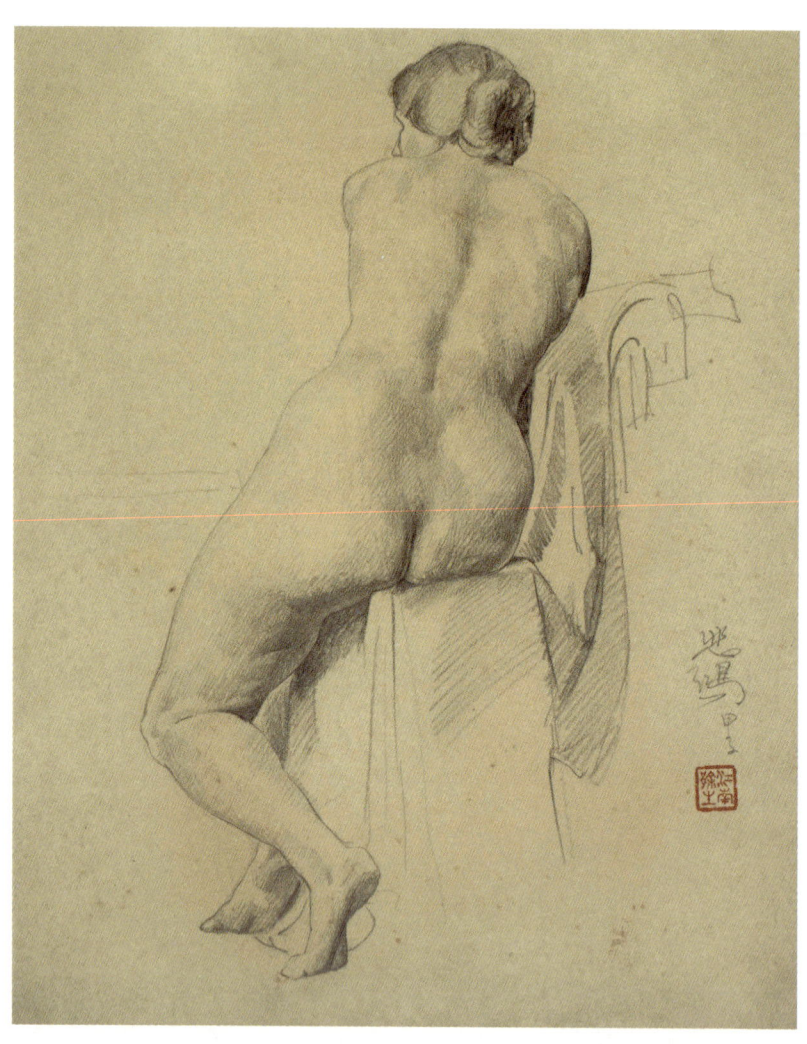

女人体（素描·一九二四）

男人体（素描·一九二四）

蜜月（油画・一九二五）

黄震之像（油画·一九二六年）

远闻（油画・二十世纪二十年代）

箫声（油画·一九二六）

伯阳像（素描·一九二八）

两孩儿像（油画·二十世纪三十年代）

陈散原像（油画·一九二七—一九三〇）

桂林风景(油画·一九三四)

焦山鸟瞰（油画·一九三四）

虎与兔（国画·一九三五）

山林远眺（国画·一九三五）

傅增湘像（油画·一九三五）

彩霞（油画·一九三五）

逆风(国画·一九三六)

孙多慈像（油画·一九三六）

巴人汲水（国画·一九三七）

风雨鸡鸣（国画·一九三七）

巴之贫妇（国画·一九三七）

洪楷先生索书敬写孟子一节相期无愧英年瑞芳廿六年悲鸿

行书·孟子（书法·一九三七）

富貴不能淫貧賤不能移威武不能

月夜(油画·一九三七)

蕉竹(国画·一九三八)

秋树（国画·一九三八）

枇杷（国画·一九三八）

珍妮小姐(油画·一九三九)

甘地像（素描·一九四〇）

楷林蹦(素描·一九四〇)

喜马拉雅山（国画·一九四〇）

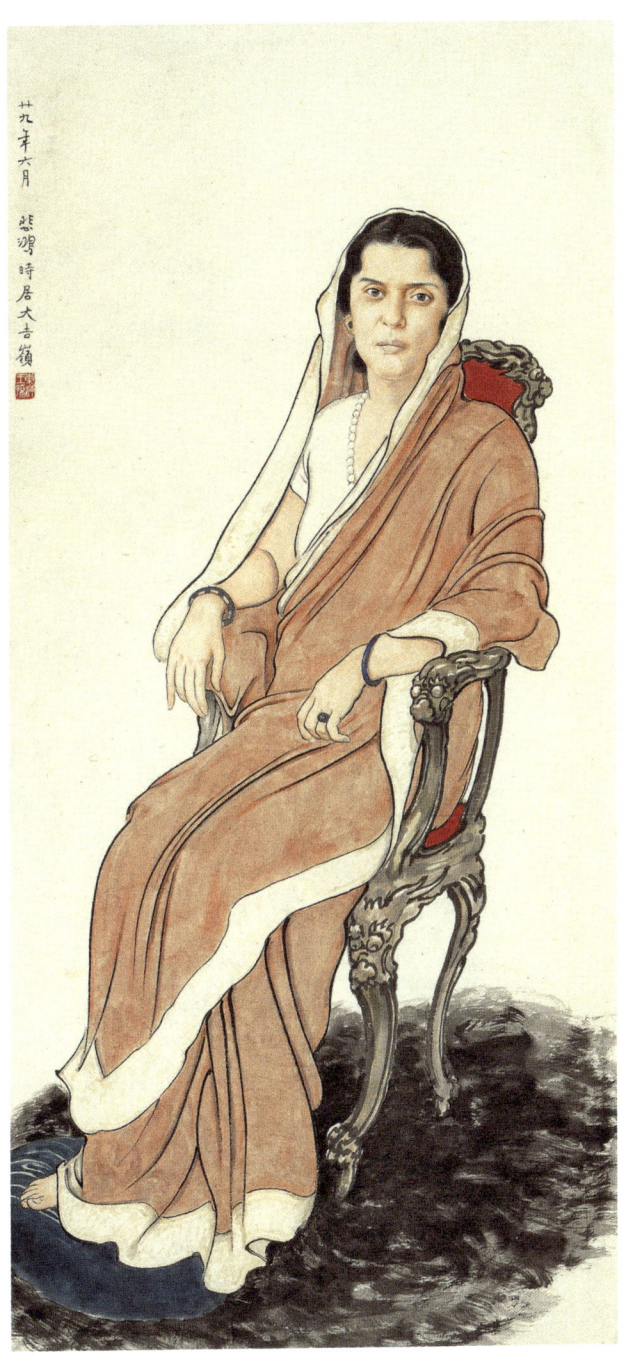

印度妇人（国画·一九四〇）

肖像(素描·一九四〇)

紫荆花（国画·一九四〇）

牧童(国画·一九四一)

庭院（油画·一九四二）

群奔（国画·一九四二）

鹅闹(国画·一九四二)

灵鹫（国画·一九四二）

松鹤通景（国画·一九四二）

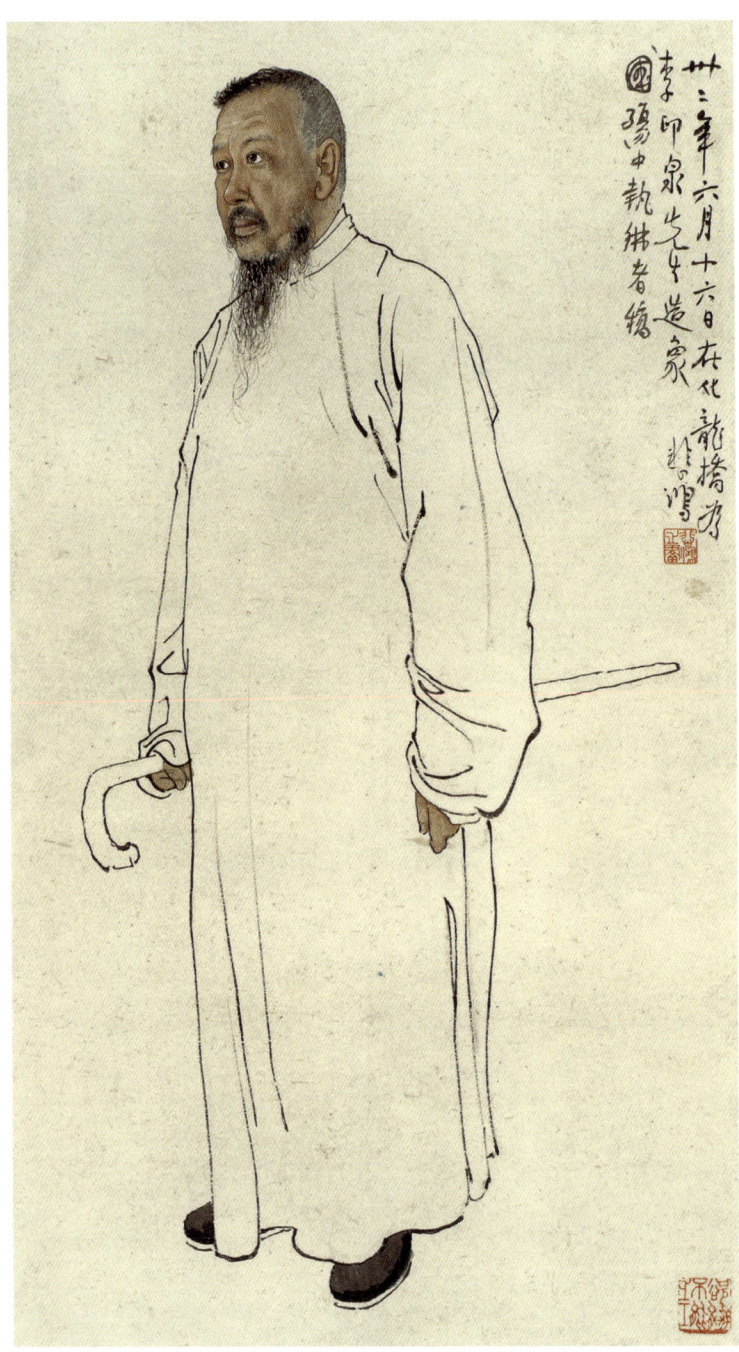

李印泉（国画·一九四三）

论语一章·讲学（国画·一九四三）

鸡鸣寺道中（油画·一九四三）

懒猫（国画·一九四三）

会师东京(国画・一九四三)

日暮倚修竹(国画·一九四四)

双飞鹊（国画·一九四四）

飞鹰（国画·一九四四）

古树双鹿（国画·一九四九）

在世界和平大会上（中国画·一九四九年）

鲁迅与瞿秋白（素描·一九五一）

徐夫人像（油画·一九四三）

下部

第一章

桂林，多么像画卷一样迷人的城市！

人们赞美"桂林山水甲天下"。古往今来，多少画家用彩笔描绘过它那娟秀、妩媚的姿容，多少作家抒写过赞颂它的美妙篇章。而我，对它怀着更为深沉的爱恋和思念，因为在那里，我第一次见到了悲鸿。从此，我的生命的小舟便由静静的河湾，开始扬帆驶向那风浪喧腾的大海。我那单纯而平静的心开始向广阔的人生敞开，被种种忧愁与复杂的事件所搅扰。在善与恶、美与丑、悲欢与离合中，我度过了多少难以忘怀的岁月；在风风雨雨中，我和悲鸿互相依傍着，走过多少痛苦而崎岖的道路啊！

如今，悲鸿长眠地下这么多年了，我在这遥远的北方，带着无限怀念的情思，依依撩起记忆的帷幕，在泪眼蒙眬中，凝视那些历历在目的岁月……

我仿佛看见自己慌慌忙忙地掠过桂林人烟稠密的大街，飞快地向市中心的一个大剧场奔跑。我所工作的文工团就在当天举行第二次抗日义演，我是文工团合唱队的队员，而开演的时间已经到了。

这是一九四二年年底的一个上午。砭人肌肤的寒风迎面扑来，粗暴地撕扯着我那有些肥大的蓝布旗袍和未曾烫过的短发。天空阴沉沉的，似乎有细小的雨点洒在我头上。我气喘吁吁地赶到剧场，已迟到了十五分钟。

我急忙跑到后台，心怦怦地跳，面孔因羞愧而发烧。我等待着那位身材高大、外貌威严的团长的盛怒和责备。这时，第一个节目大合唱已演完，大幕严严地合拢了。在观众雷鸣般的掌声中，我听见团长怒气冲冲地叫嚷："廖静文还没有来！下一个节目谁代替她？"恰好这时，我出现在他面前。他那愠怒的脸色一下子变得温和了，来不及说一句责备的话，便把我推到前台。这是一个八人小合唱的节目，我唱女中音。

大幕又徐徐地拉开了……

经过四个月的排练，演出似乎获得了圆满的成功，许多单位和个人为我们的演出赠送了花束和花篮。团长的眼睛笑得眯成一条缝，大家也都跳跳蹦蹦，兴高采烈。我们那间临街的集体宿舍，一向冷冷清清，那天晚上，竟变得笑语盈盈，仿佛一条干涸了的小河，忽然涌荡起淙淙的流水。大家都在兴致勃勃地谈论即将到外地的慰问演出，而我却沉默着，不发一言，因为我已暗自决定离开这个文工团了。

一星期以前，我偶然在阅览室的报纸上，读到重庆中国美术学院筹备处在桂林招考图书管理员的消息。我的眼睛久久地停留在那条消息上，强烈地被它吸引了。随后，我急忙抄下报名的日期和地点，准备去报名应考。

笔试的那天，正好是假日。我从我们团的一位朋友家里吃了饭出来，看看时间，来不及回团去取文具，只好又折回那位朋友家里，向她借了一支毛笔和一个墨盒,便匆匆去应试了。

到考场一看,竟有许多人黑压压地挤在考场内外。我在考场门前的台阶上站着,身旁有两位胸前戴着广西大学校徽的女学生正在高声谈笑。她们的衣着入时,体态优美。其中一位的脸上敷着均匀的脂粉,涂了淡淡的唇膏,蓬松的发卷轻盈地飘在她的前额和肩上。她那张迷人的脸上显出因自己的美丽而十分快活的神情。她朝我瞭了一眼,那眼光里有一种冷冷的自负和轻蔑。我环视周围,看到那许多唧唧喳喳在说着话,而且看上去都十分自信的应考者,我应考的勇气消失了,自卑感油然而生。我想立刻离开,但就在这时,铃声叮当叮当响了,我便随大家一起,走进考场。

随即,一位面容严肃、头发斑白的长者,穿件深蓝色的棉袍走进来。他径直走到黑板前面,用粉笔在黑板上书写了试题。后来,我才知道他就是徐悲鸿先生。

我无心再看周围任何人,立刻拿起笔,低下头,急忙在发给我的试卷上书写。我一口气将几张试卷写得满满的,匆忙地交了卷,便赶回到团里。因为当时我还负责编辑和撰写墙报的工作,所以一回到团里,就忙于写墙报稿,考试的事很快便忘掉了。

但是,不久后的一天,我忽然接到一封字迹陌生的信,急忙拆开,原来是中国美术学院筹备处约我去口试的通知。真没想到,我竟在笔试中被录取了!

口试的那天,正好是我们团举行第二场公演。由于时间冲突,我曾一再踌躇是否去参加口试,经过仔细计算时间,我才决定去应试。

被通知去参加口试的共有三个人,我是第一个被叫进去口试的。我走进一间极为朴素的办公室,主持口试的徐悲鸿先生,安详地坐在一张靠窗子的办公桌前。虽然他当时只有四十多岁年纪,却已两鬓如霜。他依旧穿一件深蓝色的棉袍，脸上的轮廓优美，线条十分柔和，弯弯的浓眉下，闪着一双好看的沉思着的眼睛，眼角上有一些细密的光芒般的皱纹，脸色有些苍白。在他面前，放着厚厚的一叠考卷。

"请坐。"徐悲鸿先生见我进来，指着办公桌对面的椅子说。

我怯生生地坐下来。他的视线落在考卷上，然后，又移到我的脸上，用温和的声音说：

"在笔试中，你的成绩是第一名。"

我稍稍扬起头，朝那一叠试卷望去，只见最上面那一份便是我的，右上角写着100分。

我的面孔感到火辣辣的，在这位举世闻名的画家面前，我羞怯得像个小学生。

他立刻像个严肃的教师一样，向我提问了：

"你的爱好是什么？"

我十分胆怯地说了一个极短的句子："我爱看书。"

"你都看过一些什么书呢？"

我思忖着，想寻找一个简短的句子来回答，但是，我显然失败了。迟疑了一会儿，我才吞吞吐吐地说：

"我看过巴金的《家》《春》《新生》，茅盾的《子夜》，鲁迅的《彷徨》《呐喊》。"我听见自己的声音因紧张而发颤，于是停住了。

"还有吗？"徐悲鸿先生用近乎严峻的眼光直视我。

"还有一些翻译小说，我特别爱读十九世纪俄罗斯的一些著名作家如托尔斯泰、屠格涅夫、陀思妥耶夫斯基的小说……"我结结巴巴地说出了我非常喜爱的一些书和书的作者。

"除了这些翻译小说，你还读过一些什么书呢？"

我思索了一会儿说："《西游记》《三国演义》《红楼梦》。"

我看见他仍在注视我，等待我说下去，于是又轻声地说："我很爱读我国的古典文学，特别是古诗词。"

"你爱读谁的诗呢？"

"我爱读杜甫、李白、白居易的诗。"我喘了口气，停顿了一下，以便自己能较为流利地说下去，"还有王维、孟浩然、高适、岑参、陆游……"

徐悲鸿先生打断了我的话："你喜欢陆游的哪些诗？能背几首吗？"

这对于当时的我，是个很困难的考题，需要从记忆中去搜索。我冷静地想了一会儿，小心地背诵了陆游的两首诗：

（一）
僵卧孤村不自哀，
尚思为国戍轮台。
夜阑卧听风吹雨，
铁马冰河入梦来。

（二）
死去元知万事空，
但悲不见九州同。
王师北定中原日，
家祭无忘告乃翁。

徐悲鸿先生点了点头，问道："你为什么喜爱这两首诗？"

"因为诗人真挚的爱国热情强烈地感动了我。"

"你还能背诵陆游其他的诗吗？"

我迟疑一下，想了想，又背诵了陆游的两首《悼亡诗》：

（一）

城上斜阳画角哀，
沈园非复旧池台。
伤心桥下春波绿，
曾是惊鸿照影来。

（二）

梦断香消四十年，
沈园柳老不吹绵。
此身行作稽山土，
犹吊遗踪一泫然。

接着我主动说明了我曾为诗人不幸的家庭悲剧和终生不渝的爱情而深深感动。

徐悲鸿先生又赞许地点了点头，沉默未语，显然还在等待我说下去。

"先生，"我怀着尊敬的感情，唯恐把话说得太冒失，"不久以前，我在《新民报》上，读到您赞扬延安的木刻家古元的文章。"

"那么，你也爱读美术方面的文章，也爱美术？"一丝微笑浮上他那有些憔悴和苍白的颜面，他的目光渐渐变得温和起来。

"是的，先生。我还读过您和徐志摩辩论的文章。"我原想接着说，我对于他那种勇于维护真理的精神十分敬仰，但是我停住了，我

/
徐悲鸿在二十世纪四十年代时的留影

的性格使我很不善于当面说出恭维别人的话。

"看来，你是一个很愿意求知的人，很用功吧？"他的声音听起来不仅是温和的，而且是亲切的了，这使我大大地增加了说话的勇气。

"不，先生，我很爱玩。在学校里，我是排球校队队员，还是田径选手。"我渐渐活跃起来了。

我看见一抹淡淡的微笑，掠过他那线条优美的唇边。

随即，他像想起什么被遗忘的事，说："哦，请你告诉我，你为什么要离开你们团？我昨天还看了你们的演出呢。"

"先生，"我直率而不假思索地回答，"因为我不喜欢团里的某些人，而且我愿到重庆去，是因为我想升学，重庆的大学很多。我常常想，一个无一技之长的人，怎能对国家做出较大的贡献呢？"我说出了这个隐秘的愿望，立即懊悔了：谁愿意要一个不能安于本职工作的人呢？年轻人的心是多么容易对人打开呀！我惶惑起来。

但是，我却意外地看见徐悲鸿先生赞许地点头，用亲切和鼓励的语气说："很好，每个人都应当想到多为国家做出贡献，应当有远大的理想和志向。"他沉吟了一下，仿佛思索了片刻，用极其郑重的语调对我说："我们决定录取你，因为你的成绩是最优秀的。你考虑一下，如果去，就马上来工作，因为要立即到七星岩岩洞里去清理许多藏书，并且要携带一部分去重庆。如果不去，请你明天来告诉我们，以便我们在第二名或第三名中继续选择。"

这时，我望见墙上的挂钟指着八点二十分，离我们演出团开演只有十分钟了。我匆忙地站起来，只说了一声："谢谢！"便推开座椅，飞也似的跑出去了。

第二章

当天晚上,我躺在床上忐忑不安,翻来覆去地不能成眠。人的感情是多么奇怪,我曾经多么渴望离开这里,到重庆去投考大学呀!现在机会来了,我却忽然又依恋起这个小小的演出团,依恋我们的合唱队。我们这些男女队员来自祖国的四面八方,其中有不少还来自被敌人占领的沦陷区,他们颠沛流离,无家可归。四个月来,大家朝夕相处,忧乐与共,我从心里同情和喜爱他们。而且,我是多么醉心于歌唱!当我们的歌声汇成一股强大的声浪时,我仿佛在这声浪里自由自在地浮游,完全忘记了个人的烦恼和不幸;歌声不仅感染了观众,也感染了我自己。

我也记起半年以前,我从湖南一个偏僻的村镇受到种种的迫害,辗转来到桂林,盼望在这里寻求升学或工作的机会。当时,我举目无亲,只好暂时寄住在我初中时的一个同学王应宪的宿舍里。身上携带的为数不多的钱,很快便要枯竭。我面临着生活的困难,幸而遇到演出团招考,我被录取了。我还十分清晰地记得,当时,我是怎样满心欢喜地提着我那只小小的帆布箱子和被卷来到这里,一张张热烈相迎的笑脸,使我感到无限幸福和温暖。

四个月来，我日日夜夜生活在这里，它变成了我的家。我环顾周围的一切，忽然感到无限的亲切。墙上挂着的那张母亲怀抱婴儿站在被敌机炸毁的废墟上的招贴画，是我搬进宿舍的第一天，我和同宿舍的人一起用按钉钉在墙上的。那位痛苦的母亲满脸哀伤和愤怒，但她怀抱中的婴儿却在天真地微笑着，明亮而稚气的眼睛正在望着我呢！还有，我身边躺着的小杨，这个活泼而美丽的姑娘，曾经像小鸟哀鸣似的向我叙说她怎样被一个国民党军官污辱和迫害。现在，她睡得又甜又熟，也许她在梦中完全忘记了自己的不幸吧？还有，窗台上摆着的那盆碧绿的水仙，那是我们演出团一位大姐特意送给我们的。这是她家乡送来的水仙，那嫩绿多姿的叶茎就像那位大姐甜蜜的笑容一样，引人喜爱……我忽然觉得周围的一切，甚至每一件细小的东西都引起我的回忆和留恋，牵引着我的心，使我不忍猝离，以致我忽然决定：明天一早就去告诉徐悲鸿先生，说我不想去重庆了。

但是，在我面前，忽然又出现几张令人憎恶的面孔，像魔影一样晃来晃去。他们阿谀奉承，笑里藏刀，我怕看见他们。我十分明白，不久以前，有几位演出团的团员突然被裁减，这是出自他们的计谋。当时，许多团员都向团长请求收回成命，我也向团长要求说："如果因为名额限制，一定要裁减，那就裁减我吧！因为我可以回湖南，我还有家可归，而他们却是无家可归呵！"其他的人也都用各种方式去请求，但一切都无可挽回了。我们含泪送走那几个被裁减掉的团员，心里一直感到很不平静……

夜已深沉，风渐渐停了。窗外暗蓝色的天空上，云朵慢悠悠地散去，月亮像盏明灯高高地悬着。清澈的月光透过窗子，洒在我的枕边，像亲人似的陪伴着我，我渐渐蒙眬入睡了。忽然，一片嘈杂的声响使我惊醒，侧耳细听，是里面院子传来的桌椅撞击声。"扑通！"仿佛有什么东西倒在地下,接着,传来女人尖声的哭泣和叫嚷。显然,是我们团长和夫人在吵架。一些粗野的言辞从衣冠楚楚的团长口中喷射出来,像游魂一样在黑夜中飘荡。渐渐地,吵闹声平息下去,夜复归于静寂。我开始合上沉重的眼皮。忽然,又飘来凄凄切切的少女哭泣,从声音听得出,这是团长家里收容的那个孤女金子在哭泣。繁重的家务劳动,使她的身子瘦弱得像根在风雨中摇摆的竹子。我的心悸动起来,一种难以遏制的厌恶涌塞在胸中。这一切,使我重新下定决心离开这里。

第二天清晨,我带着急急忙忙写好的请求退职的信,照常平静地走进餐厅,吃完早餐后,我便将信交给了团长。团长惊异地看完信,和颜悦色地说:

"你怎么想到要走呢?千万不能走!有什么困难和要求可以提出来,我们尽量帮助解决。"

"团长,我没有困难。我的要求就是允许我走。"

"我决不同意!"团长拧起眉毛,似乎有点发怒了,大声而固执地说完,就迈着重重的步子走开了,皮鞋发出橐橐的响声。

接连公演两场以后,团长宣布让我们休息三天,同时,要大家整理行装,准备出发去广东,向部队做慰问演出。

盥洗室里,自来水从早到晚哗哗地流着,水槽里泛起白白的水花和肥皂泡沫。许多人都在洗濯衣服鞋袜,作行前准备,而我却利用这三天的假期,开始了我的新的工作。

每天,我一清早便去七星岩,帮助徐悲鸿先生整理他的藏书和藏画。他要携带一部分藏书去重庆,供中国美术学院筹备处用。这些书画装在四十多只大木箱里,放在七星岩岩洞中。

七星岩岩洞长达两华里,是桂林的胜景,也是最牢固的天然防空洞。广西省政府选取岩洞的一部分,安装了地板和电灯,作为仓库,徐悲鸿先生的藏书和藏画都存放在这里。我和他的学生张安治先生作为他的助手,吃力地挪动那些沉重的木箱,拂去尘土,撬开生了锈的铁皮和铁钉,小心翼翼地打开箱子。徐悲鸿先生便满怀欢喜地从中捧出一轴一轴的画卷,一摞摞的书籍和图片,仔细地察看有没有折损、发霉、受潮或虫蛀。他像面对久别重逢的亲人一样,对每一件藏品都那么细心而熨帖。

我第一次看到如此大量的美术作品和印刷品,它们神奇地向我展开了一个从未见过的、丰富多彩的广阔艺术世界。我就像神话故事中的凡女那样,转瞬之间,不知不觉地来到了仙境,进入一座辉煌灿烂的艺术宫殿,那些新奇、瑰丽的艺术品使我眼花缭乱,目不暇接。徐悲鸿先生竟收集了这么多精湛的美术作品和复制品!米开朗琪罗、拉斐尔、达·芬奇、伦勃朗、罗丹等大师们具有强烈艺术魅力的作品将我吸引住了,猛然觉得眼前出现了一个崭新的精神境界,心里充满光明、幸福与美好的憧憬。仿佛有一阵清新、含蓄、生气勃勃的微风吹进了我朴素的心里,使我立刻感到,世界是多么可爱,人类的智慧是多么崇高,而我自己又是多么幼稚、无知和渺小呵!

我小心地、一件一件地从徐悲鸿先生手中接过它们,然后重新整齐地安放在一只一只箱子里。我发现,有些书的扉页上写着这样的语句:"悲鸿旅欧最穷困之际"、"悲鸿梦寐以求,借资购得",等等。我慢慢明白了,书籍的主人徐悲鸿先生得到它们是多么不容易。我见他捧着这些书籍时,眼睛里闪着亮光,脸上有一种柔和而甜蜜的微笑。有时,他的视线忽然很久地凝视着一本书的书页,仿佛在思索和回忆什么,更多的时间他是含着欣赏的笑容,展示它们。他时而弯着腰,时而站着，时而蹲在箱子旁边，不停地清检、翻阅、爱抚。他如同一个百万富翁，一页一页、一件一件、一箱一箱地检阅他的精神财富——这些人类智慧的珍贵遗产。他从早到晚，一连工作十多个小时，始终神采奕奕，毫无倦容，使人觉得有一种巨大的精神力量在支持他，吸引他，呼唤他。我不禁想道：这是一位真正的艺术家呵！

第三天的傍晚，当我迎着夕阳的余晖，从七星岩步行回文工团时，远远地便望见我们那位穿着西服、戴着宽边礼帽的团长。我们面对面地相遇了。团长十分高兴地和我打招呼，并且关切地问："明天就要出发去广东韶关了，你的行李都收拾好了吗？"

我摇摇头。

"那么，让我们金子去帮你收拾吧！"他热心地说。

"不必了。"我谢绝了他。

当天晚上，夜阑人静，寒冷的月光照旧多情地洒在我们的窗子上。为避免惊醒同房间的女伴，被她们发现无法脱身，我轻手轻脚收拾了行李，带着依依惜别的心情，留下一封致全团的信，便悄然离开了。我情不自禁地一再回头，想多望一眼我曾经住过的那间宿舍和对面楼上那个排练大厅。我难于忘记，我曾在这里和那些萍水相逢的男女青年生活了一百多天，他们当中一些人遭受了战争的创伤和失去亲人的不幸，我为他们洒过同情的泪水。

我离开了演出团，暂时仍住到我初中时的那个同学应宪的宿舍里。她是一位沉静而快乐的姑娘，在桂林税务局工作。她是我在桂林最早的熟人，也是当时唯一能给我一些照顾的人。同宿舍的还有一位姑娘。有一次，我们三个人在一起聊天时，都因未曾去过阳朔而感到遗憾。早听人家说："桂林山水甲天下，阳朔山水甲桂林。"既然住在桂林，不到阳朔一游该是多大的损失啊！可是，交通不便，怎么去呢？后来，我就决定找个机会对徐悲鸿先生说说，请他帮助我们租一条小船，作一次阳朔之游，以答谢我那位好心的同学。

那是协助徐悲鸿先生清理完书画的最后一天，徐先生、张安治和我三个人走出七星岩岩洞，掸去衣服上的尘土，大家都为完成了清理工作而感到十分轻松愉快。当时，我们都有些饿了，徐悲鸿先生请我们在七星岩附近的一家小饭馆吃饭。这是一家名副其实的小饭馆，只能容下三张饭桌，桌椅都很简陋，未曾油漆。在这里进出的人，看来都是下层社会的劳动者。徐先生要了几样简单的菜。饭菜端上来时，桌面上还有未擦净的残羹。他没有叫店伙，而是自己站起来，找了一块抹布，将桌面擦干净。这件极平凡的事，却在我心里留下了很深刻的印象，觉得徐先生是一个很随和的人，丝毫没有高人一等的傲气。

我一面吃饭，一面听着他和张安治先生的谈话。忽然，发现他吃完了一条小鲫鱼，骨刺仍像一条鱼一样完整地摆在桌面上。我惊讶地望着他，他便笑着说：

"我生长在太湖之滨，从小爱吃鱼，也练会了吃鱼的本领。"

他的心情显然很好，我决定乘机向他提出去阳朔的愿望。

"徐先生，您该休息两天了吧？"

"休息？"他用爽朗的声音说，"我的休息就是作画。"

"可是，"我嗫嚅地说，"您能不能帮助我们租一条小船去阳朔玩一次？"

提起阳朔，似乎有什么东西搅动了他的心。他沉思了片刻，用满怀忆念的声音说：

"好吧，我和你们一同去。"

第三章

当时,从桂林去阳朔,水路行舟需要一天半,所以,我们都带着行李卷上船。这是一条带篷的小木船,船身十分陈旧。中年的船家夫妇说着当地的方言,憨厚而朴实地微笑着。

铅色的天空布满乌云,如丝的细雨在轻轻飘洒。船夫撑起长长的竹竿,船身便向江心缓缓移动。漓江两岸沉浸在烟雾般的雨幕里。透过迷蒙的雨幕,我看见两岸拔地而起的一座一座峰峦,披着碧绿的轻装,就如同无数窈窕妩媚的仙女,以各种不同的姿态,伫立在江边,倒影映在清澈如镜的江水中,现出迷人的诗情画意。

徐悲鸿先生若有所思地观赏了一会儿山光水色,便坐在篷舱里,打开他那画夹,拿出一幅用炭笔勾画了的人物构图在思索,这是他准备创作的《国殇》的草稿。画面是一队送葬的行列,人们抬着为国捐躯的战士们去埋葬。我看着他那肃穆的面容、凝思的神态,不敢去打扰他。我和我的女友们只是放眼观赏漓江两岸美丽如画的风景。周围十分宁静,只有船桨拨水的声音有节奏地在我们耳畔回响。

雨终于停了。低垂在头上的乌云已逐渐消散,一抹温暖的阳光快活地照射在我们的小船上。这时,徐悲鸿先生也放下画稿,和我们一同走到船头。美丽的漓江在我们面前一直伸展开去,静静地流着。在那清澈透明的水面上,微波一个追着一个地向前荡去。灿烂的阳光将两岸林立的峰峦染得更加青翠欲滴了。远处是辽阔的田畴,可以望见三三两两的农民在举锄劳动。

我深深地吸了一口清新、湿润的空气,试着轻声问道:

"徐先生,您该不是第一次去阳朔吧?"

"噢,我来过不知多少次了。"他那双周围簇拥着细密皱纹的眼睛里闪着回忆的神色。

"您最早是什么时候来的呢?"我好奇地探问。我的同学微笑了,她也许记起了我在上中学时就爱在课堂上发问的脾气。

"那是一九三六年,我们国家处于最黑暗的时期,我从南京被迫来到桂林……"他平静地简述了那一段往事,还谈到他当时曾想做"阳朔天民",以及他所喜爱的一座有玉兰花的小屋。

一群展翅高飞的大雁正从我们头上掠过,它们排成整齐的人字形,向辽阔的天际飞去。

"后来呢?先生。"我又好奇地询问。

"后来,抗日战争爆发,学生们要求我回去,我又回到了中央大学。"

"那所小屋还在吗?"

"唉,那就不知道了,我已多年没到阳朔了。"

远处的房舍升起缕缕炊烟。蓝色的透明的天空染上了一片金灿灿的晚霞,太阳渐渐沉落到那些峰峦后面去了。我们的小船迅速地向岸边划去。前面是一片密密的房舍,那是风景秀丽的兴坪,我们的小船要在那里靠岸。

我的同学似乎受到了自然美景的强烈感染,忽然唱起了舒曼的《梦幻曲》，我也情不自禁地随声附和着。在这宁静而美丽的黄昏，我们的歌声像长了翅膀一样，在轻轻地飞翔。江水也好像在倾听我们的歌唱，它仿佛流得更平静而缓慢了。这是一支感情丰满、旋律优美的曲子，徐悲鸿先生凝神地谛听着，他那沉思的脸上露出异常感动的神情，唇边浮起了温惇的浅笑。

船家夫妇端上了简单而粗糙的饭菜，香喷喷的芋头羹和那绿油油的青菜，都富有田园风味。我们边吃、边谈话，在笑语盈盈中，都十分愉快。饭后，我们上岸散步，踩着那被雨水打湿的松软土地，闻着树木散发出来的清香，真有心旷神怡之感。

暮色渐渐降临，江上寒冷的水汽弥漫在我们周围，我们早早地就寝了。冬天的夜是静寂的，可以听见江水的呢喃和树木微妙的夜语。

清晨，我在麻雀唧唧喳喳的欢叫声中醒来，乳白色的晨雾像轻烟似的在江上缓缓飞动，我们的小船又在拨水前进了。轻快的桨打在平静的水面上，溅起白色的泡沫，泛起一个接一个的涟漪，它们逐渐扩大、消失。无数耀眼的光点在水面上闪闪跳动，艳丽的朝霞将水和天染成了一片透明的蔷薇色。

徐悲鸿先生站在船头，张开双臂，仿佛在拥抱这无比美妙的清晨。他缓缓地做着深呼吸，臃肿的蓝布棉袍随着他胸部的起伏在轻轻摆动。

蓝湛湛的天空上，光芒四射的阳光在欢笑着洒向大地。流水轻轻地唱着歌，两岸数不尽的峰峦轻快地向后闪过去。它们陶醉在冬天温煦的阳光里，显得更加俊秀清丽了。我和我的女友们被一种美妙无穷的欢快所包围，进入了冥想的境界。

徐悲鸿先生的面容也显得明亮了，那原本带些忧郁的眼光，变得快活起来。他站在船首，驰目骋怀，仿佛要将这祖国美丽的河山，都画在他心上似的。过了一会儿,他才回到船舱里,又拿出那幅《国殇》的构图在凝神思索。

这时,我的同学忽然掏出一本小小的纪念册,送到徐悲鸿先生面前,请他画张小画留念。徐悲鸿先生接过纪念册,思索了一会儿,便用流利而轻柔的线条,为我画了一幅速写像。我第一次在画面上看到自己,感到十分新奇。我惊异地发现,在画面上,我的眼睛竟也和许多少女的眼睛一样光辉和明亮,那里面看不见一丝未来生活中的暗影。

我们的小船终于在阳朔靠岸了。它猛烈地颤动了一下,轻轻地摇晃着,好像在喘气。我们欢快地跳上河岸,徐悲鸿先生也撩起棉袍的下摆,纵身一跃,跳到河岸上,动作和我们一样轻捷。

阳朔在山环水绕中,显得朴实、恬静、优雅,是一幅美丽得令人惊叹的天然画卷。徐悲鸿先生一面举目四顾地欣赏,一面急匆匆地向前面不远处的一片房舍走去。我们紧紧地跟在后面。

他终于在一扇刚刚油漆过的绿色大门前停下来,轻轻地叩了两下门。一位高大而肥胖的侍役腆着大肚子开了门。

"先生,你找谁?"

"我不找人,只想看看这所房子。"徐先生望着那位衣着整齐的侍役回答。

"这所房子不能让人看了。"

"为什么呢?"

"我的主人就要搬来了。"

"哦,原来这样。你的主人是谁?"

"是陕西省主席的家眷。"侍役带点傲气地回答。

"但是,六年前,我在这里住过。现在,我从远方来,只是想看一看这里面的两棵玉兰树。"

侍役摇了摇头，高大肥胖的身子像堵墙一样挡住了大门。

徐悲鸿先生依旧耐心地解释："严格地说，我是这所房屋的主人，我至今还保有它的所有权。"

"你是谁？"侍役依然傲慢地问。

当他知道站在他面前的是徐悲鸿先生以后，他深深地弯腰鞠躬，脸上堆满了谄媚的笑容，同时将那肥胖的身子贴近墙边，把徐悲鸿先生请了进去。

两棵高大的玉兰树带着热烈的神情出现在我们面前，好像早就在等待故人。它们显得强壮、朴实、苍劲，那粗大挺拔的树干像铁臂似的伸向天空，纵横交错的枝丫在碧净的蓝天衬托下，犹如一位功力很深的画家用泼墨画成的巨幅画卷。徐悲鸿先生用手掌轻轻地抚摸着那粗糙的树干，脸上有一种温柔而喜悦的神情，仿佛在和一个阔别了多年的老友叙谈。院子里寂然无声，阳光透过枝丫，将斑驳的黑影洒在他身上和脸上。

徐悲鸿先生望了望那粉饰一新的高高的白色围墙和重新装修和油漆过的门窗，像在自言自语，也像在对我们说：

"除了这两棵玉兰树，一切都变得面目全非了。"

显然，他在以惋惜的心情回忆小院当年的天然情趣，惆怅地在岁月的灰烬中，寻找那失去了的小小茅舍的踪影。一种遗憾的神情浮现在他那双深思的眼睛里。

迎面吹来一阵寒风，满树的枝丫都发出了轻微的颤动和呻吟。它们好像有什么悲哀要诉说。

侍役殷勤地走过来，请我们到室内去休息。徐悲鸿先生走进那些簇新的房间，草草地看了一眼，便匆忙走出来了。

随后，我们在阳朔狭窄的街上观看了一番。街上行人很少，那些萧条的店铺都像在打盹儿，现出一片寂寞而冷落的情景。

归途，我们没有坐船，改乘公共汽车。在尘土飞扬的公路上，汽车急速地奔驰，仅仅几个小时，我们便回到了桂林。

第四章

几天以后,我和徐悲鸿先生一起,携带许多沉甸甸的书籍,踏上去重庆的旅途。

我们在桂林火车站乘上黔桂铁路的特快列车,和送行的朋友们挥手告别。我看见徐悲鸿先生久久地站在车门边,依恋而深情地向桂林看最后一眼。我不知道他当时心里在想什么,但他那恋恋不舍的目光,至今仍使我清晰地记忆着。是的,他爱桂林,我后来才知道他对桂林有着多么深沉的感情。然而这竟是他一生中最后一次和桂林告别。

火车尖锐地吼叫着,嘶嘶地喷着汽,科托科托地向前开去,桂林远远地被抛在后面了。两侧是一望无际的田畴和山脉,天空晴朗,太阳好像变得更加温暖,大自然已经透露出春天的气息。

徐悲鸿先生向窗外瞭望了一会儿,随即从那只褐色的提包中,找出一本厚厚的法文书来阅读。他的背靠在车窗旁,双手捧着那册厚重的书,脸上那种专注的神情,就像他不是坐在火车上,而是坐在图书馆或自己的书案旁,显得非常宁静。

我却不能安静下来。我的心跟随着火车在一起奔驰。车窗外,一个一个的小站在飞快地掠过去,孤单的农舍冒着炊烟,池塘和稻田像一块一块的镜子，在阳光下闪闪发亮，农民吃力地赶着耕牛……忽然，列车驶进了隧道。它猛烈地震动着，发出震耳欲聋的隆隆声，汽笛高声地吼叫着。不多时，它又像一条巨龙似的，飞快地钻出隧道，喷吐着黑色的烟雾，继续向前奔驰。两侧是无穷无尽的山峰。

我凭窗瞭望，渐渐困倦起来，为了驱除瞌睡，便轻轻哼起歌曲，这是我在桂林时养成的习惯。想不到我的歌声却惊动了正在凝神看书的徐悲鸿先生。他轻轻地合上书本，抬起那双有点困乏的眼睛看着我。

"先生，您也喜爱音乐吧？"我停止了唱歌。

"噢，很喜爱。"他微笑着说，"我在巴黎最穷困的时候，宁愿饿肚子，也不愿放弃一场好的音乐会。"

我睁大了眼睛看着他，觉得他的话很新奇。

"唱吧！"他催促我，"接着唱吧。"

我羞涩起来。想到徐悲鸿先生一定听过许多著名的歌唱家演唱，我怎么好意思在他面前再唱呢？我为自己的轻率羞红了脸。

"先生，"我转换话题说，"您一定比爱音乐更爱美术吧？"

"那当然。"他不假思索地回答。

"那么，您是怎样爱上绘画的呢？"我原想说，"您是怎样成为一位卓越的画家的？"但我仍羞于说出这样的赞美之词。

"要谈这些，可不是三言两语能谈完的。"他似乎不愿回答我的提问。

"可是，现在是在火车上，您不能画画，也不能老是看书呀！"

他仍旧沉默着。

"先生，您就谈一谈您一生的经历吧！"我带着孩子气的真挚央求他，"也许，您的经历能对我这样的年轻人有所启发呢！"我不知不觉地说出了这句近似赞美的话。

他的面容变得严肃起来,沉思了一会儿,便像掀开一本书似的谈起了他的过去。

"我出生在一个贫寒的家庭。"他开始叙说。

"是城市吗?"我问道,但立即为自己的饶舌而发窘了,因为我看见徐悲鸿先生微微皱了一下他那双又黑又粗的浓眉,似乎不愿我打断他的话。

"不,是在乡村。"他仍旧温和地回答了我,"是在江苏省宜兴县屺亭桥镇……"

他的叙说将我带到了风光旖旎的江南水乡。在我面前出现了他慈祥的父亲、勤劳的母亲、乡村小镇上那些朴实而善良的人们……我仿佛看见了他那苦难的童年。

他也追溯了流落在上海的往事:失业、饥饿、贫困……我仿佛听见了黄浦江的怒吼,透过江上呼啸的风雨,我看见了生和死的残酷搏斗,听见了他坚强的声音在说:"一个人到了山穷水尽的地步而能自拔,才不算懦弱呵!"

讲到这里,徐悲鸿先生停顿下来,他的面容沉在一片阴影里。我眺望窗外,太阳不知什么时候隐没在厚厚的云层里了,沉甸甸的乌云在天空滚滚翻动。列车隆隆地震响着,飞快地向前奔驰,望不尽的群山急速地向后闪去。

也许这是我一生第一次听到的最真实、最动人的故事。它异常强烈地感动了我,一滴泪水,轻轻地从我的眼角上流下来。我站起来,背转身去,悄悄地将泪珠擦去。然后,我从暖瓶里倒了一杯开水,送到徐悲鸿先生面前。

"先生,您喝点水吧。"我轻声说。

徐悲鸿先生接过水杯,轻轻地呷了一口,用双手捧着水杯,回顾地说:"生活就是这样严峻,如果你不去战胜困难,困难就会吞没你。"

我盼望他继续说下去,可是,他却沉默着。他仿佛又徘徊在那些忧伤的岁月里,重新看到了自己的痛苦和不幸。

车厢猛烈地震动起来,汽笛戛然长鸣,列车又进入了深深的隧道。天色渐渐暗下来,薄暮飘然降临了。

徐悲鸿先生也许有点困乏,也许是还在思索往事,他依旧沉默着,没有再说下去。

"先生,我感谢您,您讲得多么动人。可是您还没有讲完呢!"我仰视他那有些抑郁的面容,切盼他能继续说下去。

"你工作在我们这块园地里,以后的机会还很多,而且,实在也没有什么值得多说的了。"他谦逊而温和地说。

"不,先生,您不屈不挠的坚强意志使我深受教益。"我情不自禁地说出了这句赞美的词句,而没有感到脸红。

他默然不语。

"先生,您的夫人也是画家吗?"我兴奋而愉快地问道,就像读过一本美丽动人的书以后,很想更多地知道书中主人公的生活和命运。但是,我却惊讶地看到,一种近似痉挛的痛苦,突然掠过他那温和的面容,仿佛我的话是一把利刃,刺到了他的痛处。我睁大眼睛凝视着。

"我没有家,我和我的妻子在七年以前就分手了。"他终于从紧闭的唇边吐出了这两句话。

"先生,为什么呢?您为何要遗弃她呢?"我不知道自己为什么找到"遗弃"两个字,在我那样的年纪,对生活是缺乏了解的,以为一切婚姻的不幸都是男人造成的。

"遗弃?"他重复了我的话,"决不是遗弃!"

"那又是为什么呢?"

"要回答你的问题,需要很长的叙述,但归根结蒂,是我们对生活的态度很不一致,在生活里追求的东西迥然不同,而且她丝毫不爱艺术。"

"您不能帮助她吗?"

"我尽了一切努力,甚至尽量容忍,但她愿意走另外一条路,她认为那是幸福的。"

"您的意思是说,她愿意和您分手?"

"是这样。"

"您有孩子吗?"

"有一个儿子和一个女儿,都跟她生活在一起。"

"那么,七年来,您就一个人生活?"

徐悲鸿先生默默地点了点头。

黑暗笼罩了大地。车窗外面是漆黑的、寒冷的、无边无际的暗夜。我躺在摇晃着的车厢里,回想着徐悲鸿先生所讲过的话,它们在我面前展开了一幅广阔而艰难的人生画面。难道每一个人都要经过极其严峻的生活考验吗?我今后的生活道路又将如何呢……我的心久久不能平静。尽管离重庆还很遥远,但桂林已远远地遗留在后面了。什么时候,我还能再回到那里去呢?我带着深深的怀念和惆怅,在科托科托的车轮声中渐渐睡去。

淡淡的晨曦胆怯地窥视着车厢。没有耀眼的阳光,也没有绚丽的朝霞,寒冷的天空阴沉得像一块铅色的幕布。徐悲鸿先生又捧起他那本厚重的法文书,凝神细读,似乎不愿再和我谈话了。我寂寞地望望他,又望望车窗外面,不敢惊扰他。

汽笛满怀欣喜地呜呜叫着,前面就是列车的终点站都匀。奔驰的列车像疲乏了似的,渐渐减慢了速度,嘶嘶地喷着汽。都匀——这个边远的贵州小站映入我的眼帘,它被熙熙攘攘的人群塞满了。小贩们在大声吆喝,孩子在母亲身边哭叫,提着行李的人们互相高声地说着话……

我们在拥挤的人群中穿来穿去,办理着各种手续。徐悲鸿先生那些书籍成为我们最大的累赘,费了很多周折,才被送上公共汽车的车顶,就像被捕捉的野兽一样,用绳索层层捆绑起来。我们也在这里乘上了去贵阳的公共汽车,奔驰在极不平坦的公路上。

第五章

到达贵阳时，天正下着小雨，满街泥泞。我清点行装，发现丢失了徐悲鸿先生的一只手提包和李济深先生送给他的一篓金橘。这些东西是徐悲鸿先生交给我看管的，提包内还有他的画稿。我见到他那种焦急的神情，心中既不安，又非常惧怕，我因自己的疏忽而感到异常难过，泪水涌到了眼眶。我太缺乏旅行经验了。但是，徐悲鸿先生竟未说一句责备我的话，也没有表示一点怒气。我感动地想：他是一个多么能克制自己、宽容别人的人呵！

当时的贵阳还是个很小的城市，谈不上什么像样的市政建设。街道狭窄，房屋颓败，道路坑坑洼洼，每逢下雨，满街都是稠糊的泥浆。给我的另一个突出感觉就是，这里和当时其他城市一样，蓬头垢面、衣衫褴褛的穷人，随处可见。人们说贵阳"天无三日晴，地无三里平，人无三分银"，确实是有几分道理。抗日战争的炮火打开了这个闭塞的山区，使它成为西南交通的孔道，因而新建了一些商店和旅社，加上搬迁来的私立大夏大学和国立贵阳师范学院，总算为贵阳增色不少。

也许因为城市小，我在仅有的那几条狭窄街道上，先后遇见了好几位中学时代的同学。他乡遇故知，真有说不出的喜悦。我还见到了在贵阳师范学院学习的姐姐。我的突然出现，使她惊喜不置。晚饭后，我和我的同学们一同在大夏大学门前的大道上散步，她们谈起了徐悲鸿先生。不久以前，徐先生曾在贵阳举行画展，轰动了这个小小的城市。她们说，以前光知道徐悲鸿先生以画马闻名，不知道他的人物、山水、花鸟、走兽都画得十分出色。此外，她们还听到有关徐悲鸿先生政治上如何进步的传闻，以及他的家庭变故等。总之，她们似乎远比我了解徐悲鸿先生。

我的同学小周忽然指着一位盛装的女郎对我说：

"你瞧，这曾是我们学校的校花，现在，是位交际花。"

我抬头望去，只见一位身材修长，波浪形的长发垂肩，面部线条非常柔媚的青年女人，娉娉婷婷地从我们身边走过去。她那细腰大摆的黑色丝绒大衣，将她那身体的曲线，白皙的皮肤，涂了唇膏的猩红嘴唇，衬托得分外鲜明；而那对垂在耳上的翡翠耳环，随着她那轻盈、优美的步伐在轻轻颤动。小周接着说：

"听说有人将她介绍给徐悲鸿先生，她对这位画家也表示钦仰，但是，徐悲鸿先生却婉言谢绝了。"

接着这个话题，同学们纷纷议论起来。有的说，这位女士本身就是一件艺术品，不知为什么作为艺术家的徐悲鸿先生却对之不感兴趣，而她却是许多人倾慕追求的对象啊！有的说，外形的美不等于内心的美，也许徐悲鸿先生要求更高尚的东西。还有人说，美应当是淳朴自然，不加雕饰，美还应和精神联系在一起……于是，关于什么是美，我们这群年轻姑娘又像在学校时那样，彼此毫不相让地争论起来。小周发现我沉默不语，忽然叫道：

"咦，为什么廖静文不说话？"她大约还未忘记我在学校时，每逢争论问题是从不保持沉默的。

但是，此刻我在思索什么呢？我在想徐悲鸿先生说过的一些话，揣摩着他那位离异了的妻子，会不会是我眼前看见的这位交际花类型的人物。不知道为什么，我心里非常希望她不是这种女人。

在贵阳，我住在我姐姐学习的贵阳师范学院里，徐悲鸿先生住在招待所。他那间并不宽大的屋子里总是挤满客人，其中有教授、诗人，也有新闻记者和美术爱好者。一张不大的写字台变成了临时的画案，上面铺满了纸张、笔墨、调色盘、笔洗等。他要应付这些求画的人。而他那严肃认真的态度又总是一丝不苟。我见他站在画案前，拿起画笔时，对着面前的纸，稍稍思索一下，便熟练地画起来，真正做到了下笔就准，落笔有神。他用泼墨挥写奔驰的骏马，有力敌万钧之势；那快速奔腾的脚步，那迎风飞舞的鬃毛，那刚劲的气质，给人以豪放、力量、精神焕发和勇往直前的强烈感受。他很善于运用墨色的枯湿浓淡变化和疏密相间，使层次分明，突出体积感和空间，并很微妙地将他那深厚的素描功力融化在国画中。那透视的准确，结构的严谨，既精到而又简练的勾勒和渲染，使画面栩栩如生。在他的腕底，一匹匹飞奔的骏马，一竿竿挺拔的秀竹，一丛丛飘着香气的幽兰，瞬息之间便神奇地出现了，使围观的人惊叹不已。然后他一张一张地写上求画者的名字，交到他们手中。他就是这样每天被那些美术爱好者包围，得不到休息。但他是愉快的，似乎只有工作才能使他不感到疲倦。

在贵阳停留了几天，我们又乘长途公共汽车向重庆进发。徐先生那一箱一箱、一捆一捆的书籍又变成我们沉重的负担。经过多次和汽车站交涉，它们才又被允许堆放在汽车的车顶上，像小山丘一样，用密密麻麻的绳索捆绑住。

由于战时缺少汽油，我们乘的这辆长途汽车烧的是木炭。它喷着浓重的黑烟，扑哧扑哧地喘着粗气，异常吃力地爬行在崇山峻岭间。从车窗往外看，只见公路像条望不见头的带子，迂回曲折地盘绕在层层叠叠的高山上。俯瞰山下，但见悬崖绝壁，深不可测，如临万丈深渊，不免使人胆战心惊。这使我想起李白的诗句："蜀道之难，难于上青天，使人听此凋朱颜！……"看来，这并非夸张之词啊！

有时，汽车抛锚在深山里，我们只好饿着肚子，甚至找不到一口水喝。愁戚的旅客们都唉声叹气，但徐悲鸿先生却以一种既来之则安之的态度，处之泰然，而且还利用这个机会观赏周围的山景和树木。他真像一位植物学家，竟能一一说出许多乔木和灌木的名字。我奇怪地问他：

"您为什么有这样丰富的植物学知识？难道您也钻研植物学吗？"

徐悲鸿先生爽朗地笑了。他的笑声很高，似乎是一位长辈听到了孩子幼稚的发问才有的那种笑声。然后，他温和地说：

"我是一个画家，画家的眼睛总是不停地观察周围的世界，如果我不熟悉各种树木，不能辨别它们的枝干、茎叶、花朵的不同之处，我怎能描绘它们呢？"

"先生，是所有的画家都这样吗？"

他又笑了："怎样回答你这个问题呢？"他说，"画家都应当是勤于观察的，但也有一些闭门造车的画家。画树不去观察真树，画山不师法真山，唯去照画谱模仿，这是什么龙爪点，那是什么披麻皴，以至一木一石都画不像，毫无真感，更谈不到独创。因此有些画家只知抄袭古人，就如同明朝的董其昌辈达官显宦，想不劳而获的投机取巧的末流文人画那样。"

"先生，您说的'真感'是指对现实的感受吧？"

"对，只有通过对真实景物的细微观察和写生，才能获得真感，真感是一切艺术的渊源。"

"那么，您的意思是说绘画和其他一切艺术都必须来源于对周围世界的观察，也就是对生活的深入观察，对吗？"

"是这样。但是，有很多画家是与此背道而驰的……"

汽车的发动机扑哧扑哧地吼叫起来，好像休息过后，有了充沛的力量。旅客们争先恐后地爬上汽车，我们的谈话也中断了，重新又在崇山峻岭包围中的狭窄而陡峭的公路上奔走。

夜晚，车上的旅客们都挤在挂有"未晚先投宿，鸡鸣早看天"招牌的小客店里。大家围炉取暖，燃烧着的木柴冒着青烟，发出哔哔剥剥的响声，明亮的火光映照出旅客们一张张疲乏而忧郁的面孔。大家低着头，沉默着，似乎人人都有满腹心事。我也想起了自己的家乡。我那年迈的老祖母这时是否也坐在火炉旁呢？透过眼前那跳跃着的火光，我仿佛看见了故乡那被柴烟熏黑了的房屋墙壁，看见我那年迈的老祖母在就着火光纳鞋底。她那双满是皱纹的手一会儿抬起来，一会儿又落下去，针线在光影中神秘地颤动着……旅客们的心上好像也都笼罩着浓重的乡愁，他们之中也许有不少人在战争中失去了家吧？

沉闷的空气令人感到压抑，徐悲鸿先生也沉默地坐在炉火旁，淡淡的光影在他脸上轻微地颤动，那好看的眉毛下浮现出一丝坚韧的神情，或许是他在努力抑制心上的忧伤吧！忽然，他像要抖落什么似的扬起头来，开始跟这些素不相识的旅客们讲起笑话。那些极其朴素而诙谐的语言从他口中不断地涌出来，就像涓涓的清泉一样，滋润着旅客们干涸的心田，使得一张张愁戚的脸上泛起了笑容。他自己也仿佛变得异常欢快了。

"喂！老乡！再讲一个吧！"一位工人模样的壮年男子朝徐悲鸿

扬着手，用带有江苏口音的话说，他大概听出了徐悲鸿的乡音。战争使他们都流亡到内地来了。当然，他并不知道给他们讲笑话的是徐悲鸿先生。

徐悲鸿先生又开始讲述了："从前，有一个大官，坐了轿子进城。可是夜色已深，城门紧闭。他的听差在城门下面威风凛凛地叫道：'王大人来了，快开城门！'守城门的卫士回答说：'拿个片子来（名片）！'这位王大人听了，大动肝火，卫士居然敢向他要名片。于是，他坐在轿子里大声嚷道：'片子（骗子）就是我，我就是片子（骗子），我姓王，王八蛋！'原是骂卫士的，却骂了他自己！"

旅客们都纵声大笑起来。响亮的笑声欢快地洋溢在温暖的小客店里，飘散在深山峡谷中。

第六章

经过四天长途汽车的颠簸，我们终于到达重庆。早就听说重庆是座山城，果然，映入我眼帘的是重重叠叠依山而筑的房屋。因为是国民党政府的战时首都，市内有通衢大道，政府机关林立。然而，与其他城市迥异之处，是有许多街道须拾级上下，一层层石砌的阶梯代替了街道的路面。路口常有一些抬滑竿的工人在兜生意。滑竿是一种简易的轿子，上下这些阶梯时可以用它代步。

中国美术学院设在嘉陵江北岸的磐溪，属远郊区，有水路陆路可通，交通便利。但为了运走徐悲鸿先生那些笨重的书箱，我们还是费了许多周折。到达磐溪时，我已精疲力竭了。

筹备处借用了磐溪石家花园的石家祠做院址，这是一所建筑在山上的房屋。房屋分为两层，下面一层全部是石室，用石头砌成，沿梯而上，有宽阔的院落，中间有一座亭子，内置石家的祖宗牌位，两侧是两座两层的小楼，隔亭相对而立。小楼全部是木结构，制作粗糙，甚至连玻璃窗也没有。但在战时的重庆，这已是难觅的佳园了。周围有苍松翠柏，梅竹掩映，十分幽静。

出门便是一条青石板路。往前行数百米，有陡峭的数百级石梯沿山而下，直达嘉陵江畔。在半山腰的乱石中，有一股清泉奔泻而成的巨瀑，汇成一个很大的水泊。哗哗流水，给幽静的山林增添了美妙的声色。山腰有一块大岩石，被凿成一只老虎，行人初次过此，颇感虎视眈眈的威胁。有一次，我的一位同学从外地来找我，时近薄暮，她突然看见这只老虎，惊惧万分，急忙躲到一棵树下，屏住气息，不敢动弹。正好有一位乡人路过，她急忙上前扯住人家的衣服，小声告以前面有虎。乡人大笑说："那是石头的。"她才恍然大悟，原来闹了一场虚惊。

中国美术学院筹备处的人员不多。由于徐悲鸿先生准备将它办成一所研究院，聘有研究员及副研究员，先后应聘的有张大千、吴作人、李瑞年、沈逸千、冯法祀、张蒨英、张安治、陈晓南、费成武、孙宗慰、宗其香等人。我第一个见到的便是当时的副研究员张蒨英女士。她是徐悲鸿先生的学生，毕业于南京中央大学艺术系，当时正在三十多岁的盛年，虽然近于肥胖，但看上去却给人一种丰满而甜蜜的美感，而且还含有那种吴侬软语的妩媚。她擅长油画，还能写一手很秀丽的小楷。我和她住在一间屋子里，徐悲鸿先生则住在对面的那座楼上。

和我同住在一座楼上的还有副研究员陈晓南和孙宗慰，他们都毕业于中央大学艺术系。孙宗慰曾去敦煌石窟临摹那些绚丽多彩的壁画，积稿盈箱，是一位很努力的年轻画家。他的身材瘦削而修长，戴副近视镜，虽然不到三十岁，却留着一撮小胡子，说话慢条斯理，知识很丰富。陈晓南身材不高，白里透红的皮肤闪着光彩，给人一种生气勃勃之感。他当时擅长写意的国画，他的夫人和子女都在沦陷了的家乡江苏溧阳，但他没有因为妻离子散的流亡生活而感伤，总是精力旺盛地工作着。

我除了将徐悲鸿先生带回来的那些书籍编成目录，制成卡片以外，

/
二十世纪四十年代,徐悲鸿摄于陪都重庆

空余的时间便经常去看徐悲鸿先生作画,有时,也替他研墨、铺纸,当他的助手。这时,他正准备即将在重庆举办的画展,除了作画,还忙于许多琐碎的事务工作,如装裱国画,为油画制作画框,编写画展目录、标签,等等。我也努力协助他做这些工作。

有时,他在工作之余,也给我讲些绘画和书法知识,像一位老师一样诚挚地教导我,我的生活变得丰富而充实起来。

徐悲鸿先生每天仍要去中央大学教课。清晨,他步行去嘉陵江畔,在小摊上买两个烤白薯当早餐,然后坐渡船过江,再步行至沙坪坝中央大学上课,直到中午才返回。午饭后,他从来不睡午觉。他说:"正午是一天中最好的时光,用来睡觉未免太可惜了。"因此,每天午饭后,他总是作画。晚上,也经常在昏暗的煤油灯下,继续埋头作画。他的生活紧张得如同上足发条的钟摆,一刻也不停息。

我工作在徐悲鸿先生身旁,一天比一天加深对他的尊敬。有时,我看见他洗自己的衣服,或钉失落了的纽扣,同情和怜悯便在我心里浮动。在一个初春温暖的夜晚,大家都已熟睡了,我听见徐先生独自在楼下散步。透过黯淡的星光,我看见他那微微有点弯曲的背影,很久地在那里徘徊,呈现出一种十分凄凉和未老先衰的神态。我开始感到,他心里也许有很多忧郁和痛苦。我不自禁地披衣起床,悄悄地下楼,走到他的身后。

"先生,"我说,"夜这样深了,您应该上床休息啦。"

他惊讶地回过头来:"噢,小鬼,你起来干什么?"他似乎有点责怪我。

"先生,夜晚的露水会使您着凉的,而且明天一早,您还要去中大教课。"我极其认真地说。

他凝视着我。虽然，黑夜笼罩着他，但我仍看到了他脸上的忧伤。

"先生，您应该有足够的睡眠。"我又担心地补上一句。

他的身子转向我："噢，知道了。还有什么要说的吗？"

"没有，先生。"我说。但是，我没有走开，仍站在他面前。我的双脚好像已经不听我自己意志的支配。

"先生，"我极为诚恳地说，"我觉得我是那样尊敬您，您好像有什么痛苦，我为您感到难过。"

他几乎没有使我觉察地轻微叹息了一声。

"你还年轻，对复杂的生活缺乏了解，不要过问我的事情吧！"他凝视着我说。

"不，先生，我觉得您应该有个温暖的家，您为什么不设法和您的夫人和解呢？"

"和解？这是绝不可能的事了。而且是她拒绝和解的。她说得对，我和她的性格太不相同……"

"您为什么不能迁就迁就她呢？"

"有些事情是无法迁就的。比如说，我是一个艺术家，我能不爱艺术吗？"他有点愤激了，瑟缩着身子，仿佛一股寒气侵袭着他。我立即将自己披的一件外衣轻轻地披在他身上。然而他呆呆地立在那里，似乎没有发觉。显然，他的思想又沉在往事的回忆里了。

黑暗的天空上只有几颗苍白的星星在闪烁。夜更深了，空气也变得更凉。露水打湿了我的头发，我猛然打了一个寒战和喷嚏。

他如同突然惊醒过来，朝我看了一眼，催促说："回去睡觉吧！"

"那么，先生，您也回去睡觉。"

他点了点头。

我们各自回房去了。

但是，我在床上辗转难眠。这是我到重庆后第一个不眠之夜。我心里翻腾着，竭力想寻找帮助徐悲鸿先生的办法。我多么想跑去找他那位夫人，劝说她回到徐悲鸿先生身边来，为徐先生的艺术事业奉献一份力量啊！我热望能以自己的至诚之心去感动她。

第二天上午，我怀着最诚挚的心，去对徐悲鸿先生的一位女学生说了我的这个愿望。不料，她坚决地摇摇头说：

"那是不可能的了。"

我坚持自己的看法，说："他们两人都已四十多岁了，而且有两个儿女，他们应该和好。"

"谁说不应该呢？"女学生说，她比我年岁大些，看问题显然不像我那么单纯，"许多朋友都为此作过努力，但都无济于事……"她似乎话未说完，但忽然止住了。

也许是夜里寒气的袭击，再加上失眠，从那位女学生那里回来，我觉得头很沉重，全身乏力，体温也突然升高了。我躺在被子里打着寒战，中午，我没有像往常那样到餐桌上去吃饭。

大家知道后，都跑来看我。但是，只有徐悲鸿先生一个人知道我为什么突然感冒了。他坐在我床头的椅子上，看着我服了退烧药片以后，仍没有走开，还不时地用他那宽大的手掌放在我的前额上，测量我的体温是否下降了。

"小鬼，"他亲切地叫我，"你的心太善良了，何必关心我的事呢？我已独自生活了七年。"

"但是，先生，"我仰视着他那温和的眼睛说，"您不应该这样孤单地生活，昨天夜里，我看见了您心里的痛苦。"

"这算不了什么。工作忙的时候，就会完全忘记个人生活中的不幸和痛苦的。"他压低了声音，像在对自己说话，"当然，我也渴望有一位志同道合的伴侣生活在一起，但是，过去的教训总是留在我心里，找一个自己非常满意的人是很困难的。我已经四十八岁了，不愿再经受那些家庭的吵闹和纠葛了。"

"先生，我记得托尔斯泰写过这样的话：'幸福的家庭都是相似的，不幸的家庭各有各的不幸。'这就是说，幸福的家庭还是常有的。"

他点了点头："只不过对我来说，这是很不容易的事。"

"先生，"我看了看表说，"您应该走了，画展的许多工作还没有准备好。"

可是，他又将手掌放在我的前额上，而且突然惶恐地叫起来："你烧得烫人！我马上去找医生。"他几乎是冲出了房门。

我开始感到晕眩，全身一阵阵地疼痛，眼前也变成黑茫茫的一片，随后，又似乎有许多人影在我面前晃动。我在昏迷中仿佛听见徐悲鸿先生在唤我，我翕动嘴唇，但是发不出声音……

后来我才知道，我患的不仅是感冒，还有恶性疟疾。医生为我注射了阿的平。徐悲鸿先生一直守在我的床侧。

这场病竟持续了十多天。我变得苍白、虚弱，又开始想念我那遥远的家乡了。我幼年丧母，生病时，总是我的祖母陪伴我、照料我。现在，她已非常衰老了。我多么想见到她老人家呀！

为了减少我的寂寞，徐悲鸿先生常常抽空到我的床前来，为我讲述各种故事和各种见闻。他有很渊博的历史和地理知识，能将许多故事和见闻讲得娓娓动听，使我减少了疾病所带来的痛苦。我每天都不知不觉地在等待他来，只要听到他那急促上楼的脚步声，我的心便欢快地跳动起来。当然，我心里对他怀着深深的感激。到后来，每当我预期他应该来而没有来时，我便会由失望而变得烦躁不安。有一次，他从中央大学返回时已近傍晚，急急地来到我的床前，而我却含着满眶泪水。

"小鬼，为什么哭？又想家了吧？"

"不是。"我低声说。

"那又是为什么呢？"

"我以为您今天不会来了。"

"就为这个掉眼泪吗？唉，你真像个孩子！"他怜惜而爱抚地说，"我在中央大学除了教课，有时还有其他事情要处理，作为一个老师，我要关心每一个学生。以后，如果我来迟了，也不许哭，要耐心地等待，知道吗？"他的眼睛里闪着欢悦的亮光，一面急忙替我量体温，数脉搏，检查我的药都吃了没有。

当他看了体温表，立即高兴地叫道："你的热度降下去了，体温正常了！"于是，他坐下来，又开始给我讲那娓娓动听的故事。

我的体力开始复原，渐渐能出门散步了。有一天晚饭后，徐悲鸿先生陪伴我沿着陡峭的石梯，走到嘉陵江畔去。晚霞像火一样照亮着天空，在奔流的江面上跳动着闪闪耀眼的金光。

"多么美丽的画面！"徐悲鸿先生十分愉快地说。

我举目眺望这瑰丽无比的晚霞，感到大自然无限神奇，心里顿时充满了柔情。"先生，"我说，"我怎样来感谢您的爱护和关怀呢？我将永远像您的学生那样尊敬您。"

他的脸上掠过了一丝柔和的微笑："不要说感谢我，如果要感谢的话，我应当感谢你。"他十分谦逊地说："你为我做了许多工作。"

"不，先生，那是我应当做的，而且，我做得太少，而我得到您的关怀太多，这是无法抵消的。"

他异常温存地看着我："你的心地善良，你的感情朴实无华，我受到很深的感动。"

"先生,"我以全副热诚说,"我愿在您身边,尽力做我能做的一切。"

也许是我的话使他变得激动起来。"静。"他亲切地,第一次这样叫我,"这些天来,我有一种奇怪的感觉,仿佛冥冥中,有人将你送到我面前,我是如此依恋你了,你似乎变成了我生命中的一部分。"他那宽大的湿滋滋的手掌紧紧地捏着我的手。

"先生,"我有些惊慌地说,"我也情不自禁地依恋着您了,您在我心中打开了一个新奇的感情世界,但是,但是……"我结结巴巴地说不下去了。

晚霞已渐渐隐没,夜的密网轻轻地撒下来,月亮从山后面升起来了。

"但是,你要说什么呢?静。"他温情脉脉地望着我。

我没有勇气说下去,想到这将刺伤他的心,我只好沉默不语。

他放开了我的手:"静,我替你说吧:'但是,我不能爱你,做你的妻子。'是不是?"他的声音发颤,忧郁的眼光凝视着我。

"是的,先生,请您原谅我。"我垂下眼睛说。

"为什么要说原谅呢?你是无可指责的。我曾反复考虑过,我今年四十八岁了,比你年长了二十八岁,我原不应该这样要求你,但感情这种东西却往往是这样出人意料。在个人感情方面,我已压抑多年了,没有料到,终于在你面前倾倒出来。因为你生活在我身边,你仿佛在努力医治我心灵上的创伤,使我感到如此愉快。我看到一个淳朴的女性形象,因而重新燃起了渴求爱情和家庭的欲望。"他用力咬了咬嘴唇,仿佛要把想说的话都咽回去。

我的眼睛潮湿了,泪水悄悄地沿着我的面颊流下来。

/
二十世纪四十年代,徐悲鸿创作飞鹰图

"静,"他低声而亲切地说,"不要为我难过,年龄的差距是无法改变的,我决不强求你,你做你愿做的一切吧!"在月光下,他的脸色异常柔和,只有那深邃的眼睛里,隐藏着一丝淡淡的遗憾。

爱情的羽翼就是这样不知不觉地在我们身边飞翔。但是它带给我的并非幸福和快乐,而是无尽的焦虑、彷徨和痛苦。我知道,我们彼此都在做着强烈的自我斗争。我虽然依旧工作在他身边,努力在各方面分担他的辛苦,但是我的心已不能再宁静了,常常陷在沉思默想中。

徐悲鸿先生显然也在努力克制自己。他依旧每天清晨去中央大学教课,回来以后,便一刻不停地作画。我们已很少交谈,也不再去江畔散步了。

他当时经常画中国画,继续在画《国殇》的构图。他找了中央大学艺术系的几位男学生来当模特儿,用长长的木箱当作棺材,由他们抬着,徐悲鸿先生用炭精笔在大幅的皮纸上勾画了许多速写稿。有时,他也画那些奔马、飞鹰、水牛、懒猫等,寄意抒怀。总之,他沉浸在繁忙的创作中。

有一天,当我照常替他清理画案后,又默默地为他研墨时,他忽然叹息地对我说:

"静,如果时间能如人意,让我年轻十岁,而你长大十岁,那该多么好呵!"

我从他那低沉的声音里听到了强烈的压抑和痛楚,泪水又从我的眼眶里涌出,我低声啜泣起来。

他连忙用他那宽大的手掌温存地抚摸我的头发,又掏出手帕来,轻轻地为我擦干眼泪,像长辈安慰一个孩子一样说:

"不要哭了,以后我们不再谈这件事,让我们回到阳朔的小船上去吧!就如同我们刚刚认识不久那样。"

"谢谢您,先生。"我说,"如果在我平淡的一生中曾经有过美妙的回忆,那就是从去阳朔的小船上开始的。"

我沉到深深的回忆里了。舒曼的《梦幻曲》又婉转而悠扬地在我耳畔回荡起来,那优美的旋律重新使我有一种梦境的感觉。

第七章

/

画展的日期一天一天临近了。徐悲鸿先生异常忙碌起来,我们之间就好像没有发生过任何事情一样。他的全副身心都被工作吸引住了,我们重新感到愉快和幸福。

一九四三年春末,徐悲鸿先生的画展在重庆中央图书馆正式揭幕,观众像潮水般涌来,每天达一万人以上。我第一次看到如此丰富多彩的画展,他的巨幅油画《田横五百士》《徯我后》,巨幅国画《愚公移山》《九方皋》《巴人汲水》,都异常强烈地吸引着我,因为画面上的人物都是栩栩如生,呼之欲出。它们以生动的形象,深刻的寓意,教育和鼓舞人民对光明的追求和抗战必胜的信念。他的国画、油画和素描都达到了造型精确、用笔简洁、取舍得宜、表现丰富的境界。特别是那笔墨奔放、造型优美的奔马,那细长而矫健的马腿,飞舞的鬃毛和尾巴都强有力地描绘了飞奔的速度感,以昂扬向前的勇猛精神,给人以鼓舞。还有那引颈高叫的雄鸡,预示着光明即将到来。那迎风挺立的翠竹、苍松、古柏,那不畏严霜的寒梅、小雀,都像抒情的诗篇一般,赞颂着高尚的情操,予人们以启发和深思。我挤在那些观众之中,倾听热烈的赞美之词,尽情地分享着徐悲鸿先生的喜悦。

画展期间，有一件使我难忘的事，便是蒋碧微女士来了。她以一个观众的身份出现在会场。这是我第一次见到她。她当时是四十四岁，穿一件贴身的深色旗袍，身材修长而丰满，脸上敷着浓厚的脂粉，仿佛是刚刚下台还未卸妆的演员。她那闪光的黑发齐眉，有如童发似的密密地覆盖着前额，两鬓各梳一个圆形的大发髻，悬在耳畔。我当时未曾见过成年人梳这种发式，因此，有些吃惊地望着她。

她像朋友似的和徐悲鸿先生握了握手，然后高声说："我父亲的丧事全靠道藩帮忙，总算极尽哀荣了。"她说话时，脸上明显地流露出一种非常自负的神情和笑容，同时，从精致的手提包里取出一盒美国香烟，点燃了一支叼在嘴上。随后，她朝我仔细地看了一眼。

后来我才知道，她到徐悲鸿先生的展览会之前，是刚参加了她父亲蒋梅笙先生的追悼会，这是在她父亲逝世百日时举行的。那天参加追悼会的有吴稚晖、叶楚伧、陈立夫、张道藩、潘公展等人，都是当时国民党政府的高级官员。

蒋梅笙先生病逝时，任四川社会教育学院教授。蒋碧微曾著文回忆她父亲与母亲戴清波女士结婚时的盛况说："蒋家住宅是宜兴最大的一所房子……蒋戴两家联姻是当年宜兴一件盛事，母亲嫁妆的衣服够穿一生一世，陪嫁的黄金要用秤称。"可是，她父亲逝世时，她却又写道："老人家平生淡泊自甘……上无片瓦，下无寸土，私人积蓄只有一万多元，加上四川省教育厅的抚恤、行政院恤金，仅够丧葬费用。"

展览前后和展览期间，徐悲鸿先生的许多学生都来会场帮忙，他们师生之间的融洽之情是令我难忘的。他也经常利用观众不能入场的清晨或晚上，给学生们讲解一些作品的创作情况、技法、特点等。因为平时学生们无法看到徐悲鸿先生这样大量的作品,实际上,他把画展又变成了课堂,每天都毫无倦容地给学生们解答这样那样的问题。

这次展出的画,大部分是非卖品,而且是徐悲鸿先生自己需要长期保存下来的、较为满意或有代表性的作品。画展的目的也并非筹款,而是为了给战时的重庆人民以美术欣赏和精神上的鼓舞。

徐悲鸿的国画《灵鹫》是非卖品之一。画面描绘两只巨大的灵鹫栖息在峭拔的高岩上,造型严谨而笔墨雄健。那明暗和光影的渲染,精练而流畅的勾勒,使灵鹫生气勃勃。特别是在灵鹫的爪子、眼睛和嘴等细部精微而传神的刻画,将猛禽的性格毕现无遗。与那淡蓝色的远山和用泼墨写成的岩石,形成工整与粗放的对比和结合,起到相反相成的微妙作用。全幅色调和谐,令人赏心悦目,也可想见画家的卓越的创造性。

当时,一位协助国民党政府工作的美国高级将领看中了这幅作品,长久念念难忘。后来,抗日战争胜利,这位美国将军带着他的功勋准备荣归故国之际,蒋介石为了表示感激,决定送给他贵重的礼品。当询问他喜爱中国的什么东西时,这位美国将军说,他什么也不想要,只想要徐悲鸿先生的那幅《灵鹫》。于是国民党政府的官员便来请求徐悲鸿出售这幅作品,但却遭到了徐悲鸿的拒绝。他们为了完成使命,一次一次来向徐悲鸿请求,并且以为钱能通神,提出无论徐悲鸿要多高的价钱,都可以付给,但仍然遭到徐悲鸿的拒绝。这幅精美的作品,后来一直保留在他的身边(现存徐悲鸿纪念馆)。

这次画展卖出一部分画,所得的画款也不少,照例是帮助一些穷朋友、穷学生和购买书籍字画。许多人来伸手向他借钱,他都慷慨地赠给。他年轻时的痛苦遭遇使他永远同情处于困境中的人。

蒋碧微当然也趁机通过吕斯百来索取儿女抚养费。吕斯百回国后便一直工作在徐悲鸿先生身边,现在,他是中央大学艺术系主任。他的夫人马光璇女士也是中央大学教授,是国民党元老吴稚晖的姨侄女。这段姻缘是蒋碧微促成的。可能由于这个关系,蒋碧微向徐悲鸿先生索取画和钱总是通过吕斯百。这次画展售画所得的画款,几乎有一半通过吕斯百转交给了蒋碧微,作为儿女抚养费,数目是很可观的。

徐悲鸿先生自己却长期过着艰苦的生活。他在中国美术学院吃集体伙食,和大家一起包饭,吃的常常是发霉的"平价米",喝的是田地里的水,点的是煤油灯。他只有一间不大的卧室兼画室,室内有一张充当画案的写字台,一张木床,一个木柜,两把藤椅,而且这些家具还都是未曾油漆过的。他在冬天总是穿一件蓝布棉袍,夏天穿白夏布衫,从不穿绸料衣服。有时,有重要的社会活动,便穿西服。他的自奉之俭,是令人难以想象的。

那次画展以后,他的紧张工作稍为松弛了一下。我们又情不自禁地恢复了饭后去嘉陵江畔的散步,不知不觉,感情又一点一滴地渗入我们的心中。黄昏,温暖的风从宽阔的江面吹过来,滔滔的江水载着那些沉重的货船,急速地向前驶去。船夫们一面用力摇桨,一面用高亢的歌喉唱着号子。他们赤裸着上身,皮肤被灼热的阳光烤得黝黑。

太阳在远处沉落下去,天空和水面由铅灰变成黑色,对岸亮起忽明忽暗的灯火。我们在江边的石头上坐下来。徐悲鸿先生因为刚才受着船夫们那种辛苦的形象的感动,向我谈起十九世纪俄罗斯伟大画家列宾的油画《伏尔加河纤夫》,说它不仅用油画的语言,而且用色彩的美妙音符和旋律谱写了伏尔加河船夫的真实画面,深刻、生动、感人。接着他还谈到列宾的另一幅杰作《不期而至》(《意外的归来》),称赞它是人类绘画作品中达到至善尽美之作。他也谈起十九世纪俄罗斯的另一位伟大画家苏里科夫,盛赞他的杰作《近卫军临刑的早晨》和《女贵族莫洛卓娃》,认为这是历史上最悲壮的作品。

艺术必须反映人民生活,这是他拥护而且坚信不疑的。他慨叹当时国内外许多画家背离生活的真实,画些奇形怪状叫人看不懂的形式主义新派绘画;他也反对那些脱离现实,唯知抄袭古人,成为八股的文人画。他怀着对国家和人民的责任感,以复兴中国美术为己任。

"我所谓的中国美术之复兴,即师法造化,采取世界上共同的法则,以人为主题,更以人民的活动为艺术中心……"他说,"我也曾在一篇文章中写过这一段话。"

"那么,您的意思是:画家应当以大自然为师,应当从客观世界,从生活出发,真实地反映它们?"

"是的,一个画家如果不去真实地描写对象,那就罪同撒谎。"他继续说,"当然,有许多人反对我的主张。"

"先生,"我说,"我常在小报上读到对您进行攻击和谩骂的文章。"

"那有什么奇怪呢?我的敌人是很多的,我不仅无情地鞭挞那些形形色色的形式主义新派美术,而且强烈谴责那些只知抄袭古人、毫无真感的中国画,这两类画家在目前是很多的。"

"但是,先生,一个人不能树敌太多呵!"我想起当我读到那些小报时为他难受的心情。

"如果为我自己舒适,我可以选择一条平坦的大道,但是我必须为国家的前途着想。"他接着说,"一九三四年,我从苏联回来,由于宣扬了俄罗斯和苏联一些现实主义画家的作品,有人便纠集党人,严为阵势,对我横加指责。我从事美术事业以来所遭受的谩骂和攻击,是难以数计的。"他平静地说,面部的神色很柔和,没有丝毫激动。

"先生，我深深地感受到您那爱憎分明的性格。我曾读过黄苗子所写关于您的一篇文章，说他去您南京的寓所访问您，走进您的画室，便看到挂着一副用黄绫子装裱的对联，是您集泰山经石峪的大字，上联是'独持偏见'，下联是'一意孤行'。使他当时不禁暗暗地伸出舌头来。是吗？"

徐悲鸿先生没有说话，只点了点头。

"先生，您的主张和作为都是于人民有益的，为什么说是'偏见'和'孤行'呢？"

"这只是表示我在艺术主张上毫不动摇的决心，以及不愿与卖国者同流合污罢了。"

"黄苗子的文章写得十分动人，隽永流畅，他真是少数民族的苗子吗？"

徐悲鸿先生笑了："他不是苗族，只是取名苗子，你将来有机会见到他的。"

我们就这样，经常在晚餐后出去散步、漫谈，听奔流的江水低唱，任温和的晚风吹拂，这是他一天辛勤工作中唯一的休息。他也常谈时事、战争和对国家前途的担忧。太平洋战争爆发后，美国积极参战，但我们的战线仍然不断后撤。他那不愿离开家乡的老母已杳无音信，有消息说，她已在日军占领家乡时死去，这使他时常怀念。有时，他也谈他过去的艰苦学习生活，在贫困中的煎熬。

"先生，您的毅力是惊人的。"我想起他流落上海时饿着肚子作画，和在巴黎贫病交迫、腹痛如绞时仍坚持带病作画的情景。

"一个人如果没有顽强的意志和毅力，便会一事无成。"他说，"任何天才都需要勤奋。"停了一下，他又诙谐地说："懒惰是索价极高的奢侈品，一旦到期清付，必定偿还不起。"

有时，他也谈他那不幸的家庭和爱情。

"先生，"我坦率地说，"蒋碧微女士的气质和您全然不同，当初，你们怎么能爱上的呢？"

"开始的时候，她并不是这样的。那时，看来她是温柔的。而且当时我只有二十三岁，她十九岁，我们对爱情、婚姻、生活都缺乏深刻的了解。"他抬起头来，仰视着那深邃的、星光黯淡的夜空，仿佛要从遥远的地方，找回那些早已淡忘了的记忆。

"她勇敢地反抗了包办的封建婚姻，和我私奔，这在当时是一种进步的思想表现，需要很大的勇气和决心，我始终珍惜这份感情。后来，我们到了巴黎，过着穷学生生活，同甘共苦地走过来，确实也很不容易。那时，我孜孜矻矻地埋头学习，顾不上她，她渐渐习惯于坐咖啡馆、跳舞、交际。回国以后，她极力干预我的生活。先前，她还只是干预我购买书画，后来，进而干预起我的工作，我的创作，我的思想……"他痛苦地谈起那一件一件使他难堪的往事。

"但是，我隐忍着，为的是尽量避免争吵。后来，又一件不幸的事情发生了，那是因为我的一个才华出众的女学生孙多慈。"他叙述了有关这件事情的始末（正如我在本书上半部里已提到的）。

我始终一声不响地听着，没有打断他。我在想象中追随着孙多慈的形象。

"事情闹了一年，我和孙多慈并没有单独在一起说过一句话。孙多慈为此受了很多委屈，诽谤和流言使她沉重得抬不起头来。她一向沉默寡言，终于在一年之后的一天，她向我哭诉起来，说她打算弃学，回到家乡去。我劝她爱惜自己的才华，坚持学习下去，她将成为一个有用之才。我像期望每一个好学深思的学生一样期望她的。孙多慈忍耐地听从了。但是，打击并未终止，而且变本加厉。孙多慈在教室里的画被人用刀子捅破，而且威胁地写上：'我们将像对付这张画一样对付你。'她受的委屈愈多，我的同情也愈多，我的心被迫倾向她，事情就这样弄假成真了。然而，我并未想离弃蒋碧微，尽管我们很多年以来就有过那样多极不愉快的争吵。但是，蒋碧微坚决拒绝与我和好，从一九三五年起，我被迫去桂林，以后，孤单地住在中央大学集体宿舍，我便无家可归了。一九三八年，我到桂林去取存放在七星岩的书画，准备去南洋为抗战举办捐献画展时，孙多慈和她的父母也到了桂林，我们相见了。虽然，这时我已失去了家，但是她的父母极力反对我们结合，而且当时我忙于要去南洋举办画展，孙多慈则听从她的父母去浙江，我们匆匆相聚，又依依各奔东西。"说到这儿，他似乎有点疲乏地停住了。

"后来呢，先生？"我追问着。

"后来，我在香港，接到她从浙江的来信，说她在一所学校教书，随信寄给我一首她作的诗。全文我还记得是：

> 极目孤帆远，
> 无言上小楼。
> 寒江沉落日，
> 黄叶下深秋。
> 风厉防侵体，
> 云行乱入眸。
> 不知天地外，
> 更有几人愁。

"她流露出一种十分悲戚的心情。我回信鼓励她努力向上，不要消沉,要充分发挥自己的才能,尽力为抗战工作。

"后来,我到了新加坡,又接到她寄给我的一首诗:

> 一片残阳柳万丝,
> 秋风江上挂帆时。
> 伤心家国无穷恨,
> 红树青山总不知。

"她的心情似乎很悲痛,并拍电报来,希望我到浙江去,但当时我正忙于筹备画展,祖国和同胞在战火中挣扎、呻吟,我全副身心都在为那一个接一个的画展努力,不愿再触及这些感情,没有回信,渐渐地,就音讯杳然了。"

"先生,我为她惋惜,如果她能生活在您身边,该有多么幸福。"

"不要再谈过去的事吧!静,我只渴求你留在我身边。和你在一起,我感到生活得更温暖,工作得更有力量了。"

"先生,我也有同样的感觉。我非常非常依恋着您了。"

"那么,让我们马上结婚吧,静。"虽然是在暗夜,但借着月光,我看见他那深邃的眼睛里闪着激动的光芒和泪水。接着他低声说,"和一个比你大二十八岁的人结婚,静,你真愿意吗?"我听得出,他的声音里有着快乐和兴奋,也有忧虑和不安。

"愿意。先生,我已一步一步跨越了年龄距离的障碍,勇敢地走到您面前,愿意为您和您的工作奉献我的一生。"我受着强烈的感动,同时,把我的头紧靠在他那坚强、稳重的肩膀上。

这时暮春温暖的夜晚,月白风清,嘉陵江的江水轻轻地愉快地闪烁着,大自然也呈现一片柔情。但是夜已深沉,从江面上吹过来的风已带些寒意了。

"静,我们该回去了。"他柔和地说。

我们携手同行,一同爬上那陡峭的石梯,月光如水,微风甜蜜地在我们身边低语。我们互相道了晚安,便回各自的卧室了。

第八章

我准备就寝时,意外地看见枕边放着两封信,这一定是我们出去散步时送到的。我急忙拆开,一封是我父亲来的,另一封是我那在贵阳读大学的姐姐来的。他们在信中都谴责我同徐悲鸿先生的关系。原来蒋碧微女士曾写信给他们,声称她仍是徐悲鸿合法的妻子,指责我在破坏他们的家庭。我的父亲沉痛地责备我,他在信上甚至引用了"人生虽不能流芳百世,也不应遗臭万年"的话。我的姐姐劝我必须立即离开徐悲鸿先生。我感到委屈、愤怒,如同受了雷击一般,倒在床上不能动弹,整整一夜,都处在痛苦的煎熬中。

对于一颗年轻、纯洁的心来说,蒋碧微女士这种做法是我当时不能理解的。我只是反复地想,也许她愿意与徐悲鸿先生和解了,所以,我必须尽快离开这里,明天就走。于是我爬起床,在昏暗的煤油灯下,给徐悲鸿先生写最初的、也是最后的告别信。

我强忍着要流下来的泪水写道:

敬爱的先生:

请原谅我不辞而别,无论如何,我不能再留在这里了,虽然,我是多么愿意在您身边工作。我始终尊敬您，了解您，同情您，并感激您给了我那么多关怀和温暖。在我今后漫长的人生道路上，我将永远铭记您给予我的教益和鼓励。

我衷心希望您继续寻找与蒋碧微女士和解的可能，我觉得她现在能回心转意。

您给我的画和您为我画的像，我都留在您的写字台上了，虽然，我非常喜爱它们，但是我不能、也不敢从您这里带走这些作品，我没有权利占有它们。我将在您不知道的远方，永远看见这些作品，因为我看它们不止千百次了。

愿您珍惜健康，不要再想起我。

一滴泪水掉在信纸上，模糊了字迹，我啜泣起来。

我异常急切地盼望天明，这一夜却漫长得如同一年。然而想到要立刻离开这里，离开敬爱的徐悲鸿先生，从此以后，永远不能再见到他，我的心感到剧烈的疼痛，泪水浸湿了我的枕巾。

黎明的雾升起来了，苍白的晨曦忧郁地窥视我的窗子。我悄悄起床收拾行李。行李异常简单，我把所有的东西都装进了我那只不大的帆布箱子里。

从对面楼上，传来徐悲鸿先生下楼时踏在木板楼梯上发出的咚咚脚步声。我从窗户里望见他没有像往常那样立即走出大门，而是朝我的楼上走过来。我急忙躺上床，用被子蒙住头。我听见他上楼的急促脚步声，这脚步声曾经使我何等欢欣地期待过，而现在，却使我产生了断裂肝肠的感觉。他走近了，在我的门上轻轻叩了两下。没有应声，他又站到我的窗下轻轻地叫了一声"静"，并朝窗户里探望。我一动不动地假装睡着了。我不能见他，也不能发出声音来，我的喉头哽咽了,只要再看他一眼,就会失去离开他的勇气,我强忍着。

徐悲鸿先生悄悄地下楼走了,他的脚步声越走越远。他走出了大门,像往常一样,他将步行到嘉陵江畔,坐渡船过江,去中央大学。他通常总是在江畔的小摊上买两个烤白薯当作早餐。

徐悲鸿先生走后,我连忙起床梳洗。在镜子里,我发现自己的面容一夜之间便失去了光泽,呈现死一样的苍白,眼睛因过多的哭泣而红肿起来。

住在我隔壁的张蒨英女士也已起床(我们原来合住的那间宽大的房子已用木板墙隔成两间),她这一天也忙着出门,穿了一件花色雅致的旗袍,带着她的太阳伞,急匆匆地走了。

我提着行李,先来到对面楼上徐悲鸿先生的卧室里,将我的信和他给我的画都放在他的写字台上。我开始最后一次为他工作,整理那些凌乱的画页和画稿。我听见自己在嘤嘤啜泣。阳光已从窗户外射进来了,它不再是令人喜悦的,周围的一切都使我感到暗淡无光。我轻轻地抚摸这间屋子里的每一件简陋的家具,深情地投去告别的目光,然后,我拖着沉重的脚步,走出这间曾经留下过我的欢乐的屋子。

我下了楼梯,走出大门,仍频频回顾,泪水又顺着我的面颊流下来。我沿着那条熟悉的青石板路往前走,当初我和徐悲鸿先生第一次来到这里的愉快之感忽然迎面扑来。路旁的那些花草,还有那棵高大的枝柯拳曲的黄桷树,似乎都带着柔情默默地望着我。这几个月的生活多么像一场梦呵!一只画眉好像洞悉我的心事,停在树枝上忧伤地向我啼叫。我的心在绞痛,在流血,提着帆布箱的手臂在索索发抖。我靠着黄桷树巨大的躯干站了一会儿,多么想再听见徐悲鸿先生亲切地叫我一声啊!只要他叫一声"静",我将重新回去,对他说我愿不顾一切责难,永远留在他身边工作……但是,理智在召唤我,我不能这样做。

我终于沿着陡峭的石梯,一步一步地走下去了。我来到嘉陵江畔,走上人群拥挤的轮船码头,挤在那狭窄的售票窗口,购买了去重庆的船票,然后坐在长凳上等待上船。时间还早,需要一小时以后才有轮船开来。我呆呆地坐在那里,什么也看不见,听不见,只有一种麻木的感觉。忽然,远处响起了尖锐的汽笛声,人们都站起来往前走。轮船靠岸了,水手吆喝着,沉重的铁锚哐当哐当地发响。上船和下船的旅客在嘈杂地说话、叫喊,拥挤地走过我身边,粗鲁地碰撞我,我才猛然惊醒过来,急忙提起帆布箱,朝前走去。

我就要跨上船舷了,这是决定我今后的命运的最后一步!当我正要举步上船的一瞬间,突然一只沉重的手落在我的肩膀上。我惊慌地回过头,看到徐悲鸿先生气喘吁吁地站在身后。他抓住我的胳膊叫道:

"静,你不能这样走!你怎么能毫无准备地走呢?"

我的心企图挣扎,但是,我的脚却像被什么东西拖住了,已软弱得不能举步。"先生,您回去吧!"我哭着说。

"静,不要这样!你受到什么刺激了?冷静一下,好好地对我说。"

他把我拉到一条长凳上坐下来,并告诉我,因为早晨没有听到我的应声,他担心我昨夜又着凉生病了,所以上完两节课,便急忙赶回来,在桌子上发现了我留下的信,就跑步来到码头。

"静,上天待我是宽厚的,只差一步,我就永远见不到你了,我要感谢苍天。"他的眼睛里闪着惊慌而喜悦的亮光,汗水涔涔地从他额上流下来。

要重新对徐悲鸿先生说,我必须立刻离开他,这是极为困难的。他替我提着帆布箱子,我终于又走在他身旁,一同回去了。

"静,我怎么还能跟蒋碧微和好呢?你太天真了。而且是她坚决拒绝和解的,我和她分手已经七年,这与你毫无关系。"

"也许她现在愿意和解。"我说,并将父亲和姐姐的信拿给他看。

他痛苦地摇了摇头,激愤地说:"不,她绝不是这个意思,只不过是为了破坏罢了!她在她父亲灵前说的那些话是我记忆犹新的。"

我沉默地思索,忽然记起徐悲鸿先生的一位女学生对我说过的话:"蒋碧微曾说,她决不会与徐悲鸿和好,也决不让他再有幸福。"我当时并不知道她早已做了国民党中央宣传部部长张道藩的情妇,正是特务头子张道藩指使她在精神上残酷地不断地折磨徐悲鸿先生。

徐悲鸿先生接着说:"我曾经请好几位朋友和她谈过,办理一下正式的离婚手续。但她既拒绝和解,又拒绝办理离婚手续。后来,我去请教律师,律师们都说,你们当初没有经过法定的结婚手续,尽管有了两个孩子,也只是同居关系,而这种同居关系既已断绝,双方便都不受法律约束了。"

过了两天,徐悲鸿先生又陪我去找了律师,律师也都这样说,当时的法律也确实是如此的。

我把这一切情况写信告诉我的父亲和姐姐,但他们不听我的解释,宁愿相信蒋碧微的话,谴责信继续一封一封给我寄来,并督促我赶快投考大学。我不敢告诉徐悲鸿先生,唯恐增添他的忧虑和烦恼。我虽然依旧工作在他身边,但我的心却被彷徨和苦恼填满了。我们不再出去散步,也避免谈到结婚的事。

春天已经消逝,天气一天比一天炎热起来。我开始温习功课,准备投考大学,常常到深夜才睡。但只要一躺下来,我便为重新打算离开徐悲鸿先生而痛苦。有时,我做噩梦,梦见徐悲鸿先生突然变成一个异常衰老的人,他蹒跚地向我走来,直弄到我悲伤地哭叫着醒来。

一个沉闷、燠热的夜晚,烦躁的心情驱使我独自一人走出去。我经过徐悲鸿先生的楼下，从敞开的窗户里，看见他在暗淡的煤油灯光下，穿着一身白夏布衣裤，站在写字台前，弓着身子作画。我多么想进去对他说："先生，天气这样闷热，您休息一下吧！我们去江边散散步。"而他，一定会欢欣地放下画笔，擦去额上的汗珠，和我一同向江边走去，因为他曾经对我说过，饭后和我一同出去散步，是他艰涩的生活中美妙而奢侈的享受。

但是，我只在他的楼下默默地站了一会儿，便一声不响地独自走了出去。我必须尽力压抑自己的感情，减少和他的接触，以便将来分手时，不致造成强烈的痛苦。夜是黑沉沉的，没有星光和月亮，乌云沉甸甸地悬在漆黑的夜空上，只有田野里传来呱呱的蛙鸣。我摸索着走完那条笔直的青石板路，然后沿着陡峭的石梯走到江边去。我重又坐在和徐悲鸿先生一同坐过的那块石头上，想着我们曾经在这里谈过的许多话。

我记得他曾指着倒映在江中的闪闪灯火说，这是极其美丽的画面，他正在教导学生用中国画来表现浓密的夜色和闪烁的灯光水影，而这是自古以来的国画家没有在画面上表现过的。他多么热衷于国画的发扬和创造，希望我们的民族绘画重放异彩啊！

但是，只要想到我不久以后便将离开这里，再也听不到徐悲鸿先生这些和悦而睿智的语言，而他仍将寂寞地生活，我便感到心痛欲裂。我多么希望有一个人像我一样爱他，尊敬他，关心他啊！而我，由于家庭的坚决反对，必须离开他，走我自己的路。这是多么的不幸！泪水又悄悄地流到了我的唇边。

我静静地坐在江畔沉思默想，丝毫没有听到狂风的呼啸和远处的雷鸣。突然，一道青色的闪电划破了黑暗的江面，轰隆轰隆的雷声猛然震响起来，一滴很大的雨点落在我头上，随后，又是一滴，接着便是倾盆大雨，哗啦哗啦地泼下来。我在风雨中往回去的路上狂奔，泥泞将我从陡峭的石梯上摔下来。我感到一阵剧烈的疼痛，努力挣扎着爬起来，但接着又跌倒了……就在这时，我忽然听见风雨中有一个声音远远地在呼唤：

"静文！你在哪里？静文！你在哪里？……"

这是徐悲鸿先生的声音，充满了那么多惶恐、那么多焦急和那么多爱的声音。这个声音，直到我生命的最后一天，我仍会清晰地听见的。

当徐悲鸿先生将我抱回室内的时候，雨水沿着我的面颊、头发和衣服不停地往下流淌。室外，倾盆大雨还在下着，狂风凄厉地拍打着树叶，发出呜呜的哀鸣。

徐悲鸿先生握着我那冰冷的手指说："亲爱的静，我深知你的忧虑和悲伤。毋须为我考虑，你做你愿做的一切吧！而且，我最近常想，你是这样年轻，我原不应爱你；我很怕，很怕我不能给你幸福。"

他显然用了极大的勇气才说出了最后这几个字，它们仿佛有千斤的重量压在他心上，同时两行热泪沿着他的面颊流下来，烫着我的手指。

从那个风雨之夜起，虽然我们照旧每天见面、说话，我照旧从他的眼神里看到那不变的关怀和爱，但是在他身上，我更强烈地感到那种极力压抑感情的痛苦和沉默。

第九章

令人愉快的暑假即将来到了。徐悲鸿先生结束了中央大学这学期的课程,决定携带中国美术学院筹备处的人去灌县和青城山写生和作画。筹备处只留下一个男事务员和一个男工看守。

最初,我坚决要求留在重庆,因为我将在那里报考大学。但是徐悲鸿先生和筹备处其他的许多人都劝我一起去,说我可以在成都报考大学,否则,我一个人没有女伴,留在这里很不方便。我心里很矛盾,斗争了很久,才终于决定跟大家一起去。

想不到,蒋碧微女士也忽然决定让儿女跟着徐悲鸿先生一起去度暑假。她通过吕斯百将这个意见告诉徐悲鸿先生,徐悲鸿先生同意了。

起程的那一天,蒋碧微女士来送儿女。这是我第二次见到她。她穿着一件花色淡雅的旗袍,脸上仍敷着浓厚的脂粉,两耳仍悬着像少女那样的圆形大发髻。我们只互相看了一眼,谁也没吭声。她也没有和徐悲鸿先生说话,但她一直微笑着,显出十分愉快自得的神情。

徐悲鸿先生的儿子伯阳和女儿丽丽这时都是初中学生。自从父母分离以后,他们一直没有和父亲在一起生活。丽丽九岁时跌了一跤,大腿的胯骨错位,当时嚷着疼痛,而母亲竟无暇顾及,没有送医院治疗。后来也就慢慢不痛了，但走起路来，却有跛态。她性格活泼、开朗，自信心很强，学习很努力。伯阳则沉默寡言，缺乏初中学生应有的那种活泼和愉快。我觉得在他们的心里，可能都因为父母的离异而受到创伤，特别是丽丽，连身体也因此受到伤残。我很同情他们。

我们乘汽车由公路直达成都。成都市容整洁，但气候炎热不亚于重庆。我到达成都时，正赶上大学招考。我立即报考了燕京大学新闻系和金陵女子文理学院（简称金陵女大）化学系。两校的考场和试题都不一样，是分开考试的，每个学校要考两天，时间错开。徐悲鸿先生非常关心我，他特意留在成都几天，为了便于照顾我。

投考燕京大学时，语文试题只是一篇作文，题目是：读蒋委员长的著作《中国之命运》后。这真是非常非常倒霉的事，因为我根本就没有读过这本书，不知里面说了些什么，无从下笔，当然也就失去了录取的可能。只能寄希望于金陵女大了。

挨过几天考试，我便跟随徐悲鸿先生一同到灌县去了。同行的除中国美术学院筹备处的人，还有郁风、康寿山、伯阳和丽丽。

我们在岷江中游的灌县，被两千多年前蜀郡太守李冰父子率领民工修筑的都江堰水利工程所震惊。那激流飞湍，有如万马奔腾，蔚为奇观。我们站在公元四九四年建成的纪念李冰父子的"二王庙"前，缅怀先贤，想到他们当年凿山筑堰，终于化水患为水利，使二百万亩土地成为良田的丰功伟绩，顿生景仰之情。庙内书有"深淘滩，低作堰"的治水六字诀，正殿的两边长柱上有颂扬李冰治水丰功的长联：

六字炳千秋，十四县民命苍天，尽是此公赐予；
万民归壹汇，八百里青城沃野，都从太守得来。

但庙宇颓败失修。为了表示对李冰父子的景仰，徐悲鸿先生当即捐款二万元，以助维修费用。

庙前不远有一座索桥，是用绳索连结木板制成。行人走上去，绳索和木板悠悠晃动，下面是滔滔的江水，深不可测。我刚迈上索桥便不能举步，只好退回来。后来，我们坐竹筏，横过湍急的洪流，在排山倒海般的巨浪上漂浮，浪头上数不清的白色泡沫溅湿了我们的衣衫。

随后，我们上了青城山。那里层峦叠翠，古木参天，鸟语虫鸣，异常幽静。我们一行都寄居在"天师洞"。天师洞是一座道观，相传是张天师得道之处，殿堂宏大，且有供旅客住宿的房间。

徐悲鸿先生在这里独居一室作画，先后画了屈原《九歌》中的插图：《国殇》、《山鬼》、《湘君》、《湘夫人》、《东皇太一》、《云中君》等，且将《国殇》及《山鬼》两幅画成大幅国画。《国殇》是诗人歌颂那些为国牺牲的战士，《山鬼》则是诗人借一位美丽的山神怀念一位公子，象征诗人怀念故国的心情。也正是这种热爱祖国的感情，支持徐悲鸿先生从事这些创作。

我在紧张的考试后也得到了休憩。徐悲鸿先生教我练字，临王羲之的《圣教序》。他热爱中国的书法艺术，收藏的碑帖、拓片甚为丰富。他在书法上下过很深的功夫，临摹过许多名碑。他特别喜爱北魏碑体的雄劲、浑穆、含蓄。他也喜爱那些出自工匠之手的造像石刻，因为它们的造形朴素，没有陈规陋习，而能纵横自如，挥洒大方。他也曾教我临摹《张猛龙碑》。他的书法既有北碑味道，又有自己的独特风格。

同来的这些画家都在努力作画，除了在青城山写生，还有些人到灌县附近赶集，画少数民族和那五光十色的集市风光。

每天，我们都围着一个可容十多人用餐的大圆桌吃饭，互相交谈所见所闻，十分愉快。晚餐后，大家都出去散步。我和徐悲鸿先生常

/
一九四三年,徐悲鸿与廖静文摄于四川青城山

常沿着一条幽静的小溪而行，到一座小木桥上，坐在那里，听山涧清泉潺潺流过时发出的音乐般美妙的鸣奏。在浓密的夜色中，萤火虫闪着绿色的亮光，轻轻地从我们头上飞过，凉爽的晚风将树木的阵阵芳香吹来，有时远处还有啄木鸟的叫声。这是多么美丽、宁静、迷人的夜晚啊！那静寂的山林也仿佛在黑暗中快乐地凝视着我们。

但是，有一个夜晚，泪水又在我眼眶里闪烁，终于悄悄地沿着我的面颊流了下来。

"静，为什么又哭了？"徐悲鸿先生用温存的声音问我。

"先生，我将不能在您身边工作了。"我忧伤地说，"暑假将要结束，我必须进学校去。"这时，我已收到金陵女大的录取通知书。

"静，我为你考取金陵女大而感到高兴。不要记挂我，要努力学好本领，为我们多难的国家尽力。你走了，我是会感到难过的。但是，当我们的国家正受到帝国主义残酷的侵略，全国同胞都在遭受凌辱或杀害时，我们个人的痛苦便是微不足道的了。"

听着他的话，我心里涌出一种既感动又温暖的感情，而且受到鼓舞，觉得浑身增添了力量。

我们沿着潺潺低唱的小溪走回去。山中的夏夜浸透着凉意，碰着路旁的树枝，便有大滴大滴的露水落下来……

不久，我们一行人又去了上清宫。那也是一座道观，我们在那里小作盘桓。这期间，同行的康寿山女士和我接触最多，她是徐悲鸿先生的学生，毕业于中央大学艺术系，当时是中大艺术系的助教。解放后，她在清华大学建筑系担任素描和水彩画的副教授，经常画建筑物及风景写生，很见功力，她的国画也以这方面的题材见长。那时她才二十七岁，比我年长，又是湖南人，因此，我们常在一起谈心。她还曾为我画过一幅素描肖像，很受徐悲鸿先生的赞赏。

还有郁风女士，她也曾就读于中央大学艺术系，是徐悲鸿先生的学生，郁达夫烈士的侄女。她不仅擅长绘画，而且文笔优美，性格活泼。她曾教我们跳舞，玩集体游戏，给大家增添了很多欢乐。

李瑞年先生是位卓越的油画家和美术教育家，尤以风景画出色脍炙人口，深受徐悲鸿先生推崇。

我们在青城山还遇到吴祖光、丁聪和吕恩。他们当时都很年轻，但吴祖光已是很有名望的剧作家，丁聪是才思敏捷的漫画家，著名话剧演员吕恩那时就像花朵一般美丽。很多年以后，我们又都在解放了的北京欣然相遇。

天师洞当时有许多道士，他们之间等级森严，清规戒律很多，最高一级的一位道士主管一切。其中有一位中年道士常常出去采摘新鲜核桃，用托盘盛着，很恭敬地送给徐悲鸿先生，那位年长的最高主管也常来问候他，而那位厨师，探听到徐悲鸿先生爱吃西红柿，每天早晨都为徐悲鸿先生做一碗西红柿鸡蛋羹。他们有一个共同的愿望，就是想得到徐悲鸿先生的一幅画。

一个多月以后，我们离开青城山时，徐悲鸿先生画了七幅画，分赠给那里的七位道士。但徐悲鸿先生提出了一个条件，就是必须让那位厨师第一个来挑选。他们七人围在这七幅画前观看，听到徐悲鸿先生的话以后，最初，厨师惊慌地望望他那位威严的主管，又惶惑不安地望望徐悲鸿先生，接着，便连连摇头；他那双发亮的眼睛仿佛在对徐悲鸿先生说，我很感激，但是在我的主管面前，我决不能这样做。徐悲鸿先生立刻领悟了他的意思，便亲自挑选了其中最好的一幅送给了这位厨师。

后来听说，那位送核桃的中年道士得到徐悲鸿先生的一幅马以后，曾请人制成石刻，以它作拓片出售给游人。

第十章

从青城山下来,我们在灌县停留了一天,便乘公共汽车回成都。徐悲鸿先生住在他的老友陈离先生家里,我便去金陵女大报到入学了。就像小鸟展翅飞向广阔的天空一样,我以最大的勇气和毅力从徐悲鸿先生身边飞走了,但是我却时时眺望我的旧巢,深深地依恋着它。

夜里,我睡在金陵女大的学生宿舍里,望着窗上的藤蔓和似水的月光,万种柔情又从我心中袅袅升起。我想着徐悲鸿先生,不知他现在怎样了?睡了没有?我难于忘记和他分手时的情景。

"再见!"当我离开他那天,他说,"看到你如愿以偿,我十分高兴。愿你努力学习,成为一位化学家,我们国家极需从事科学的人才。"

当时,我被离情搅扰,只是默默地点头。

他又接着说:"金陵女大是美国人办的一所极严格的学校。学生们毕业出来,都能讲一口流利的英语,又有较高的文化和礼仪方面的修养,有些人毕业后便嫁给了国民党政府的高官。"

"先生,"我急忙抢着说,"我决不向往当那样的夫人。"

"静,但愿你记住,我们的国家还在灾难中,老百姓仍辗转于沟錾。"他深沉地说,"要立志对国家和社会做出贡献。"

"谢谢您,先生,无论我去到什么地方,我都永不遗忘您说过的这些话。"

我带着这些美妙的回忆,在蒙眬中入睡。清晨,当当当响亮的起床钟声将我唤醒。我急忙起床,走进盥洗室梳洗。随后是早操、早餐、上课……我开始了生气勃勃的学生生活,置身于那些像春风一般快活的年轻姑娘之中。

但是,我仍时时怀念徐悲鸿先生。他正在筹备他即将在成都举办的画展,而我却不能在他身边帮助他,他一定非常辛苦。我从没有这样心焦地盼望星期天的到来。因为只有星期天我才有可能和徐悲鸿先生见面。

第一个星期天的清晨终于快乐地来到了。这是多么美丽,多么轻盈,多么幸福的清晨呵!我走出校门,一路上,脚步轻捷、迅速,心里有一种说不出的欢快和兴奋,连初升的太阳也好像在对我甜蜜地微笑。

我又见到了徐悲鸿先生,又看见了他和悦的笑容,又听见他用温存的声音说:"静,你没有远离我,我为此庆幸。"

但是,他十分明显地消瘦了。原本丰满的双颊下陷,从头到脚都流露出一种疲乏的神色。我像过去一样,为他研墨、铺纸、编写画展目录等,忙碌了一整天。

晚饭后,他步行着送我回学校。这很像我们以前在晚饭后的散步,可以使他得到休息。而且一星期的离别,使我异常珍惜和他相聚的片刻。只有尝到离别的苦果以后,我才知道自己的心已无法从他那里收回了。这是月色皎洁的夜晚,繁星也在夜空中快乐地低语。

"静,不要总是想念我,要用功读书,我不喜欢不用功的人。"

他轻轻地温和地说。

"先生，对您的思念是无法抑制的，但我学习得很好，没有忽略任何一门功课。可是，我今天看到您消瘦了，心里很不安，我想……"说到这里，我突然停住了，话涌到唇边又咽了回去。

"你想什么呢？"

我沉默不语。

"静，你想什么呢？告诉我。"

我踌躇着。

"静，说吧，你想什么？"他催促我。

"我想，您不能总是一个人，身边没有人照顾，您还是应该赶快找一位合适的伴侣。"我极其诚恳地说，但我的心却是疼痛的。

"静，感情这个东西就是如此神奇。有时，我画得疲倦了，停下来休息的时候，便恍如听见你学校下课的钟声，很想立刻看见你，但是，我不能去搅扰你。"

"先生，您没有答复我刚才所说的话，您不能总是压抑自己的感情，必须有一个人照顾您的生活。"我重复说。

"静，如果我眼中还有你的影子时，我怎能去爱别人呢？而且你的感情是如此深沉、真挚、淳朴，在你以前，我从未感受过，这或许是世间少有的。我宁愿等待你四年，如果四年以后，你在金陵女大毕业时，爱上了别人，我也将毫无怨言。"

"先生，您已四十八岁了，再等待四年，便是五十多岁的人了，您不能再等待我！只要您有了爱人，我会默默地从您身边走开，把我的位置让给她。"我心情凄苦地说。

"静，爱情之所以可贵，是因为它不能被替代。如果现在有位天仙下凡，她将人间的美貌、德行、智慧集于一身，也不能替代你所给予我的幸福,知道吗?静!"

我又默然地流泪了。

他一直将我送到金陵女大的宿舍门前,才依依地独自回去。此刻,当我伏案书写之际,我仍十分清晰地看见他那疲乏的面容上,浮现着依恋的神情,和他那穿着白夏布长衫,渐渐远去了的背影。

第二个星期天又来到了,我们重新感到相见的欢乐。而且由于我进了大学,父亲不再来信责备我了。我的心可以自由地畅饮爱情的雨露。

不久,徐悲鸿先生在成都的画展揭幕了,它使成都的观众沸腾起来。我又挤在观众之中,听着那些热烈的赞美之词,分享着徐悲鸿先生的喜悦。他的油画《田横五百士》及国画《愚公移山》《九方皋》《巴人汲水》《贫妇》《风雨鸡鸣》《漓江春雨》等,都以生动的内容与完美的技巧,使观众受到强烈的艺术感染,在成都美术界产生了很大的影响,卖出的画也不少。

画展刚刚结束,徐悲鸿先生便接到吕斯百来信,转来了蒋碧微索取儿女抚养费的要求。于是,卖画所得的几乎一半,又通过吕斯百,被送到蒋碧微手中,数目仍是十分可观的。剩下的钱他捐献了一部分,救济贫病的文化人士。

成都的秋天是美丽而丰富的,在秋阳照耀下,郊外的树木和田畴显得格外明亮和灿烂,稻谷阵阵飘香。

徐悲鸿先生和我便利用星期日,去游览了新都县的桂湖。那里有明朝杨升庵先生手植的一百八十余株桂树,当时正是桂花盛开的季节。我们乘坐了一辆带篷的马车,奔驰在成都至新都的宽阔的公路上。

由于徐悲鸿先生经常画马,他对马有一种偏爱。和马在一起,听着马蹄嘚嘚，看着马迎风奔驰，他觉得是一种精神享受。他的心仿佛在和马一同驰骋。

马车夫是一位和善的老人，满是皱褶的面孔被炎阳晒得黧黑。他穿一身打着补丁的粗布衣服，弓着身子坐在前座上。他笑呵呵地打着呼哨，不消举起鞭子，那匹栗色的年老的牝马便扬起那好看的蹄子，欢快地向前奔驰了。路旁的树木和房舍都急速地向后闪过去，那有节奏的急促的马蹄声，就如同夏夜打在窗上的阵阵急雨。秋天火辣辣的阳光洒在牝马那闪着亮光的皮毛上，渐渐地，它浑身冒出热气，吃力地张开嘴和翕动鼻孔，似乎想喘一口粗气，但却丝毫也不减慢它那迅速奔跑的脚步。老车夫显然很体谅马的辛苦，急忙勒紧缰绳，大声吆喝了一声，牝马才渐渐放慢了步子，庄重地走着，如同一个慢步前进的士兵。随后不久，它又急速地奔跑起来。

马车夫摇动着他那满头白发，笑呵呵地回过头来对我们说："我这匹马呀，虽然老了，也跟人一样，还很好强呐！"

徐悲鸿先生愉快地接着他的话茬说："老大爷，你这匹马养得真不错呵！"

"养马，你必须爱它。"马车夫十分得意地说，"不要光看它是畜生，其实，它什么都懂，有时候，比人还明白呐。比如说，今天我拉上了你们，有了生意，它比我还快活。我就靠这匹老马过日子，它也靠我过日子，我们俩，谁也离不开谁。唉，我什么都卖了，就没有卖这匹马。有时候，我自己挨饿，也要喂饱它；我自己冻着，也不能让它受冻。它要是歪着脑袋，我就知道它不高兴，什么也不让它做，我自己用肩膀去扛活……"老大爷絮絮叨叨地说开了。

"老大爷，你说得对，说得好。"徐悲鸿先生脸上流露出一种十分感动的神情，"我就喜欢你这样待马好的人，马是既勤劳又忠实的。"

马车夫受到了徐悲鸿先生的鼓励，话更多了。他继续打开话匣子，没完没了地说起来，说他的家口，说战争的灾难，抱怨物价飞涨、生活艰难……牝马一面奔跑，一面竖起它那两只尖尖的耳朵，像在倾听主人的诉说。

迎面吹来的风夹带着淡淡的芳香，那是桂花的芳香，它越来越浓郁了。我举目眺望，新都已在前面。那些数不清的桂树在秋天明朗的阳光下，高高地举起浓密的绿色枝叶，像一座绿色屏障，美丽地展现在我们面前。马车猛烈地摇晃一下，停了下来，数十公里的路程，迅速地跑完了。

我们愉快地跳下马车。徐悲鸿先生付过了车钱，便伸手爱抚着牝马那隆起而光滑的脊背，像对一位亲切的朋友似的说："谢谢你。"牝马轻轻地踢着蹄子，快活地颤动着它那美丽的头颈，显出十分高兴和柔顺的样子。

马车夫正忙着给马预备水和饲料。"喏，这个给你。"徐悲鸿先生忽然对马车夫说，一面从手提皮包里取出一幅折叠起来的奔马。这是他昨天晚上才画好，打算在归途中送到裱画店装裱的。

马车夫迷惑地抬起他那满是皱纹的前额，眯细着眼睛呆望着徐悲鸿先生，仿佛没有听懂他的话。

"老大爷，"我从旁解释说，"这是一张画，是送给你的。"

马车夫那双混浊的眼睛陡然亮起来，脸上那些深深的皱褶里都飘起了微笑。他双手接过画，连声说："呵，呵，谢谢老爷，谢谢老爷。"

"老大爷，"我说，"这张画的价钱比你这趟车钱多得多，你可不要随便给人呀！知道吗？"

马车夫频频点头说："晓得了，晓得了。"他那堆起皱纹的眼角潮湿了，挂起了一滴泪珠，"我碰到好人了，今天一早，我看见一只喜鹊飞到我的窗子上,我就想,兴许有啥子喜事要来,可是,我这个穷老头儿还能有啥子喜事呢?现在,真灵验啦……"他又唠叨开了,同时用右手扯起左臂的袖口,擦去了那滴已流到面颊上的泪水。

徐悲鸿先生握着马车夫那双粗糙得像石头般的手,连声说着再见,才离开他,向桂湖走去。

"先生,您为什么突然要给一位不相识的马车夫一幅画呢?何况他又不知道您是谁,您是否有点过分慷慨了?"我带着惊异问他。

他十分柔和地回答说:"因为我爱马,也爱善待马的人。你没有看见这个马车夫,他既能非常熟练地驾驭,又能视马如亲人。他对马的爱打动了我的心,使我受到感动,何况他的生活很艰难呢!"

听着徐悲鸿先生的话,我也十分感动了。

我们来到桂湖一百八十余株桂树前,徐徐漫步。浓烈的桂花芳香扑鼻而来,沁人心脾,真有香动天地之感。那些古老的树干大可合围,像一个个历尽沧桑的老人,沉思地立在那里。在它们身上,留下了漫长岁月的瘢痕,但旺盛的生命汁液,仍在它们的躯干里淙淙流动。它们经历了几个世纪的暴风疾雨,却依旧将花朵撒向人间。那些金色、白色的小小花朵,密密麻麻地缀在墨绿的枝叶上。一阵微风吹过,那些细小的花瓣便飘然撒落在我们头上、身上和地下。欢笑的阳光穿过枝叶的缝隙,将那些暗黑的树影投在地上,就像一位高明的画家画出来的杰作。我们踏着这些好看的树影缓步而行,我心中忽然产生一种生命脆弱之感。几个世纪过去了,我们的先辈一代一代被埋葬在地下,但树木却顽强地活着,屹立在炎阳和冰霜中。我把这种想法对徐悲鸿先生说了,他默默地点点头。但是他随即便说:

"人的一生是短促的,但躯体被埋葬了,生命仍可延续。每个人对国家、对事业以至对家庭所做的努力和贡献,将长久地留在后人心中。其间一些杰出人物也能不断将美丽的花朵洒向人间，较之树木的生命更为绵长，而树木终究是要死亡的。"

尽管徐悲鸿先生的话给我以鼓舞，但我心中兴起的那种凄伤之感仍未能消失。我想起了我那三十九岁就悲哀地死去的母亲和十一岁便夭折了的三姐，这都发生在我的童年，在我心中投下了浓重的暗影。年岁稍长，我读苏东坡的《赤壁赋》："寄蜉蝣于天地，渺沧海之一粟，哀吾生之须臾，羡长江之无穷，挟飞仙以遨游，抱明月而长终，知不可乎骤得，托遗响于悲风……"便很有同感。古典文学中某些感伤的东西曾长期给我以影响，这和我当时的年龄是十分不协调的。

另一个星期天，我和徐悲鸿先生游览了成都的杜甫草堂。这是杜甫于公元七五九年来成都居住过的地方，是一座具有民族风格的建筑。宽阔的庭院里，小桥溪水，翠竹掩映，十分秀美。我们缅怀诗人，顿生感触。徐悲鸿先生非常喜爱杜诗，他还曾画过多幅《少陵诗意》的国画。像诗人一生坎坷的遭遇一样，草堂也历尽沧桑，几度倾颓，又几度修葺，人民始终纪念着他。徐悲鸿先生在杜甫草堂前深有感触地说：

"杜甫留下的大量诗篇便是不朽的传世之作，他把这些美丽的花朵洒向人间，百世流芳。"他似乎还记着我们在桂湖说过的那些话，停顿了一下，又继续深沉地说，"每一个人的一生都应该给后代留下一些高尚有益的东西才对。"

如果说，那些日子我和徐悲鸿先生真正有过既快乐又幸福的时刻，那就是在这些短暂的星期天。只有在星期天，我才是欢乐的、自由的、无忧无虑的，就像羽毛丰满了的雏燕，在广阔无云的万里晴空飞翔一样。

第十一章

　　幸福的日子是短暂而易逝的。

　　徐悲鸿先生必须回重庆了，那里的工作在等待着他。离别又在眼前。他忙着清理行李，要把许多不出售的作品带回去，他自己必须永远保留这些作品，因此他的行李是沉重的。同时他还要赶画一些画，以满足成都一些向他求画的朋友的要求。

　　过度的忙碌又使他病倒了。先是发冷、头晕，随后是高烧，血压也偏高。医生说他是由于过度疲劳。他躺在床上，身边没有亲人照料。这种情形出现在孤身一人的情况下，就更令人感到凄凉。于是我急忙请假，守候在他身边。经过服药、打针，烧渐渐退下来，但健康并未复原。他脸色苍白，身体十分消瘦，而且又犯了肠痉挛症。剧烈的疼痛使他的前额冒出一颗一颗豆大的汗珠，但他紧咬着痛得发白的嘴唇，不愿发出一声痛苦的呻吟。

　　身体还未康复，他便急于要回重庆去。因为那里的许多工作迫切需要他回去。

　　他的老友陈离先生语重心长地对我说："徐先生一人单身过了七年，真不容易呵！你何必一定要读大学呢？在他身边也能学习很多的东西呀！为了使他对国家多做贡献，你应该做点牺牲。"

我沉默不语，内心的矛盾斗争达到极点。我既想照顾徐悲鸿先生，又不想放弃我的学业，心里一直在翻腾。

"静。"徐悲鸿先生完全了解我的心情，体贴地说，"你不必为我考虑，还是好好读书吧！"

"可是，我不能不担心您的身体，您独自回重庆去，过着孤单的生活，身边没有亲人照顾，我心中不安。"

"静，你何必担心呢？我不是已经孤身生活了七年吗？再加四年，一共十一年，已过了一多半了呀！"他笑着说，想引起我高兴，但我却凄然落泪了。

我回到学校，慌慌张张打开课本，却看不到上面的字迹；坐在课堂里，也听不见教师在讲什么；在实验室里，我碰翻了氧气瓶，将试管掉在地下……下课铃在当当地敲打，我知道，这时徐悲鸿先生也许已经坐在我宿舍门前的草地上等着我，因为再有两天，他就要回重庆了。而我却没有做完实验，而且还要写完实验报告才能离开实验室，但我的心却飞到他身边去了。

虽然徐悲鸿先生再三勉励我努力读书，但我的感情再也不能听从理智的召唤，特别是当我想起医生说过的话："他的健康情况不好，血压也有点高，要特别注意饮食起居。"但是，谁去关心和照料他的饮食起居呢？夜里，我辗转不眠，苍白的月光透过窗子，照在我洒满泪水的脸上。我在啜泣中渐渐睡去。

临到要走的前一天了。我赶到徐悲鸿先生那里，精神恍惚，心乱如麻，控制不住的泪水在眼眶里打转。陈离先生却笑容可掬地走到我们面前，亲切地告诉我，他已为我们买了两张去重庆的飞机票。他将飞机票送到我手里，用他那永远改变不了的四川乡音对我说：

"你不能只顾自己呵！"

我们都愣住了。

徐悲鸿先生连声说："不可以的，无论如何不可以的。静文不能走。我不能影响她的学业。"

我的心怦怦地加速了跳动。对徐悲鸿先生的尊敬、爱和同情，对他的健康的担心，对即将离别的悲伤，一时都涌塞在我心里。它们是如此强烈地冲击着我，就像无可阻挡的洪水一样，将我心头的种种忧虑都卷走了，使我在片刻之间，终于做出了我长久不曾做出的决定：陪徐悲鸿先生一同回重庆去！尽快和他结婚，使他能有一个多年未曾得到的温暖家庭。

徐悲鸿先生的劝阻已不起作用了。虽然，他再三说："你要冷静一些，不然，将来要后悔的。"

"我永不后悔！"

"但是，我仍愿你留在这里读书，这比一切都重要呵！"

"先生，您总是为别人考虑，从不考虑自己。"

"静，"他脸上泛起一片忧伤，"我仍常想，你毕竟太年轻了，我不应该爱你，这是我的过错，你还是留下来读书吧！以后也许能将我渐渐淡忘，另找一个合适的人。"

"不，先生，这世界上绝没有一个人能在我心中占有您的位置了。"

陈离先生在旁边满意地笑着，这位戎马半生的将军待人竟如此真挚和细致，这是我未曾料到的。

十多年以后，我在北京遇到他，他已调任中央人民政府农林部副部长，可惜这时，徐悲鸿先生已不幸去世。我们回忆当年旧事，含泪相对欷歔，更见他对徐悲鸿先生友谊的真挚。

陈离先生出身行伍，幼年家境贫困，与寡母相依。有一次，他向我谈及他的身世,说他的幼弟病死时,母亲只能以一床破席裹着尸体,挖一个土坑埋下。第二天,他再去看时,只见一群饿狗正在啃着弟弟的尸骨。几十年过去了,但他在叙述时,仍闪着泪花。他在政治上很开明,长期以金钱和军火支援红军;在解放大西南时,他又不顾个人安危,奔走起义,为人民做了许多有益的贡献。

我终于跟随徐悲鸿先生在成都机场上了飞机。那天,天气晴朗,阳光普照大地,飞机平稳地在高空飞行,掠过广阔的沃野和丘陵,巴山依稀在望。奔流不息的长江和嘉陵江又映入我的眼帘,重庆出现了。这座雄伟的山城看上去烟雾弥漫,它是多么使我怀念而又迷惘呵!

我又回到了磐溪,感到那里的一砖一石、一草一木于我都是十分亲切。一切依旧,只有楼旁的一座凉亭在我们离开期间遭到日机炸毁,但那位事务员及男工幸未受伤。

我辍学和徐悲鸿先生一同归来,立即引起蒋碧微女士的注意,她又给我父亲写了挑拨信。因而我和徐悲鸿先生的关系,很快又遭到我家中的干涉。为了取得父亲和姐姐的谅解,早日结婚,我决定亲自去贵阳说明一切。徐悲鸿先生为我买了去贵阳的长途汽车票,送我上了车。我又一次在川贵高原上疲惫地奔波。

到达贵阳后,我便在贵阳师范学院旁边租了一间小房子住下,以便我那位在师范学院读书的姐姐可以常常来看我。我们恳切地交谈了多次,她渐渐了解了我和徐悲鸿先生之间深挚的感情,也了解了蒋碧微女士与徐悲鸿先生绝没有和解的可能性。但是,她仍坚持要亲自与徐悲鸿先生交谈一次,然后再决定我们是否结婚。因为蒋碧微声称她未与徐悲鸿先生离婚,而且表示决不办理离婚手续,因此,才招致我父亲对我婚事的坚决反对。

徐悲鸿先生依旧每天黎明即起，到中央大学艺术系去教课；他必须等待放了寒假才能来贵阳。我读着他那满怀思念的信，期待着早日和他见面。

贵阳的冬天是寒冷的，天气阴沉，太阳好像跟人们生气似的不肯露面，沉甸甸的乌云像淤泥一样总是悬在天空，几乎每天都下雨，空气潮湿得令人难受。临近年底了，我满心欢喜地接到徐悲鸿先生的信，说他即将起程来贵阳和我一同度过除夕。

时间在人们迫切期待什么的时候，总是过得异常缓慢，只有快乐的时光才匆匆流逝。我一天比一天焦急地等待着，可是徐悲鸿先生却迟迟没有来。已是腊月的最后一天了。从早晨起，就一直下着雨。我多少次跑到门前去等待他。"无论如何，他今天总该来到了！"我激动地想，行将见面的兴奋和欢快使我的两颊泛起一片红晕。然而，整整一上午过去了，徐悲鸿先生却没有来。我开始惴惴不安，也无心吃饭，不停地跑到门口去张望。一点、两点、三点……时间伴随着我的心跳，在一秒一秒消逝，随之而来的是冬天黯淡的黄昏。

夜——人们团聚的除夕之夜飘然降临了，徐悲鸿先生仍没有来。我从镜子里看见自己的脸已失去了血色，变得苍白而憔悴。姐姐和我一同围着那小小的火炉坐着，默默地听着那千家万户点燃的噼噼啪啪的鞭炮声。十点敲过了，十一点也敲过了，外面还在下着阵阵冷雨，街上已没有了行人。人们都在家中团聚，而徐悲鸿先生为什么还不来到呢？

"他不会来了。"姐姐说，"你不要信人太过，你太幼稚和单纯了！"

"不，他一定会来的。"我坚决地说，但我却听见自己的声音在打战。

/
一九四三年，徐悲鸿与中央大学艺术系学生合影

"你真傻,深更半夜了,还能来吗?要来,早就该到了!"姐姐愤愤地说,"你不听我的劝告,吃亏的是你自己!"

眼泪在我眼眶里转动,几乎要哭出来了。我不禁伤心地想起了许多往事。我想起在湖南时,为了帮助同学杨德恭反抗她哥哥企图包办她的婚姻,在她哥哥教书的地方——湖南醴陵县一个偏僻的小镇上,我因此而受到了种种迫害。后来,德恭和我幸而离开那里,赶到当时湖南的省会耒阳去投考大学。但大学考期已过,只剩下国立商学院在招生。我们只好去报考,而且被录取了。德恭上了国立商学院。我不愿意学商,看到广西大学尚在招生的消息,便急急忙忙赶赴桂林。不料,沿途遇到日机轰炸,火车停在半途,误了时间。当我到达桂林时,广西大学的报名日期已经截止,我只好留在桂林工作。谁会想到,就在桂林,我竟认识了徐悲鸿先生……是不是命运有意的安排和捉弄呢?这一连串的往事一齐都涌到了我面前,使我陷入沉思默想。

突然,我的沉思被一阵有节奏的叩门声打断了。我猛地跳了起来。这是他,徐悲鸿先生!只有他才这样敲门。我像发狂一样跑去开门。已是深夜十二点了,徐悲鸿先生出现在我面前。他那蓝布棉袍的上上下下都溅满了泥浆。

他站在火炉前,伸出冻得冰冷的手指在火上反复地烤着。

"静,"他温和地说,"我从重庆出来时,乘的是一辆开往贵阳的邮车,半路上在深山里抛了锚。我只好换乘长途公共汽车,没有想到公共汽车又坏了。我便又换乘一辆敞篷货车,不料,那辆货车在离贵阳四十华里的地方又抛锚了。怎么办呢?可今晚是除夕呀!我必须赶到你面前,所以,就步行来了。"

"您就一个人在黑夜、雨水、泥浆中步行了四十华里?"

他点了点头。

"您为什么要这样呢?"我竟埋怨起来,"车抛锚了就应当找个旅店住下,我不喜欢您这样折磨自己。"

"静,今晚是除夕,我知道你在等我,我不能让你一个人寂寞地度过。而且我心里不断在想,如果我今夜能赶到贵阳见到你,我们的婚事便一定能成功,否则,就将失败;我把这看作预兆。"

"唉!"我长长地叹了一口气,急忙为他脱下那淋湿的棉袍。但是,我这里却没有他能穿下的男人衣服,他只好裹着被子坐着。我为他在炉边烘烤棉袍,我们就一直坐到天明。我姐姐也因此受到了感动。

第二天,徐悲鸿先生搬进了旅店。贵阳的报纸立即报道他来到贵阳的消息。于是,他的朋友、学生、新闻记者、许多美术爱好者纷纷来看他。他的房间里从早到晚都挤满了人。

第十二章

徐悲鸿先生和我终于在贵阳正式举行了订婚礼。他的许多朋友都来向我们祝贺，我们也按当时的习惯，在报上登了一则启事：

徐悲鸿廖静文在筑订婚，敬告亲友。

在这之前三天，徐悲鸿先生还正式在报上刊登了一则声明：

悲鸿与蒋碧微女士因意志不合，断绝同居关系，已历八年。中经亲友调解，蒋女士坚持己见，破镜已难重圆。此后悲鸿一切，与蒋女士毫不相涉。兹恐社会未尽深知，特此声明。

我们心里充满了幸福之感。徐悲鸿先生亲切地对我说：
"静，以后不许再叫我先生了，应该叫我的名字。"
"悲鸿！"我快乐地叫着，"没有您的命令，我不敢这样称呼您。"
他由衷地大笑起来。
随后，我们参观了贵阳近郊的一个农场。那是悲鸿的一位留法同学创办的，悲鸿曾在经济上支援过他。他十分热情地欢迎我们，招待我们吃了农场种植的新鲜蔬菜，非常可口。饭后，我们又骑着农场豢养的肥壮马匹出游。这是我第一次骑马，由马夫牵着缰绳，徐徐而行。悲鸿则很轻捷地跨上了马鞍，策马扬鞭，马便欢快地飞奔起来；在一阵尘土飞扬中，他像闪电一样消失在远方了。

贵阳的冬天没有北方的萧瑟之感。原野上一片碧绿，有时还可以听见小鸟动听的鸣叫。

但是相聚匆匆，不久，悲鸿又要回重庆去了。他决定回中央大学后，处理完一些要事，尽快回到贵阳来结婚，并打算在贵阳郊区住下来，搞些创作。他喜爱贵阳郊区安静而淳朴的环境，那些朴实的农民，服装迥异的少数民族，以及苗人的跳月和吹笙，他都觉得十分入画。特别是和那座空气污浊、大发国难财的人在歌舞升平、人们趋附于权贵的重庆比起来，我觉得贵阳确实要朴素得多。当我读陶渊明的《归去来辞》时，就更被农村那种简单而恬静的生活所吸引，渴望到农村去。

悲鸿又乘坐一辆烧木炭的长途公共汽车旅行在川黔道上的崇山峻岭中，但是他的心情是愉快的。他沿途在每一个集市停留，挤在人丛中细心地寻觅有没有什么东西可以买给他的未婚妻。他的身边渐渐塞满了蓝底白花的蜡染印花土布，少数民族手工雕刻的手镯，珍贵的兽皮等，以致到达重庆时，搜遍全身竟找不到分文来付车费了。

我在贵阳等待悲鸿，渴望和他生活在贵阳郊区的小小农舍里，看他作画，照料他的生活。我深信，他将在那里创作出大量作品。我沉浸在幻想中，做着美丽的梦。然而，时间一天一天过去了，他不但未按期回贵阳，而且连一封信也没有写给我。

严寒已经消逝，春天伴着花朵来到了人间。我心中焦急不安，不断地给悲鸿写信，但仍得不到他的片纸只字。我被扔进了惶惑和痛苦的深渊。又过了一段时间,他依旧没有信来。我开始生气了。但要怀疑他那真挚的爱是不可能的。那么,究竟发生了什么事呢?我忽然害怕地想到,也许他病倒了;他一个人,没有人照顾呀!于是,我急急忙忙起程去重庆,行前,我发给他一封电报。

这时,已是初夏了,我将冬天的衣服都留在贵阳,便搭上邮车,在崎岖的川黔道上艰难地行进。经过那些我曾和悲鸿一起停留过的地方,都引起许多回忆和怀念。我多么渴望像鸟儿似的长上翅膀,立即飞到悲鸿面前呵!四天的旅程仿佛比过去两个多月的等待还要漫长得多。

我终于又看到了雾霭笼罩着的重庆。坐上了横过嘉陵江的渡船,走上那条我曾走过千百次的陡峭的石梯,远远地就望见了中国美术学院筹备处,我的心立刻激烈地跳动起来。

我跑上楼梯,急促地叩悲鸿的房门,可是没有应声。问筹备处的人,都说他前两天进城去了。我只好耐心等待。第二天,他神色忧郁地回来了。我忽然出现在他面前,使他惊喜不置。

原来,他是进城托中华书局的朋友向贵阳方面探听我的消息去的。我两个月中寄给他的全部信件和电报他都未收到,而他全部的信件和电报也未送到我的手中。后来,我们才知道,那些信和电报全部被别人扣下了;我的信还曾被拿到张道藩主管的中国文艺社去宣读,作为那些酒醉饭饱的大人先生们谈笑的资料。

了解了这一切以后,悲鸿紧紧地皱蹙着他那浓黑的眉毛。我知道,那里面埋藏着他深深的愤怒。他的心变得很沉重。幸而我们终于相逢,并且弄清了那些别有用心的人的卑劣行径。

我和悲鸿重又幸运地相聚,而且准备结婚了。但蒋碧微女士忽然提出要办理离婚手续的要求,并向悲鸿索取现款一百万元,古画四十幅，悲鸿的作品一百幅，作为她今后的生活费，此外，还须将每月收入的一半交给她，作为儿女抚养费。

尽管律师一再说，除了负担儿女抚养费以外，对她那些要求都可不予置理。但是，也有一些人来充当说客，劝悲鸿尽力满足蒋碧微女士的要求。悲鸿在对待蒋碧微的态度上，从来是忍让的，他永远未能忘怀和蒋碧微最初的爱情和在巴黎那段艰苦的生活，所以决定竭尽所能来满足她的愿望。

于是，他又开始日夜不停地作画。他不仅要画一百幅国画给蒋碧微，而且要画一批画出卖，以筹足一百万元，同时，他每天清晨还要去中央大学艺术系教课。他一个上午一个上午地停留在教室里，不辞辛劳地教导着学生们。

悲鸿画的第一批国画五十幅完成了，通过吕斯百送交蒋碧微。另外，还有四十幅悲鸿收藏的古画，其中有她点名要的任伯年的杰作《九老图》，及现款二十万元也同时送去。

当时，抗日战争仍处于艰苦和危险的阶段。我的家乡长沙沦陷了，报载衡阳也吃紧。从衡阳到桂林有铁路可通，所以眼看桂林也将不保。悲鸿的全部存物都放在桂林七星岩，他焦急万分，将手头仅有的一万元汇寄给张安治。张安治先生当时在桂林教书。悲鸿嘱他赶紧将存物运出，运费不够时，可找沈宜甲先生设法。当时沈先生在桂林办工厂。但信件几经往返，衡阳已告失守，桂林人心惶惶，火车票已难购到，更谈不到运送行李了。张安治只好挑选了悲鸿的八箱书画，运到平乐县去，其余的箱子仍放在七星岩。

悲鸿又急如星火地往黄养辉那里发急电，催促他赶快到桂林搬运那些存物。黄养辉先生是悲鸿在南京中大教书时勤谨刻苦、功基深厚的学生。他的水彩画和他自己创造的竹笔画都很受悲鸿赞赏。当时他在黔桂铁路工作，画了大量描绘黔桂铁路工程的水彩画，丰富多彩。还有，悲鸿从保山带回的那个江苏同乡——做烧饼的伙计，当时，由悲鸿介绍在贵阳一家中学的食堂工作，悲鸿催促黄养辉带他同去桂林搬运。于是，他们赶赴桂林。这时火车已拥挤不堪，车顶上都坐着难民。黄养辉手中缺少运费，他便持悲鸿的信去见李济深先生，李先生慨然拨公款两万元，终于将悲鸿存在桂林七星岩洞中的数十只书画箱运至贵阳存放。

也正在这时，一个极为意外的消息震惊了悲鸿。

中央大学艺术系的学生卢荫寰女士从成都给悲鸿来信说，她通过她丈夫的朋友介绍，去到一位不相识的人家里，见到了一幅古代人物画卷，完全和悲鸿失去了的《八十七神仙卷》相同。因为悲鸿曾将《八十七神仙卷》的放大照片带到中央大学艺术系的教室里去，让学生们临摹，所以她十分熟悉。

悲鸿读完这封信，心里好像爆发了一团炽烈的火花，十分激动地在室内走来走去。

"静，我必须立刻到成都去。"他的声音里既有快乐，又有焦虑。

"那么，我陪你去。"我说。

我们都异常兴奋了。

"但是，"悲鸿沉吟了一下，又说，"我很担心由于我亲自到成都去，风声传出来，使藏画的人惧祸，将画毁掉，以销赃灭迹。"

"那怎么办呢？"我不知道应当怎样帮助悲鸿，感到茫然不知所措。

我们考虑了很久，最后，还是悲鸿做出决定，去找那位新加坡来的刘将军，他是一位十分干练的人。悲鸿委托他去成都，请他先设法与藏画者认识，交上朋友，看到那幅《八十七神仙卷》后，再商量解决办法。悲鸿给了刘将军一笔费用，并再三叮嘱说：

"最重要的是不能使藏画的人害怕，以防他将画毁掉。如果能花钱买回来，那就花一笔钱吧！"

于是，刘将军急忙起程到成都去。他很快结识了那位藏画者，也看到了画，的确是他以前见过的《八十七神仙卷》。刘将军来信说，为了使画能安全到手，需要花一大笔钱。

悲鸿便又忙于日夜作画和筹款了。先寄去二十万现款，随后又一次一次地寄去自己的作品，达数十幅之多。最后，刘将军才终于未辱使命，"完璧归赵"，将《八十七神仙卷》带到了悲鸿面前。

悲鸿双手捧着这件国家的瑰宝，他视之为生命的画卷，激动得两颊通红，用兴奋得颤抖的手指小心地打开了画卷，八十七位神仙都安然无恙地出现在悲鸿眼前。他们依旧安详、肃穆，体态优美，仿佛没有受过任何惊扰。只是画面上那"悲鸿生命"的印章已被挖去，题跋也被割掉。悲鸿当即高兴地作了一首诗：

　　得见神仙一面难，
　　况与伴侣尽情看。
　　人生总是荠菲味，
　　换到金丹凡骨安。

我望着眼前那位肩宽腰圆、留了短髭的刘将军，他全身上下都换了崭新的装束，气派阔绰。我心里便不免怀疑：那些寄去的画和钱是否都到了藏画者的手中呢？

我将这个想法告诉了悲鸿。悲鸿只是笑了一笑，毫不在意地说：

"何必计较那些钱呢？他能将这幅画弄回来，便是了不起的功绩。"

自此以后，刘将军还经常来向悲鸿要画，有时，一次竟达五六幅之多。悲鸿感念他的功绩，从不拒绝。

后来，我们果然听到消息说，那位藏画者什么也没有得到，全部的钱和画都落到了刘将军手中。抗日战争胜利以后，我们在北平又听到消息说：那位刘将军原不是什么将军，那一部英雄历史都是编造出来的。

一九四八年，悲鸿将《八十七神仙卷》重新装裱，请张大千先生和谢稚柳先生写了跋。

张大千先生写道：

> 悲鸿道兄所藏《八十七神仙卷》，十二年前，予获观于白门，当时咨嗟叹赏，以为非唐人不能为，悲鸿何幸得此至宝。抗战既起，予自故都避难还蜀，因为敦煌之行，揣摩石室六朝隋唐之笔，则悲鸿所收画卷，乃与晓唐壁画同风，予昔所言，益足征信。曩岁，予又收得顾闳中《韩熙载夜宴图》，雍容华贵，粉笔纷披。悲鸿所收藏者为白描，事出道教，所谓朝元仙杖者，北宋武宗元之作实滥觞于此。盖并世所见唐画人物，唯此两卷，各尽其妙，悲鸿与予得宝其迹，天壤之闻，欣快之事，宁有过于此者耶。

谢稚柳先生写道：

> 悲鸿道兄所藏《八十七神仙卷》，十二年前见之于白门，旋悲鸿携往海外，乍归国门，骤失于昆明，大索不获，悲鸿每为之

道及，以为性命可轻，此图不可复得，越一载，不期复得之于成都，故物重归，出自意表，谢傅折屐，良喻其情。此卷初不为人所知，先是广东有号吴道子朝元仙杖图，松雪题谓为北宋时武宗元所为，其人物布置与此卷了无差异，以彼视此，实为滥觞。曩岁，予过敦煌，观于石室，揣摩六朝唐宋之迹，于晚唐之作，行笔纤茂，神理清华，则此卷颇与之吻合。又予尝见宋人摹周文矩宫中图，风神流派质之此卷，波澜莫二，固知为晚唐之鸿裁，实宋人之宗师也。并世所传先迹，论人物如顾恺之女史箴，阎立本列帝图，并是摹本，盖中唐以前画，舍石室外，无复存者，以予所见，宋以前惟顾闳中夜宴图与此卷，并为稀世宝，悲鸿守之，比诸天球、河图至宝，是宝良足永其遐年矣。

转眼已是溽暑蒸人的盛夏了。

在重庆生活过的人，都领略过重庆夏天的酷热。它像一只硕大无比的火炉一样，烤炙着人们。但悲鸿每天都仍汗流浃背地工作着。一直挨到暑假开始，他结束了中央大学的课，才住到远郊的凉风垭一位朋友杨德纯先生家中去。那是一座别墅，周围树木环绕，十分幽静。

到了那里，他仍日夜不停地作画，也仍一如既往，一丝不苟。他习惯站着画，这样便于挥洒笔墨，使手腕、肘部、全身的力量都汇聚于笔端。他的笔力刚劲雄健，不仅那剽悍的骏马气度恢弘，给人以自由和力量的象征，即使是那些枝头鸣叫的小鸟，含苞待放的花朵，也充满旺盛的生命力，给人们一种积极向上的精神力量。

他在这里又画了《少陵诗意》。这幅仕女画也和其他人物画一样，是用中国传统的线描勾形，并吸收西洋画中的技法，略加明暗和光影的渲染，笔墨流畅，色彩淡雅。

我为他磨墨、铺纸、盖印章，有时也帮他渲染一些无关紧要的颜色，竭力分担他的辛苦。就这样，我也渐渐爱上了美术。

他孜孜不倦、日夜不息地辛苦，终于完成一批画，寄往昆明。那里的一位商人全部买下了。为了筹足蒋碧微女士索取的一百万元，悲鸿工作得实在太疲乏、太过度了。

我记得那是一个美丽的黄昏，悲鸿终于放下画笔，深深地喘了一口气说："静，今天我们一起到户外去走一走吧！"

自从到这里来以后，悲鸿便埋头作画，我们还从未出去散过步呢。在他脱下拖鞋，换上皮鞋之际，我惊讶地发现他的脚踝及小腿浮肿了。

我忧心忡忡地陪他一同走到户外。多情的明月睁开那光辉四溢的眼睛，温柔、亲切、静悄悄地凝视着我们，微风也在浓郁的树叶间低语。虽然，大地仍在散发着热气，但夜晚的宁静还是给我们带来一种舒适感。我们踏着自己的影子，走在铺满月光的山径上。

"静，"悲鸿忽然说，"我也许工作得太多、太紧张、太急切了。"

"是这样。悲鸿，你预支得太多了。"我望着他那带着倦容的脸说，"即使一个年轻人，也不能像你这样无休止地工作呵！"

"但是，我必须尽快付给蒋碧微所索取的钱和画，永远了结这件痛苦的事，免得它继续沉重地压在我心上。"他心情黯然地说。月光照在他的脸上，十分清晰地映出了他那忧郁的神色。

"不，悲鸿。"我恳求说，"明天你必须去找医生检查一下身体，决不能继续不停地工作下去。"

他低下头，沉默不语。

"亲爱的悲鸿，"我极其温柔地说，"你的健康是工作的保证，也是我的幸福的保证，千万不能掉以轻心呵！"

"我想，我的小腿浮肿可能是因为每天站着画画的时间太长，站久了的缘故。"他温和地安慰我。

"假如不是呢？"我心情抑郁，"还是应该找医生仔细地检查一下。"

悲鸿依从了我的意见。第二天清晨，我们便沿着那曲折崎岖的山路步行下山了。山脚下住着一位曾留学德国的医生，开了一个私人诊所。

医生用听诊器听了悲鸿的心脏，然后，又量了悲鸿的血压，立即紧张地叫道：

"徐先生，你半张画也不能画了，必须立刻进医院，你的血压已高达二百。"

这位装着两条假腿的医生严肃地看着我们，他对悲鸿是善意的，但他的话却给了我们强烈的刺激。

这位医生可能是个易于冲动的人。他留学德国时，因失恋而卧轨自杀，被柏林的一所医院抢救过来。当他从昏迷中醒来后，发现自己的两条腿已被碾断，更失去了生活下去的勇气，便又切断手腕上的动脉，血流如注，幸而被一位护士发觉。这位德国姑娘流泪对他说："你为什么要对自己这样残忍呢？"她同情和怜悯他，尽力给他受创的心灵以慰藉，于是渐渐产生了爱情，终于结为夫妇，并且一同来到中国。

听了这位医生的话，我立刻送悲鸿去重庆市的中央医院治疗。内科主任对悲鸿的身体做了全面检查后，把我叫到另一个房间说：

"他的血压很高，这在我们医院来说，叫作'病危'，随时有脑溢血的危险。"

我的心脏急速而猛烈地颤动，全身哆嗦，站立不稳了。"病危"两个字像一把利刃刺在我心上。难道说，疾病将突然夺去悲鸿的生命吗？这是多么可怕！我简直不敢设想会有这样的事。

悲鸿住院了。他躺在病床上，渐渐面孔也有点浮肿了。原来除了高血压，经化验小便，还有肾炎。他在向医生谈到病史时，回忆说，他在一九四二年丢失《八十七神仙卷》时，曾经三天三夜，食不下咽，夜不成眠。这次沉重的打击，使他种下了高血压的病根，当时曾出现高血压，但他未予注意。至于肾炎，他回忆说，三十年代在南京时，有一位王苏宇医生替他检查，说过他的肾脏、摄护腺发炎。这些年来，他东奔西走，忙于工作，也无暇顾及。在新加坡时，由于为画展作画，过度劳累，曾经腰痛得直不起来，肠痉挛症也常犯。如果他能好好调养，也许健康还不会每况愈下，以至如此。长期地拼命工作，使他在体力上支出得太多太多了！

我日夜守护在他的病床前。也许是为了减轻我的忧虑，他谈笑自若，而且兴致勃勃地说："如果现在叫我起来跑二十里路，我照样可以跑。"他真是一个坚强的、永不愿服输的人。

那是火一般炎热的盛夏，病房的窗子又朝西，刺眼的阳光热辣辣地直射在他身上。战时医院设备很简陋，窗户上也没有窗帘，悲鸿便用块手帕盖住眼睛，以防阳光的直射。我坐在床边，逐字逐句地给他念报纸。他时刻注视着战事的发展，担心着国家的命运。抗日战争继续在进行。虽然，由于美国参战，牵制和消耗了德、日法西斯的一部分兵力，但日军在我国仍继续向内地深入。抗日战争的形势并未好转，许多沦陷区的同胞仍陷于水深火热之中。

在这间十多平方米的病房里，还住着一位六十多岁的老人，是一位富有的工业家，患的是高血压心脏病。老人的妻子已去世，年轻美丽的女儿在陪伴他。老人常常抱怨女儿贪玩，常跑出去，在需要时找不到她。每逢这种情况，我便帮着照应一下。

夜里，我们按医院的规定，很早就熄灯睡觉。我和那位老人的女儿都睡在病房的地板上。这个快活的姑娘在夜晚也常悄悄溜出去,和一位刚结识的年轻医生谈话、散步,但她只要一回来,倒下就睡着了。而我却辗转难眠,因为医生所说的"病危"的话,始终在我脑子里翻腾,"死"这个阴影第一次冷酷地投射到我心上。

进医院时,我和悲鸿把两人身上的钱拼凑起来,才交足了住院费用。那时都是自费医疗,须预交一个月住院的房费、伙食费和医药费。悲鸿手头是向来留不住钱的。有时,卖画的钱刚到手,他就立刻去买书籍字画,或帮助穷学生、穷朋友,何况不久前卖画的二十万元又为赎回《八十七神仙卷》而用去了呢。

我两手空空,既不愿让悲鸿知道,以免他焦急,又不愿开口向人求助。悲鸿每天吃着医院里医生规定的无盐低油的饭菜。他胃口不好,常常剩下一些,我便将它们倒在一只碗里,站到病房外面的通道上,用来充饥。有时,一面吃着,泪水便大滴大滴地掉在碗里。然后,我擦干眼泪,强作笑颜地回到悲鸿床前。有时,他询问我吃了一些什么,我总是编一套谎言回答,说我在医院门前的饭馆吃了三鲜面或宁波年糕之类,他也深信不疑。

至于悲鸿的薪金,从他进医院那一天起便停发了。后来我才知道,那是艺术系主任吕斯百按月将悲鸿的薪金领出来交给蒋碧微了。蒋碧微借着与国民党中央宣传部长张道藩的暧昧关系,身上似乎增加了一轮光环,它吸引着那些趋炎附势的人。吕斯百以前那种善良与纯真的品德,已逐渐蒙上了旧社会的尘垢。

同病房的那位老人常常显得心情烦躁,不时地起床,有时寻找一根领带之类的东西,有时整理床头柜里的罐头食品,有时和他的女儿怄气,带着深沉的叹息,向我们追述他那不久前死去的妻子。显然,一种老年的孤独感使他心情很不好。有一天深夜,他突然停止了呼吸,尸体立刻被抬出去，送往太平间。而他那位活泼的女儿便像一只燕子似的，轻快地飞走了。

于是，病房里只剩下我一个人睡在那僵硬的地板上。我望着老人睡过的那张空床，仿佛忽然听到了他的脚步声，见到他在喃喃地嘀咕什么，一阵寒冷的战栗穿过我的脊背。我恐怖地连忙爬起来，走近悲鸿床前。但是，我不忍叫醒他。听见他的均匀的呼吸，看见他在酣畅地睡眠，我重新充满希望和勇气，守护在他的身边。

第十三章

性格乐观的悲鸿终于战胜了疾病。他的血压渐渐下降，浮肿渐渐消失。

一个月以后，医生允许他出院疗养。于是，我们又回到凉风垭杨德纯先生家，每星期请山下那位私人诊所的医生前来检查一次。医生不允许他恢复工作，因为血压仍有波动，肾炎也未痊愈。俗话说："英雄只怕病来磨"，真是一点不错。悲鸿不能起床工作，十分焦急。他是闲不住的人，不能作画，就每天让我给他读报纸、杂志。我当然满足了他的要求。那时，我唯一的心愿就是尽一切可能减少他的寂寞，使他安下心来养病，以便早日恢复健康。

有一天，他忽然感到脖子疼痛，夜里口渴。我去山下那位私人诊所请医生，医生却让一位护士小姐来给悲鸿注射了一针葡萄糖。护士走了以后，悲鸿忽然发冷，全身颤抖起来，接着又出现高烧，脉搏十分微弱。

这一天，正好杨德纯先生和他的夫人都下山去重庆市内了。杨先生当时在经营一家工厂，家中只剩下一位用人照顾。我将悲鸿托付给那位用人，便跑出去请医生。

外面是黑沉沉的夜,而且下着密密麻麻的雨点,已经有寒风瑟瑟的秋意了。我在黑暗中摸索着崎岖的山路下了山,然后跨过那潮湿而泥泞的乡间小径,到了那个私人诊所,因为这附近没有任何公立医院。我急促地叩门,应声开门的是那位白胖胖的护士小姐,先前就是她来给悲鸿注射葡萄糖的。她把我带到医生面前,我急速地向医生陈述了病情,请求他立刻出诊。

医生却大声说:"这只不过是注射葡萄糖的反应呀!"

"但是,医生,"我请求说,"悲鸿已经衰弱得不行了,他的脉搏异常微弱,几乎摸不着了。"

医生却坚决地摇着头说:"这样的黑夜,天气又不好,我不能出诊,明天一清早就去。"

他给我一瓶强心水剂,叫我带回去给悲鸿喝。于是,我又在黑夜和冷雨中奔跑。那带有寒意的风卷着阵阵冷雨,不停地打在我的头发上和衣服上,也打在我那颗战栗的心上。我感到多么孤苦无援呵!为了尽快地把药送到悲鸿面前,我在崎岖不平的山路上不停地奔跑。天空漆黑,周围也是黑茫茫一片,而且附近山谷里还不时传来野兽的嚎叫……

我总算安全地回到了悲鸿身边。他仍烧得烫人,十分微弱地喘息着。我给他喝下了强心剂,他闭目不语,面色惨白,显得非常痛苦和衰弱。我坐在他床边,急切地等待天明。四周静悄悄的,可以听见他衣袋中的怀表在滴滴答答地响着,只有这块伴随了悲鸿二十多年的怀表忠心耿耿地和我一起守护着悲鸿;它辛勤地转动指针,将时间一秒钟一秒钟地送走,终于把黎明带到了我们面前。

悲鸿坚强地、痛苦地熬过了这无比漫长的一夜。曙色渐渐映出我们的窗子和窗前的树木,窗外响起鸟雀欢快的鸣叫,绚丽的太阳从山那边冉冉升起了。我终于听到楼下有嘈杂的说话声，其中夹杂着医生那重浊的喉音。我飞奔下楼，看见医生的轿子停在大门口，连忙过去和轿夫一起将假腿医生搀上了楼。

医生低着头，用听诊器检查悲鸿的心脏，然后又用血压计量血压。我担心地注视着他的表情，发现他那肥胖的脸上突然失去了安闲之感，慌张的神色笼罩着他那双发亮的眼睛。我们把他搀扶到隔壁房间里，他才沉重地说：

"病人的收缩压接近于零，心脏已不行了，危在旦夕。"

"医生，"我带着哭声说，"无论如何，请你抢救他。"

"唉，很困难了。"他叹息起来。

"医生，"我说，"这完全是注射那针葡萄糖引起的。我如果知道注射葡萄糖能引起这样强烈的反应，以致危及生命，我是决不会同意注射的。"

"一般情况下是没有反应的，即使有反应，如果心脏好，也没有事。"医生解释说。

"那么，您为什么不考虑另一种情况呢？您难道没有责任吗？"

医生没有说话。

"目前，最重要的是抢救病人。"我催促他。

医生也神色慌张地说："我有一种德国制造的强心之王针剂，是为我母亲准备的，市面不易购到，先取一针用吧！另外你要赶快找人想法再去买一些。"

他立刻叫人去取来针剂。注射以后，悲鸿的血压开始回升，心脏也有了好转，医生便坐着轿子走了。

我立即去通知悲鸿的学生们，让大家分头到市面的药房去购买那种强心之王的针剂。但战时的重庆医药十分匮乏，根本无法买到这种药。倒是悲鸿的那位在新加坡相识的刘将军，不知通过什么渠道，给悲鸿买到一盒，共有十支。当他送到我面前时，我真不知道该怎样感激他。但这十支针剂后来并未用上，因为悲鸿的心脏好转一些以后，又立即被送进了中央医院，用其他药剂治疗。医院给了他一个单人病房。

每天，悲鸿躺在病床上，我用羹匙喂他吃饭。因为医生让他静卧，不允许他行动。

悲鸿并不知道从他进医院那一天起，吕斯百就将他的薪金按月送给了蒋碧微，以致这次住院时，我不得不向杨德纯夫人告贷。我又重新站在病房外面的通道上，眼含泪水，以悲鸿的剩饭充饥了。泪水像断线的珠子，一滴一滴地掉在碗里，伴着我那无穷无尽的忧虑，默默地吞咽下去。

有一天，杨德纯夫人忽然神色紧张地跑来告诉我，说蒋碧微打算去搬走悲鸿全部的作品和收藏，叫我赶快回去将一些重要的画取出来。

"不。"我说，"我不能离开悲鸿身边，他现在还在病危之际。"

"唉！"杨夫人叹息说，"你也得为自己打算一下，如果徐先生一旦……"

"我很感激你，谢谢你的好意。"我痛苦地说，"但是如果悲鸿死去，我决不想占有他的作品和收藏，如果他能活着，那么，蒋碧微搬走了也必须送回来。"

一个月过去了，悲鸿仍卧床不起。接踵而来的，是必须继续预交下一个月的住院费用，而我已身无分文。寄到昆明的那批画虽然卖出去了，但那位经手人因知道悲鸿正在重病中，而蒋碧微身上带着的张道藩给予她的那个"光环"，依旧吸引人，因而他在观测、等待，不肯将款汇来。

悲鸿的几位老朋友听到了我们的困难后，都伸出了援助之手。其中有一位吴蕴瑞先生，还经常给悲鸿送些可口的食品来。他曾是中央大学体育系主任（解放后，担任华东体育学院院长），为人正直、热情，因受悲鸿的影响，也热爱美术，经常在业余作画。后来，他的贤惠的夫人去世，他便与上海著名女画家吴青霞女士结婚，晚年仍十分幸福。

很久以后我才听说，也正是悲鸿那些正直的老朋友和学生，坚决制止了蒋碧微在悲鸿病重时去搬取他的作品和藏品。

使我感到极为愤怒的，是那些来自张道藩身边的人或被蒋碧微的"光环"眩惑的人，不断地来劝说我离开悲鸿。

"唉，"他们和她们装得十分真诚地说，"我们都同情你，你这样年轻，整天守着一个病人，真是太不幸了。订了婚也可以解除婚约嘛！你何必呢？谁不为自己的前程着想呀？你应该从长远看……"

总之，他（她）们简直是苦口婆心地劝说我离开悲鸿。如果听从了他（她）们的劝说，在悲鸿重病之际离开他，必然使悲鸿受到强烈的刺激，病情进一步恶化，等于置他于死地。我看穿了这些人的险恶用心，直截了当地拒绝了他（她）们的所谓"关心"和"劝告"。

但是，也有来自我这方面朋友的劝告，那是出于真诚的关怀。就在重庆中央医院，我遇见了我中学时代的同学张镜仪和陈丽。她们比我高好几班，都毕业于长沙湘雅医学院，而且当时都在重庆中央医院担任住院医生。她们待我十分亲切，关心地对我说：

"高血压这种病很麻烦，即使目前能脱险，但也只能带病延年，时刻有突然发作脑溢血的危险，你年轻轻的，应该考虑以后的日子；陪着这样一个病人怎么能幸福呢？"

"不，你们不理解我，我愿为他付出自己的一切，直至生命。"我坚决地回答，眼泪又涌到我眼眶里，"而且当他处在最困难的时候，我去考虑自己的利害得失，这叫什么爱情呀？"

"但是你毕竟太年轻了。你们年龄的差距这样大，我们为你将来的幸福担心。等他病况好转一些，你应当好好考虑一下。总之，你要三思呵！"

"我已经想过千百遍了，我的心坚决依附着悲鸿，永不离开。"接着，我向他们谈到我在十七岁时，向同学杨德恭借到一本翻译小说《简·爱》，那是人家从远处寄给她的。小说叙述女主人公简·爱这个纯洁、善良的孤女，怎样历尽艰辛，终于回到了真正爱她的罗契斯特尔先生面前的事迹。那时，罗契斯特尔已双目失明，异常衰弱，而且已经不是富有者了，但年轻的简·爱却坚决地嫁给了他。我曾经被这本小说深深吸引和感动。当我合上这本书时，心中还长时间地回荡着罗契斯特尔先生问简·爱的话[1]：

"一个残废的人，比你大二十岁，你必得侍候他的？"
（简·爱回答说）"愿，先生。"
"真正愿意吗，简？"
"最真不过了，先生。"

当时，我丝毫没有想到在我未来的生活中，也将经历爱情的种种波折、不幸和痛苦。生活是多么难以预测呵！但是我却享受着真正的爱情，这不是每个人都能享受到的，何况悲鸿为我国的美术事业做出了那么巨大的贡献！他个人生活上的遭遇又是那么不幸！即使我和他生活在一起的时间不会长久，或者他将于明天死去，我也将毫无怨尤。

---

[1] 《简·爱》一书的引文和人名均照录旧译本，与解放后的新译本略有不同。

说到这里,泪水又在我眼眶里打转,我的同学都默然无语了。

冬天带着寒冷来到了病房。没有暖气,没有火炉,僵硬的地板依旧是我的睡眠之所。寒风从地下、从门框的缝隙里不停地挤进来,而我却连棉衣也没有,因为离开贵阳时走得匆忙,未曾带上我冬季的衣服。这次陪悲鸿进医院时,杨德纯夫人借给我一件绒里绸面的夹袍,我就穿着它度过了这个可怕的冬天。

悲鸿虽然躺在病床上,仍然忧心国事。我每天照旧要到医院门口去买回当天的报纸,逐字逐句地念给他听。黔桂线上的日军已在长驱直入地进攻,悲鸿在贵阳的那些存物又将受到威胁。为了怕他着急,加重他的病情,我每天都将报纸上报道这一方面战事的消息撕去。

悲鸿看见我拿着破报纸走进来,便询问是怎么回事。

"唉,"我忧愁地说,"卖报的那个报童年龄太小,把报纸都弄破了。"

从此,接连许多天,报纸都露出一块破洞,而悲鸿总是从心里怜悯那个年龄太小的报童,从来没有埋怨过一句。直到日军被迫从黔桂线上后撤,我手中的报纸才恢复了完整的面貌。

这一段时期,还经常有日机空袭,每当警报呜呜长鸣时,医院里便用担架将病人抬往防空洞。在那阴暗、发霉的防空洞里,大家沉默着,心情异常沉重,担心在日机肆虐下,又有许多人家破人亡,甚至想到,也许我们就在这防空洞里葬身。我记得有一次,日机在重庆大轰炸,将重庆市内一个很大的防空洞的洞口炸坍,造成数以万计的人窒息而死。

防空洞潮湿的墙壁上,挂着一盏马灯,惨淡的灯光在闪闪地跳动。我望着躺在担架上的悲鸿,他那张浮肿的脸在黯淡的灯影下,显得更加苍白,但眼睛里却射出一股坚毅的亮光,那对浓黑的眉毛紧紧地拧结在一起。

"悲鸿,有什么不舒服吗?"我小心翼翼地问。

"没有,我总是想,在国家多难、急需我工作之际,我却不得不躺在病床上,心里真难过呵!"他长长地叹了一口气说。国家的灾难和个人的痛苦交织在一起,使他万分焦灼和不安。

三个月过去了。悲鸿的病况在逐渐好转,已渐渐能起床躺在躺椅上。有时,我还搀扶他走出病房,在院子里缓缓地散一会儿步。自从入院以来,他未曾理发剃须,黑黑的密密丛丛的胡须,飘在他的下巴上,看上去真像一位老人了。

终于有一天,医生允许他出院疗养了。我高兴地为他做着准备,买了一些药品带走,还请理发师替他理发刮须,心里被希望和快乐鼓舞着,几个月来的痛苦和磨难一下子都被遗忘了。

我们带着重新获得幸福的心情回到了磐溪,回到了石家祠堂那所简陋的木板楼房里。

这是一九四四年的冬天。天气十分寒冷,北风像挑衅似的在我们那孤单的楼房周围呜呜地吹着,严寒不断地从木板墙壁的缝隙里挤进来。我们的手脚都冻得发痛,我在屋子里生起了一只炭盆,烧点木炭取暖。

悲鸿的身体仍十分衰弱,有时卧床,有时躺在躺椅上,还不能恢复工作。我仍不断地给他念报纸和杂志,按时给他服药。

在和疾病作顽强的斗争时,悲鸿曾以惊人的毅力忍受痛苦,从来没有呻吟过一声。但是,现在,当他回来了,而且疾病逐渐好转,他却常常现出忧郁的神色,眼睛里含着潜隐在内心深处的痛楚。

"悲鸿,你在想什么呢?"

"我在想,如果有一种灵丹妙药,能使我霍然而愈就好了。我急切地想工作啊!"

"你还想什么呢?"

他沉默不语。

"悲鸿,你一定还有别的心事。"

他的面容忽然异常严肃起来:"静,虽然,我知道我极其需要你,甚至有时担心你突然从我身边走掉,但是,我仍不免常常想,你是这样年轻,而我却这样衰弱,我不能拖累你……"正是这种矛盾的心情使他的声音里有一种强烈的痛苦,以至说到此处哽咽住了。

"悲鸿,"我倍加温柔地说,"我们已经订了婚,我是你的妻子了,永远也不会从你身边走开。"

"但是,婚约也可根据不同情况解除。订婚时,我是健康的,而现在我却非常非常衰弱了,你应该重新考虑呵。"他是个很坚强的人,但他的语调流露出从未有过的那种凄伤。

"正因为你非常非常衰弱,我才决不离开你,因为我相信没有人能像我这样忠诚地看护你。"

"那么,静,你愿长久忍受我的衰弱?"

"我一百倍地愿意!而且不是忍受,而是只要生活在你身边,能尽我的力量照顾你,便是我最大的快乐。"

"我的好静!"他的眼睛里闪着欢欣的亮光,"我但愿,而且我也自信还能健康起来的,不仅为了工作,而且也为了你。"

我悄悄地擦去了眼角上的一滴泪水。

从医院出来以后,我才告诉悲鸿,从他生病的那一天起,他的薪金便被送到蒋碧微那里去了,我们不得不长期靠借贷生活。于是悲鸿便通知吕斯百,要他将悲鸿放在他那里的私章送回。这颗悲鸿的图章以前曾长期放在吕斯百那里。

吕斯百将图章送回来了。但是第二天，悲鸿的女儿丽丽便来到悲鸿面前，显然是有人叫她来的。

"爸爸，我要你的图章领薪金。"

"那么，我靠什么生活呢？"悲鸿问女儿。

"你可以卖画。"

"我现在病了，不能作画，怎么办呢？"

丽丽没有回答。

"而且你是一个孩子，也用不了这许多钱。你每月需要多少伙食费和零用钱呢？"悲鸿十分温和地问她。

丽丽当时在中央大学附属中学住宿，吃学校的包伙。她如实说出了伙食费和母亲给她的零用钱数目。

"那么，我都双倍给你，好吗？"

丽丽同意了。

那天午餐，我特意跑到饭馆买了两个菜，留丽丽吃了午饭。饭后，她高高兴兴地回去了。

次日清晨，当我正在给悲鸿服药时，一阵咚咚的急促脚步声，从木板楼梯下，由远而近地传来。我急忙起身，原来是丽丽又来了，身后还跟着一个女仆，提着一个被包卷。

丽丽径直走到悲鸿面前说："爸爸，妈妈说那一点钱养不活我，叫我住到你这里来。"

那个女仆也在一旁喋喋不休。我制止了她，然后，转身对丽丽说：

"你父亲病了这么久了，现在你愿意来这里住，可以帮助我照顾一下你父亲，我非常欢迎。但是，我不希望你是负气而来。"

天真而单纯的丽丽什么也没有说。她剪着短发，穿一件朴素的蓝布旗袍，已是个十五岁的大姑娘了。她在这里住了一些时候，亲眼见到了我是怎样照顾她的父亲，见到了我们的生活是多么艰苦，她那颗年轻、纯洁的心受到了感动。

她看见我身上还穿着单薄的绒夹袍，天真地问：

"你为什么不穿棉衣？"

"我的棉衣放在贵阳，没有带来。"

"你为什么不买一件新的呢？"

"你父亲病了，钱都要用在他身上，光医药费的负担就很重。"

善良的孩子蹙着眉头深思了。

当时，丽丽也和我们一起吃着筹备处的集体包伙，即使她患病的父亲从医院回来以后，也并不例外，所不同的是我们到食堂吃，而将她父亲的一份饭菜端到卧室里来吃。

有一天，丽丽终于用一种不平的口气对我说："我妈妈的生活比你们好多了，光是早餐，就有美国咖啡、牛奶、煎荷包蛋……她还抽美国香烟，身边专有女仆侍候，可她用的是爸爸的钱。"

我没有说话，只是默默地、十分感动地望着她，发现她那双鲜嫩得像儿童一般的少女眼睛里，流露出忧郁的神情……

第十四章

一九四五年的初春姗姗来迟,气候仍旧十分寒冷。悲鸿的高血压和肾炎缠绵未愈。

当时的政治空气也令人感到寒冷和窒息。艰苦的抗日战争仍在进行,敌占区人民仍在水深火热中,大后方也陷于混乱,贪官污吏横行,奸商囤积居奇,物价飞涨,人民流离失所,民怨沸腾……

二月五日上午,郭沫若从重庆市区来探望悲鸿。他穿一件深蓝色的棉袍,柔和地微笑着,目光炯炯。他比悲鸿年长三岁,但身体却很健康。他带来了延安的红枣和小米。

"悲鸿,这是周恩来先生从延安带回的,他托我送给你,并嘱我转致他的问候。他实在太忙,不能亲自来看你,十分抱歉。"郭沫若亲切地说着,一面从手提包中取出两个纸包交给我。

我打开纸包,悲鸿看着那红艳艳的枣子和黄灿灿的小米,苍白的脸上顿时泛起了光彩。他伸手轻轻地拨弄着它们,然后,拿起一个枣子,在手掌中轻轻地摩挲。

"请你代我向周恩来先生致谢。而且你不辞路远,亲自送来,真使我受之有愧。"悲鸿十分感动地对郭沫若说。

郭沫若先生和悲鸿在一九二五年相识于上海，抗日战争以后又聚首于重庆。但郭老住在市区，悲鸿住在远郊，聚谈的机会并不很多。这时，他们围着小炭盆坐下来，郭老伸开他那冰冷的手指在火上反复烤着，然后又喝了几口热茶，两人就热烈地谈论起来了。他们谈着病，谈着文艺界的情况，谈着当前的时局，话就像山间奔流的泉水一样涌出来，而且时时激起欢笑的浪花。悲鸿越谈越兴奋，病好像在片刻之间消失了。他们由文艺创作谈到美术上的抽象派和复古主义。悲鸿认为抽象派和复古主义是美术的没落和倒退，对它们进行了强烈的抨击和辛辣的讽刺。郭沫若完全同意悲鸿的论点。谈到解放区的美术，悲鸿高度赞扬了解放区的木刻，并对解放区的广大美术工作者寄予殷切的期望。谈到当前的时局，悲鸿流露了对国民党政府的十分不满和对国家前途的担忧，但他们对未来也都抱有乐观的看法。当谈锋转到彼此都认为目前急需一个有中国共产党参加的民主联合政府，才能有利于抗战时，郭老立即从衣袋里掏出一份文稿，题目是《陪都文化界对时局进言》。郭老把它展开在悲鸿面前，悲鸿一眼就认出那是郭老亲自起草并亲自用墨笔书写的一份宣言。悲鸿接过去读着，渐渐地眼睛里闪着激动的光芒；那一行行一句句，都是人民的共同呼声呵！当时，在国民党政府统治下，被桎梏的广大人民多么渴望享有这些自由，又是多么盼望成立这样的民主联合政府！悲鸿立即拿起笔在这份《进言》上签下了自己的名字。郭沫若又对我说，如果同意，也可以签名。当时，我是那样年轻，仅仅协助悲鸿做点工作，我的签名是无足轻重的，但我也立刻签上了自己的名字，因为这是我们心里的声音！

　　窗外，风在不停地摇撼着树木。在阴沉沉地笼罩着灰色浓雾的天空里，这时有一抹淡淡的阳光，透过雾霭，将摇晃的树枝阴影投在窗纸上，凛冽的寒气不断地从木板墙壁的缝隙里挤进来。我把炭盆里的火拨得旺一些，希望能增添一点温暖。

然后，我跑下山，买了一瓶四川泸州大曲酒和几样下酒的小菜，匆忙赶回来。于是郭老便在我们的挽留下，共进了午餐。悲鸿因在病中，不能喝酒，只好由我作陪。

郭老异常兴奋，一杯接着一杯喝着这醇香扑鼻的大曲酒，一面谈笑风生。渐渐地，他那宽阔的前额上，沁出了一层细小的汗珠。

我也一杯一杯地奉陪。严寒不知不觉消失了，全身感到一阵舒畅和暖和。

悲鸿微笑着看我们干杯。他说，他很敬重郭老不顾个人安危，在白色恐怖笼罩的国民党心脏地区，发出这样的战斗檄文。郭老十分谦逊地微笑着。我从他们的笑容里看出，他们都很清楚在这个《进言》上签名，要冒多大的风险。

随后，郭老即席挥毫，作了一首七言绝句：

豪情不让千钟酒，
一骑能冲万仞关。
仿佛有人为击筑，
磐溪易水古今寒。

悲鸿连连搓着手掌，含笑对郭老说："我真手痒了。要不是手腕没有力，我真想作画来纪念我们今天的情景。"

郭老临走时，再三嘱咐悲鸿珍重健康。悲鸿身体虚弱，不能出门，嘱咐我送郭老下山，到嘉陵江渡口，看郭老上了船再回来。

十多天以后，即一九四五年二月二十二日，重庆《新华日报》刊登了《陪都文化界对时局进言》的全文和三百一十二人的签名，它震动了全国文化界，震动了全国人民，也震动了国民党政府。蒋介石深深发怒了，他把国民党中央文化运动委员会主任、中统特务头目张道藩找去大骂一顿，责问他，为什么文化界一些重要人物都被共产党拉走了！张道藩战战兢兢地说那是《新华日报》盗用了文化界人士的名字，他一定查清楚，并另外发表一个声明。

张道藩像一条挨了主人鞭打的恶犬一样，气势汹汹，立即找了参加签名的中国文艺社的一个职员，对他拍桌踢椅地大骂，并将茶杯茶壶都摔到地下，吓得这个身材修长、有两撇小胡子、带点绅士风度的人目瞪口呆。中国文艺社在张道藩控制下，这个职员面临丢掉饭碗的威胁，只好同意将张道藩亲自起草的一个文稿作为自己的声明，任凭国民党《中央日报》醒目地登出来。声明的内容是说共产党盗用了他的名字，他曾签名的文件是如何救济贫病文化人士，并非《陪都文化界对时局进言》，说明他是被欺骗了。

接着，一天下午，我正陪悲鸿读着当天的《新华日报》，忽然楼梯上传来了一阵脚步声。一个二十多岁的人走进来，他腋下夹着一张报纸。

"徐先生。"来人先深深鞠了一躬，"《新华日报》登载的《陪都文化界对时局进言》使蒋委员长很震怒，事情非常非常严重。现在已经有人在《中央日报》发表声明，揭露文件上的签名是被盗用的，张道藩主任特意叫我送来，请您看看。"他一面说着，一面双手将报纸送到悲鸿面前，那恭谨的神情就如同他捧的是一道圣旨。

悲鸿接过报纸，看了一眼那个声明，便随手将它扔在旁边的椅子上，很冷静地问："张道藩叫你来干什么？"

来人深深地又弯弯腰说："张主任的意思是：您一定明白事情的严重性，既然人家的签名是被骗去的，那么，您的签名也一定是被骗去的，请您最好也登一个同样的声明。"

悲鸿冷冷地注视着这个人，用十分严肃的声音对他说："我没有受骗，我对我的签名完全负责！"

来人踌躇了一下，立即用一种虚弱的、近乎恳求的声音说："张主任说，这是蒋委员长的意思，请您必须登一个声明，否则对您很不利，很不利……"他一再重复"很不利"三个字，仿佛这三个字有压倒悲鸿、使之屈服的重量。

悲鸿的眼睛里顿时燃起了愤怒的火花，他那刚正不阿、坚强不屈的性格，他热爱祖国、维护正义的深挚之情，决不是任何威胁所能改变的，相反，只能激起他更大的义愤。他用坚定沉着的声音说："不管是谁的意思，我决不会收回我的签名！"

我也极为气愤地在一旁说："我们两个人，四只眼睛看的那份《进言》，和《新华日报》登载的一模一样，一个字也没有错。你们真卑鄙……"

来人终于垂头丧气地夹着那张报纸溜走了。

"静，你明天赶早进城去一趟，把这一切都告诉郭沫若，让他放心，我们是决不会动摇的。"

"进城去？要离开你这样远，我怎么能放心呢？"

"但是，你必须去。静，要及时让郭沫若和《新华日报》知道中统特务头目的卑鄙活动。"

我听从了。翌日清晨，安顿悲鸿吃完早饭，把他这一天应服的药都准备好，我便匆匆地下了山，搭上了喧噪的小火轮，进城去看望郭老。

郭老和夫人于立群亲切地接待了我。他们已经知道了一切，对悲鸿坚决拒绝撤回签名表示敬意。

我说："悲鸿认为这是他应该做的事，他永远也不会动摇和屈服。"

郭老分外高兴地笑着，立群殷勤地挽留我吃了午饭再回去。我却不过他们的盛情，便留下来吃饭。

午饭后，我匆匆搭上公共汽车，驶往轮船码头。挤上了轮船，在拥挤而喧嚣的人群中，我倚着船栏，望着混浊而奔腾的嘉陵江水，心里想着这几天发生的事，也系念着悲鸿的病。国难家仇，一齐涌上了心头，我感到沉重和压抑。国民党反动派搞这种欺骗和讹诈的卑鄙手段，在我心中引起的强烈愤怒，此时就像江上的波涛一样不停地冲击我。

轮船在磐溪靠岸了。我爬上那条熟悉的山间小径时，天光水色已笼罩在一片暮霭中了。我远远地望见悲鸿在向我招手，我飞奔到他面前。他站在寒风中，焦急地问我：

"见到郭沫若没有？"

"见到了。把要说的话都说了，还在他家吃了午饭。"

悲鸿快乐而激动地说："你回得这样晚，我真担心是郭沫若出了什么不幸的事。"他深深地喘了一口气说。

我搀着他回去时，他那冰冷的手指不禁使我打了一个寒战。看着他艰难的步履，我的心感到一阵剧烈的刺痛。这是悲鸿患病以来，第一次走出大门啊！

过了几天，一个暮色沉沉的黄昏，木板楼梯上忽然传来咚咚咚的急促脚步声，一个三角脸的中年人走进我们的屋子。他闪着很不自然的虚伪笑容，摘下帽子说："徐先生，现在蒋委员长、张主任和许多人都等待你发表声明，撤回你的签名……"

悲鸿未等他说完，就铿然回答说："我永远也不会撤回我的签名！"

三角脸上的笑容立刻消失了。他向前探着身子，用耳语一般的低音说："徐先生，如果你坚决拒绝撤回签名，你的一切都保不住，我奉命通知你……"

悲鸿霍然从座位上站起来，斩钉截铁地说："我签的名，我负责到底！"

我看见悲鸿一向温和的眼睛里射出雷电一样的光芒，扶在椅背上的手在微微颤动。那个三角脸先是目瞪口呆地望着悲鸿，随即像一条被打伤的狗，夹着尾巴逃走了。

我异常激动地望着悲鸿，走过去扶他躺下来，噙在眼眶里的泪水不自禁地簌簌落下，在我眼前的悲鸿不仅是个诚实、宽厚、温和、谦虚的人，他显得更高大而威严了。一种比过去任何时候都更尊敬悲鸿的感情在我心中升腾。这种敬意不仅是我给我所爱的人的，也是一个普通的中国人给一个正直的艺术家的。

不久，由国民党起草的一个所谓文化界的宣言拿出来了，内容当然完全是唱反调的。它被送到悲鸿面前，强迫悲鸿签名，但同样遭到悲鸿的严词拒绝。于是，接二连三的信寄来了，有劝悲鸿明哲保身的，有威胁恐吓的，有侮辱谩骂的。悲鸿都把它们撕成碎片，扔到窗外，看它们随风飘散。

夜晚，我和悲鸿在昏暗的油灯下，听着萧萧的寒风掀动窗纸，窗下似乎有窸窸窣窣的响声。我的心紧缩起来了，但悲鸿却异常沉着冷静。

他泰然地说："不要害怕，我们做的事是正义和光明正大的，害怕的应当是他们！"

听着悲鸿坚强有力的言辞，我也充满了勇气。只要想到我们作为一个中国人，连起码的生存权利也受到威胁，强烈的愤怒便驱散了恐惧……

第十五章

温暖的春风终于来到了人间。它吹醒了沉睡的大地,也轻轻地推开了我们的窗户。新苏的树木在微风中快乐地摇摆着它们的枝丫。嘉陵江的江水也流得更欢畅了,它轻盈地浮送着那些数不尽的船只。

悲鸿开始到户外活动。他的体力已逐渐恢复。我们沿着新绿的田野缓缓地步行。花朵在微笑,鸟雀在枝头歌唱,阳光暖融融地洒在身上,大自然似乎也在为我们感到欢乐和庆幸。

悲鸿是个永远热爱工作的人。不久,他就又开始去中央大学艺术系教课了。但时间减少了,不是每天去,而是一星期去两次或三次。实际上,他的高血压和慢性肾炎并未痊愈。他是在带病工作,除了教课,也稍稍画点国画。

当时在中央大学艺术系教课的还有傅抱石、谢稚柳、黄君璧、陈之佛、李瑞年、秦宣夫、黄显之等先生。谢稚柳先生与陈之佛先生都是卓越的工笔花鸟画家。谢稚柳先生之兄谢玉岑先生是位著名的书法家,书精各体,不幸盛年病逝。悲鸿曾作诗叹惜:

玉岑稚柳难兄弟,

书画一门未易才。
最是伤心回不寿,
大郎竟玉折兰摧。

黄君璧先生是著名的山水画家。悲鸿有诗赞他:

最是君翁情可亲,
画名久已与云平。
苍茫烟水真能事,
便起荆关也吃惊。

秦宣夫先生、黄显之先生也是勇于探索、刻意磨练的画家。此外,还有青年教师艾中信先生、曾宪七先生、谭勇先生,都是富有才华、勤于创作的后起之秀。

有一天,著名画家赵少昂先生来磐溪探望悲鸿,那时少昂先生正在盛年。他是高剑父、高奇峰先生的学生,擅长花鸟、山水、草虫。他的作品有浓厚的岭南派特色,又有他个人的独特风格,真是青出于蓝。悲鸿极为赞赏,曾作诗赠他:

画派天南有继人,
少昂花鸟实通神。
秋风塞上老骑客,
灿烂春光艳羡深。

赵少昂先生也经历过艰难的人生境界。他的父亲早逝,家境贫困,依靠母亲佣工供他学画。他事母至孝。母亲逝世后，他悲痛不已，名其居曰"梦萱堂"，并请悲鸿题写，刻成一匾。悲鸿在旁边注有一行小字："少昂念母，以颜其居。"听说这块匾至今仍挂在他的客厅里。

常书鸿先生也来探望了悲鸿。他是留学法国的油画家。作品在重庆展览时，悲鸿曾为之作序，称赞他所画的人物、风景、静物之精妙。当时，他担任敦煌艺术研究所所长，将他们在敦煌临摹的壁画携来重庆公开展出，介绍了自北魏以来各个朝代所创造的敦煌艺术的光辉成就。悲鸿曾多么渴望有一天能去敦煌，观赏这座我国古代艺术的伟大宝库。遗憾的是他终生未能实现这个心愿。

还有著名的美术史家常任侠先生、年轻而才华毕露的雕塑家傅天仇先生以及美术界许多朋友都曾来看望悲鸿。傅天仇也是悲鸿的学生。一九四六年春，他的雕塑作品和他临摹的四川大足古代雕塑在重庆举行展览，受到广大观众的欢迎。他的作品，如《丰收的愤怒》《望夫石》《清明节》《负重》等，重视造型的内涵，体现了在西方雕塑基础上吸收中国传统技法的风格，表现出对受苦受难的人民的深厚感情，深受悲鸿的赞赏。

这时，悲鸿还派人去贵阳，将从桂林抢救出来的四十多箱书画运到了磐溪。

转瞬暑假又来临了。悲鸿满怀欣喜地送走了一批毕业生。他热情勉励这些有了坚实绘画基础的青年走上社会后，在生活的磨练中，创作出反映时代精神的作品，而且要具备个人的风格。

他告诉大家，要随身携带速写簿，把自己在生活中感兴趣的人物和事物随时画下来，积年累月的速写，不但能抒发自己的思想感情，而且能锻炼绘画技能，为创作收集和储备素材。他说："大幅的创作都是由小幅的速写组成的，必须坚持经常画速写。"

他平时就教导学生要重视速写,要"拳不离手,曲不离口",要随时用眼睛观察,用心和手描绘。他还谆谆告诫大家,一定要勤奋,要对生活诚实,不要去追求那些背离真实的投机取巧的东西。

就在这前后,有一天下午,张道藩忽然来看望悲鸿了。他穿一条熨得十分平整的、上等料子的浅色西服裤,由于天气热,他手臂上挽着那件西服上衣,上身只穿一件白色纺绸衬衫,密密的头发和那张三角脸都修整得十分光洁。他迈着扬扬得意的步子,显出心满意足的样子,走进我们的屋子。

"悲鸿兄,我早就应该来看望你。"他边说边笑。

悲鸿躺在躺椅上,并未起身迎接他。

"还没有复原吧?看你的气色还不太好。"他朝悲鸿仔细地看了一眼,便在一把藤椅上坐下来,接下去说:"唉,我真是忙不过来,你病了这样久,我也没有时间来看你。今天是国立艺专请我去讲演,讲完了,路过你这里,总不能过门不入吧!我的汽车就停在你们下面的那条公路上。"

他抬起那双狡猾的眼睛朝悲鸿望过去,见到悲鸿仍不开口说话,便又慢条斯理地说:"悲鸿兄,你现在是国内国际都闻名的大画家,为什么还把生活搞得这样苦?"他环视了一下我们那间简陋的屋子和家具,"我在南京时,看见你画室里的墙上挂着一副'独持偏见,一意孤行'的大字对联。如今,你的墙上倒是没有这副对联了,但你对事对人,还是过去那种性格。长此持敌对情绪,怕不妥当吧?"他拉长了声调,故意使自己的语气显得很温和。

悲鸿那两道浓重的眉毛紧紧地拧在一起了。

"比如上次那个《陪都文化界对时局进言》,你又何必那样坚持呢?这样下去是很危险的。"张道藩终于把真正的来意说出来了。

悲鸿用他那双明澈的眼睛厌烦地朝他望过去，冷静地说：

"君子有所守，人各有志。我该做什么，不该做什么，我自有选择。为了该做的事，生命也可以付出。而且人总应该明辨是非，推崇真理。生命固属可贵，但古今中外，不少人为了卫护真理，而流血牺牲，我敬重这种品德。至于你们，你们搞的那一套尽是欺骗……"

悲鸿刚说到这里，张道藩急忙打断了他：

"老兄，你还是跟当初在巴黎的时候一样。那时候，你年轻，还情有可原；可是，现在已过了二十多年，总该阅世深一些吧？而你，说句不好听的话，是个学究！你老是抱住'真理'！'真理'！你那个'真理'值几分钱？老兄，一切都应讲求实际才对，识时务者为俊杰，至少也不至于碰得头破血流吧……"

他看见悲鸿的脸色十分难看，脸上明显地浮现了愤怒的神色，便急忙停住，机警地转换话题：

"唉，我们不谈这些，不谈这些，谈点轻松的吧！昨天晚上，歌星紫罗兰在我们部里演出，有人说，她的眼睛尽朝着我看。"他自作多情，神采飞扬地说。接着，他又讲了一句法语："Ma femme francaise est aussi charmante."（我的法国夫人也是很柔媚的。）

悲鸿冷冷地看着他，用鄙夷的语气说："你这些话正好表明，你所追逐的只是你个人的利欲，更不必说国家前途了！"

张道藩那张三角脸上的肌肉微微地颤动了一下，仍故作镇静地说："悲鸿兄，你也太过甚其词了，我一直在为党国鞠躬尽瘁，这是大家有目共睹的！"

悲鸿只是轻蔑地看了他一眼。

见到悲鸿没有搭理，他不免有些尴尬。他从衣袋里取出一条雪白的细麻纱手绢，轻轻地抖开，细心地擦着他那瘦长的尖尖的手指。然后，又把手绢叠好，放进衣袋里，无精打采地挤着他那双黯淡的眼睛。他终于站起来。

"我该走了，部里还等着我开会呢！"他说，并伸手和悲鸿握了一下手。

悲鸿仍躺在躺椅上，没有起身送他。

我送他下楼。他在楼梯转弯的地方忽然站住，十分殷勤地说：

"你的名字叫静文，真是名副其实，你很文静。我们那里常有舞会，你来跳舞吧！我一定特别欢迎你。"他抬起那双隐藏着邪恶的眼睛望着我。

"谢谢你，我要照顾悲鸿，没有时间。"我说着，送他下了楼。

"你留步吧，请不要送了。"

"不。"我说，"我不是送你，是要去关大门。"

他感到受了奚落，脸上的笑容消失了。

他的脚刚迈出大门，我便砰的一声关上了门，急忙回到悲鸿身边。

"他真像个小丑。"我对悲鸿说。

悲鸿只是淡淡地一笑。

第十六章

这年的八月十四日,传来日本帝国主义投降的消息,抗日战争胜利了!它是多么强烈地震撼人心!

人们在欢呼、跳跃、奔走相告,鞭炮噼噼啪啪地从四面八方响起来。我们中国美术学院筹备处的人也都从屋子里冲出来,兴奋地聚在一起,随即又跑回屋子里,寻找有什么可吃的东西,我们多么想狂欢痛饮呵!

悲鸿异常快乐地和我们在一起,他的病容好像在片刻之间消失了。一向苍白的两颊染上了一片好看的红晕,上面闪着无比快乐的欢笑,就像暴风雨过后的晴空,悬着明亮而美丽的云彩一样。他突然显得强壮而且精力旺盛了。但是,仔细看去,额上刻下的深深皱纹,两鬓如霜的白发和被痛苦岁月压得微微弯曲了的背脊,仍然显露出他的老态。他,一个五十一岁的人,原不该这样苍老的。

我不自禁地回顾起八年抗战的艰苦岁月。战争给人民带来的空前深重的灾难,祖国危亡的命运曾经怎样痛击悲鸿的心灵呵!想着想着,泪水竟顺着我的面颊大滴大滴地流下来。

这八年的岁月是多么漫长呵!它使孩子在灾难中长大成人,使壮年变成衰老，使无数无辜善良的人民丧失了生命，使美丽的田园化为废墟，使千千万万的妻子失去丈夫，母亲失去儿女……这一场噩梦般的日子终于过去了。在这快乐难忘的时刻，大家有一个共同的愿望和信念，那便是：永远也不能允许侵略战争再卷进人民的生活里！

悲鸿仍继续抱病去中央大学教课，同时还画些国画。

这时，国民党政府许多接收大员纷纷飞赴南京、上海等大城市，去接管敌人占领的城市和财产。沦陷区汪伪政府的货币一落千丈地贬值，法币变成了坚挺的货币。于是蒋碧微女士又重提办理离婚的事，并且说原先付给她的二十万元，她已花光了，要悲鸿再付给她一百万元和一百幅画，原已付的五十幅画也不算数了。此外，还提出每月付给儿女抚养费每人二万元。当时，悲鸿虽是最高一级的教授，但每月薪金也不到二万元。

于是，我进城去找郭沫若夫妇商量。郭老介绍我去找沈钧儒律师，郭老的夫人于立群还亲自陪我一同步行到沈钧儒先生的律师事务所。

沈钧儒律师是当年救国会的七君子之一，为了爱国，曾被国民党政府监禁。但他也因此获得全国人民更深的尊敬，是位德高望重的长者。他很同情悲鸿，十分热情地答应承办此事。他说，本来同居关系不必办理什么手续，但为了避免蒋碧微纠缠不休，还是立一个正式字据了结为好。我同意沈钧儒律师的意见。正好云南的那笔画款这时也寄来了。

沈钧儒律师为此事奔走、磋商，但蒋碧微对她所提的苛刻条件毫不让步。最后，悲鸿又只好完全按照蒋碧微的条件达成协议。除已付的二十万元、四十幅古画和五十幅悲鸿的作品外，悲鸿再一次付给蒋碧微国币一百万元、国画一百幅，儿女跟随蒋碧微生活，每月由悲鸿付给每人抚养费二万元；儿子伯阳因响应抗日号召，早已参加青年军，他的生活费待他回来后再行付给。

那天,由沈钧儒律师到场作证,双方在离婚协议上签了字。悲鸿除了带给蒋碧微的一百万元和一百幅国画以外,他还将一幅油画《琴课》带去送给她。那是描绘蒋碧微在巴黎时练习小提琴的油画,他知道蒋碧微很喜爱这幅画像。在最后分手的时刻,悲鸿还顾念着旧情。这个不幸的家庭悲剧,终于拉上了最后的帷幕。

当天,蒋碧微就带着钱和画,去到了张道藩主管下的中国文艺社,在那里打了一个通宵的麻将。也许她因为得到那么一大笔钱和名贵的画而感到十分愉快吧?

不久,悲鸿和我在重庆中苏文化协会举行了婚礼,由郭沫若先生和沈钧儒先生证婚。

悲鸿的许多朋友和学生都来参加了我们的婚礼。由于我们事先声明概不收礼,他的学生们便买了许多鲜花花篮。那些美丽的五彩缤纷的鲜花,将会场点缀得十分艳丽和庄重。郭沫若先生还写了一首诗祝贺我们:

> 嘉陵江水碧于茶,
> 松竹青青胜似花。
> 别是一番新气象,
> 磐溪风月画人家。

是啊,在经历过无数挫折、痛苦、灾难和斗争之后,我和悲鸿的命运真正结合在一起了!

从这一天起,悲鸿才算有了一个真正的家。虽然,这个家是异常简陋的,我们甚至没有为结婚购置任何一件用品,全部家具依旧是那张未曾油漆过的木床,一张未曾油漆的写字台和一个木柜,两把藤椅和一张帆布躺椅,我们依旧住在那个石家祠堂,依旧和大家一起吃着粗糙的伙食,依旧点煤油灯……但我们却感到无限愉快和幸福。

我们心里激荡着异常新鲜的感情,一种温柔、轻快、幸福之感飞翔在我们身边。悲鸿不止一次地对我说:

"我真正找到了我所爱的人!除了你,没有人能对我有这样真诚、坚定、纯洁、无私的爱情,我用什么来报答你呢?"

"为什么要说报答呢?"我腼腆地说,"我但愿能使你幸福。"

"我是真正的幸福了!亲爱的静,我心里总是在想着,你为我作了很多牺牲,我欠着你的情分,我要把我最珍爱的东西都送给你。"他的声音听起来温柔而深沉。

"不,我什么东西也不要。"我的面孔因羞愧而发烧。

"静,"悲鸿执意地说,"作为一个画家,我十分珍爱自己一些比较满意的作品,我要将它们全部送给你,写上你的名字。"

虽然,我再三请求他不要这样做,但他仍然在许多画上题写了"静文爱妻保存"的字迹(这些作品,现在都保存在徐悲鸿纪念馆)。

我依旧每天为他研墨、铺纸,看他作画,也为他洗衣服,打扫房间,做一些琐碎的家务事。他去中央大学教课的时间逐渐增多了。虽然他的高血压并未痊愈,却仍一连几小时在教室里教课。他的精神仿佛比过去几年任何时候都更振奋。

我们又恢复了晚饭后的散步。春天的黄昏温暖而舒适。明净的天空染上了一大片一大片的红霞,就像高高地飘着的彩绸。田野和树木呈现一片新绿,它们甜蜜地、静悄悄地在晚霞中微笑。嘉陵江舒展而快乐地流淌着,它渐渐融化在浓密的暮霭中。圆月带着蒙眬的睡意升起来了,繁星躲躲闪闪地眨着眼……这是多么迷人的夜晚!在经过了

那些几乎是绝望的痛苦以后,我畅饮着幸福的甘露,真有梦幻般的感觉。我走在悲鸿身边,任晚风徐徐吹拂。我一再问悲鸿:

"这一切都是真的吗?为什么我好像在做梦呢?"

悲鸿一再对我说:"这是真的,亲爱的静,这一切都是真的。这是在经历了那些不幸后,生活对我们的补偿。"

第十七章

正当全国人民为赢得战争的胜利而感到巨大欢乐的时候，祖国的晴空却又出现了滚滚的乌云：国民党政府为了消灭八年中英勇抗战的中国共产党，实行独裁统治，正加紧部署兵力，准备发动一场规模浩大的内战。人民看到了即将来到的风暴。革命的学生们首先冲上街头，举行示威游行，向国民党政府呼吁：要民主！要和平！

当时在悲鸿执教的中央大学艺术系，进步的学生们也卷入了这一股革命洪流。他们组织了"野马社"，用漫画作为战斗武器，揭露国民党反动派假和平真备战的罪恶阴谋。这些漫画在游行队伍中起了极大的宣传、鼓动作用。

学生们的革命行动使国民党当局非常恐惧。他们赶紧布置一批三青团学生掀起反共游行，企图将人民"反对独裁、争取民主，反对内战、争取和平"的革命要求打垮。可是，广大的人民在战后多么迫切地渴望和平呵！

那是一九四六年三月初，悲鸿到中央大学艺术系去教课。在系办公室里，野马社的几个学生将他们编绘的画刊送给悲鸿看。悲鸿仔细地一页一页地翻看着，当他看到《全国各党各派团结一致建设新中国》

的画页时兴奋而赞许地连连点头,脸上浮现了一种深沉而向往的神情,目光在这画页上停留了很久。接着,他又翻到保卫人民的各项权利的画页,身边有一位学生以愤激的声音说:

"徐先生,不久以前,我们野马社还收到三青团分子的恐吓信,要我们立即停刊,我们的壁报也被暴徒撕毁了。"

悲鸿听后,面容变得异常严肃。他抬起头,顺着那位学生的手指望过去,还能见到窗外被撕下的壁报残迹。

他立刻叫学生们拿来笔砚和纸张,蘸着饱满的墨汁,奋笔作画,顷刻之间画成了一幅四蹄奔腾的野马,并在画上题词:

直须此世非长夜,漠漠穷荒有尽头。
卅五年初春为野马社作。

他在题词里告诉大家,漫漫长夜是会过去的,那无边无际的穷荒也是有尽头的,黎明一定会到来。他以这匹奋勇向前的奔马鼓励学生们要昂首阔步,为祖国的未来而不息地驰骋战斗。

围在他身边的学生们都受到强烈的鼓舞。他们热烈鼓掌、欢笑,像孩子一样跳跃起来。一颗颗年轻的心都感到了温暖、希望、抚慰和鞭策。这似乎不只是一匹画上的奔马,而是许多现实中的奔马,他们都骑上了它,继续战斗着,奔向祖国美好的未来。

很多年后,当时的野马社成员、中央大学艺术系毕业生、女画家徐士萍在《回忆徐悲鸿为野马社画马》一文中写道:

徐先生对学生运动这样积极支持,是很不容易的,这说明徐先生对艺术系的学生能用美术为政治服务、为当时的民主运动服务,感到高兴。这张为野马社所作的奔马就是徐先生支持学生运动的历史见证,也是徐先生反对蒋介石黑暗统治的历史见证。野马社的同学没有辜负徐先生的教诲,马不停蹄地驰骋在祖国的原野。当时中央大学由重庆迁回南京,我们的野马社也由重庆奔向南京,拿起画笔,对着蒋介石摇摇欲坠的反动统治,进行了不懈的战斗。那时的学生运动风起云涌,野马社画了数以千计的漫画,揭露了国民党的黑暗统治,好像横冲直撞的奔马一样,把那些国民党的官老爷吓得要死。

那些日子,重庆变得比过去更加熙熙攘攘了。街头摆了不少地摊,很多人在拍卖自己的衣物,作返回家园的准备。

国民党政府的接收大员早就一批一批地飞走了,其中不少人到沦陷区去巧取豪夺,以饱私囊。接着,一些政府机关也开始迁走,人们在陆陆续续离去。由重庆至南京的长江客轮穿梭似的来去,载满了那些归心似箭的人们。抗战八年了,多少人妻离子别,多少老母在倚门望儿呵!因而,要想购到一张开往南京、上海的船票是很困难的。

在那些日子里,我时常陪悲鸿去重庆市区看画展或看看老友。我们曾多次见到田汉。他不仅是悲鸿的挚友,也是我尊敬的作家。我在桂林短时期工作时,便曾怀着敬慕的心情听过他的一次讲演。他比悲鸿年龄略小,但白发比悲鸿还多,也许因为这个缘故,他不留长发,剪的是平头,高高的身材,戴副近视眼镜,说一口带湖南音的普通话。

有一次,悲鸿和我进城去,约请田汉到一个饭馆便餐。他很高兴地来了,还带了一大群朋友来。我很惊讶,悲鸿却说,这是田老大一贯的风格,他身边总是有许多朋友。悲鸿还告诉我,在南京时,有一次,田汉请他去一家饭馆吃饭,也来了一大群文艺界的朋友。吃完饭以后，田汉掏遍身上的口袋，竟没有带钱，悲鸿只好替他会钞。在场的人见了，都禁不住哈哈大笑起来。

悲鸿和田汉那种亲切之情，犹如兄弟。田汉知道我也是湖南人以后，更是高兴。我告诉他，我们学校的同学演过他写的话剧《获虎之夜》和《南归》，并说，我很爱读他的剧本。他露出了谦逊的微笑，接着，十分愉快地说：

"悲鸿成了我们湖南的女婿，这是我们湖南人的光荣。"他还深有感触地说，"过去，那位蒋碧微女士硬把悲鸿拉出南国学院，逼迫悲鸿与我断交。但悲鸿与我的友谊并未因此稍减，倒是她和悲鸿终于决裂了。这说明思想上的分歧是很难弥合的。"

"是的。"我也感慨地说，"这是悲剧，悲鸿因此而承受了那么多年精神上的痛苦。"

"所以巴尔扎克写过这样一句话：恋爱是人生最难的学校。"田汉风趣地说，"但是，现在悲鸿已经从这个学校以优秀的成绩毕业了。"

田汉说完，透过近视镜片，望着悲鸿哈哈大笑起来。他的笑声很高，很爽朗，使我觉得他是一个走到哪里就把快乐带到哪里的人。

但是，悲鸿却例外地沉默不语，他好像在回忆"南国"时代的往事。那些已经淡忘了的记忆，仿佛又浮现在他面前。他那双深沉的眼睛里，似乎仍埋藏着过去的痛苦。

有一天，田汉邀悲鸿和我进城去看抗敌演剧四队的汇报演出。那些抗战活报剧、抗战歌曲、民间舞蹈和美术及资料展览，内容丰富，深刻感人。悲鸿受到了强烈的感动。他当时就写了一篇文章，题为《民族艺术新型之剧宣四队》，热烈赞扬剧宣四队"历抗战八年之久，行经地方之广，演出场次之多，受感动人数之众"，这个事实本身便"是一首伟大而壮烈之史诗"。文章充分肯定"每个队员都竭尽心力，付出最高的智慧与超越之精神，进行史诗般的创作"，称赞"队员们须克服一切艰难困苦之环境，历时既久，使个个如锻炼成之纯钢，光芒四射"。

当时，剧宣四队的队员、油画家冯法祀便是悲鸿的学生。早在广西时，悲鸿就看到冯法祀跟随剧宣四队行军途中和在前后方的速写与创作。那时这个皮肤被阳光晒黑了的画家，曾兴奋地站在老师面前，讲述他在剧宣四队的生活。悲鸿一面仔细审阅他的每一幅作品，一面听着他介绍那紧张的战斗生活。

"在我们演剧队，一个美术工作者既要当演员，又要当歌手，还要画舞台布景，亲自动手制作和装台卸台。在完成所有这些工作的同时，要利用工作间隙和休息时间，绘壁画，写标语，出墙报，常常提着颜料桶，到处写呀、画呀，很少有空闲时间。"冯法祀热情地说，"为了抗日，我们栉风沐雨，忍饥受冻，从城镇到乡村，步行千里路，穿越万重山。队员们住的是不避风雨的房子，吃的是大锅饭，每月的生活费不够买最低限度的生活必需品……"

悲鸿深深地被冯法祀的叙说打动了，他仿佛看见那些生龙活虎的队员们，一个一个地走过他面前，就如同一股强劲而温暖的波浪一样，一个跟着一个流进他的心里。

"现在，我决定聘请你为中国美术学院的副研究员。"他望着站在面前，面孔和手掌都因风吹日晒而显得粗糙的冯法祀说，"但是，我不要你到美术学院来作画，而是让你继续留在剧宣四队，努力在战斗中从事创作。"

冯法祀闪着那双坚毅的眼睛，聆听老师的教导。他领会到老师要他继续留在演剧四队的意愿，是让他继续在抗日的前方后方，接触更多的战士和劳动人民，创作出能反映那个火热年代的现实主义作品。

现在，他又站在老师面前了。他陪伴我们一同观看剧宣四队的美术作品和资料展览，其中也有他自己许多作品。在他的一幅《木瓜树》的油画旁边，田汉还题了一首诗：

瓦砾堆中生气在，
千轰百炸又如何？
龙州城里木瓜树，
今年巨干一丈多。

还有他的炭精画《黔桂路上拉钢板桩》《铁工厂》及抗日前线素描《余烬》《回龙山》和油画《捉虱子》等，都以熟练的技巧，十分真实地反映了前后方的生活，引起悲鸿的喜悦。

悲鸿在《民族艺术新型之剧宣四队》一文中，称颂所有队员们的绘画"题材新颖，作法深刻，为抗战中之珍贵收获"，音乐则"音调刚毅，歌词锋利，直刺听众心弦"，"话剧演出最为精彩，手法巧妙，情绪紧张"。他热烈赞扬剧宣四队队员技艺之高超，"非一般国内外学校应付几年所能学到"，并盛赞队员们"有高贵理想"，期望他们"今后将为团结、统一、民主而努力"。

悲鸿在文章的最后部分，总结剧宣四队之成就写道："凡此皆依逻辑之发展，都不足为奇，所奇者，乃此光芒四射之剧宣四队，固属于毫无文化政策之国民党政治部。"这里，他又一次贬斥了腐败的国民党政府。

实质上，剧宣四队是我们党领导的一支革命文艺队伍，只是当时悲鸿还不知道。他们在抗日战争中所做的艰苦努力和卓越贡献，使悲鸿长久难忘。

在抗战胜利后的那些日子里，悲鸿和我去重庆市参观了李流丹先生的木刻展览。作品充分表现了作者对祖国河山的热爱，刻画了山川的艰险和壮丽，雄强有力。作者根据不同的景和情，采用不同的章法和刀法，很符合风景的特色，从整体看很有气魄，每一个局部又很丰富耐看。可以感到：作者是在不断地探索和追求中来表现祖国河山的美，没有虚夸的华丽，技术上很成熟，每幅作品都能予人以新鲜之感。悲鸿特为题词：

流丹君在抗战中自南洋归来重庆，精研艺事，尤致力木刻，不遗余力。所作陪都风景与嘉陵江上生活，皆精妙独绝；更注意大江交通，如三峡两岸，雄峻岩壁，皆为留真；令人想见玉露凋伤巫山萧森之气。可谓艺术上之重大收获也。

悲鸿和我还去观看了陈树人先生的画展。陈先生十七岁便跟随广东名画家居廉（古泉）先生学画。后来，又赴日本，入京都美术学校学习，并加入同盟会，从事民主革命。

抗甘战争爆发后，陈树人先生在重庆担任国民党政府中央侨务委员会委员长，忧心国事，不愿再提笔作画。当时，悲鸿力劝他不要搁笔，因为日久荒疏，等到抗战胜利再想画时，恐难举笔了。陈树人先生听从悲鸿的劝告，便又开始在公余作画。在这次画展中，他的作品丰富多彩，题材广阔，富有岭南派特色，尤以花鸟画取胜。陈树人先生逢人便说，这应该感谢徐悲鸿先生的劝告和鼓励。

陈树人先生虽历任国民党政府要职，但从政清廉，生活俭朴。他和夫人居若文女士常住重庆郊外。有一次，赵少昂先生去看望他，被挽留住在他家里。那天半夜下雨，屋顶上淅淅沥沥漏下雨来。他们只好都起床,打着伞坐到天明。第二天,赵少昂先生来到我们家里,说起这件事时,面容仍十分困倦。

陈树人先生每有佳作,必题上"若文夫人清赏",并著有诗作《专爱集》,伉俪情深,传为艺坛佳话。

在重庆,悲鸿还去看过宋步云先生的画展,购买了他两幅水彩画。他画的重庆风景,色彩协调,表现出雾的感觉,很有诗意。

第十八章

一九四六年盛夏的一天，悲鸿和我一同进城去看望了李济深先生。我们一直非常感激他在桂林危急之际，拨款帮助运出了悲鸿的大批书画和收藏，使它们幸免于炮火，为我们国家抢救和保存了一批珍贵的艺术品。

李济深先生身材并不高大，穿一件浅灰色的纺绸长衫，丰腴而宽阔的面庞上笑容可掬。

寒暄以后，他告诉我们，他将在明天乘民生公司的"民联轮"去南京，并说，还有两张多余的船票，只是位置不好，一张是统舱，一张是没有舱位的，只能睡在甲板上。他问我们要不要，如果要，他可以送给我们，明天和他同行。

我们考虑了一下，当时要得到一张轮船票确实难如登天。有一些人急于返回阔别八年的家园，便乘帆船离去，在滚滚的长江中，不幸覆舟而葬身鱼腹的大有人在。我们不愿放弃这个机会，立刻决定明天搭乘"民联轮"离开重庆。

悲鸿和我急急忙忙返回磐溪，匆匆收拾行装。我们原本过着极其简单的生活，没有什么急需处理和变卖的东西，只有悲鸿的四十多箱书画是个沉重的负担。他拣出了其中最重要的一部分，装在一只长达三米的大铁箱中和几只樟木箱中，准备随身携带。其余的箱子，留给美术学院筹备处的工作人员暂管，以后再运往南京。

这天夜里，我们筹备处的人都坐在楼前那块宽阔的平地上，依依话别。这是大家过去经常在夏夜纳凉的地方。在那些月明之夜，悲鸿曾和大家一起坐在这里漫谈，谈时局，谈文艺，谈见闻，但谈得最多的还是美术。悲鸿的话总是那样引人入胜。他从埃及、希腊的绘画雕塑，谈到十九世纪各个不同画派，他详细讲了现实主义、浪漫主义和印象派，还讲了他所反对的风靡西方的一些形式主义新派美术家。他能列举几百人的名字，叙述他们的代表作、风格、特点以及有关逸事和历史掌故。他的头脑似乎是贮藏世界艺术的一座宝库。对于中国画，他也能如数家珍地叙述历代名家及其作品。他的谈话生动、诙谐，富于风趣。在月光溶溶、繁星闪闪之下，往往不知不觉地谈到夜深，我们映在地上的影子渐渐溶成了一片。现在回想起来，那些美妙的夜晚是多么令人迷恋呵！

在筹备处的工作人员、画家齐振杞曾写了许多日记，记录悲鸿当时那些谈话，打算以《月下清谈》为题发表。但后来齐振杞先生不幸早逝，这些日记也就不知下落了。

次日清晨，悲鸿和我便向磐溪依依告别了。大家送我们到嘉陵江边。一路上，悲鸿和我再三回头遥望那座石家祠堂——中国美术学院筹备处。那两幢简陋的木板楼房仍高高地屹立在山坡上。那些敞开的窗户就像睁大了的眼睛一样，在默默地凝视和送别我们。我和悲鸿最后一次站在嘉陵江的岸边。它依旧波涛滚滚地向前流去，那撞击在岸边的阵阵响声，好似为送别我们而发出的呜咽。悲鸿和我走上了开往重庆市的轮船，不停地挥手和大家告别，我们的眼眶都潮湿了。

"别了！磐溪。"我在心里说，"我们此生也许不会再来看望你了，但是，你是我们的患难之交，你的名字不仅仅被悲鸿写在许多作品上，也写在我们的心上，你是永远不会被我们遗忘的。"我最后一次举目眺望它的面容时，它却已消失在茫茫的雾霭中了。

当天下午，悲鸿和我便乘上了"民联轮"。这也许是我一生中所见到的最拥挤的船只，连甲板上都睡着密密麻麻的人，找不到一点缝隙。

七月的重庆，炎阳似火，把这个人烟稠密的山城烤炙得喘不过气来。虽然，我和悲鸿已汗流浃背地挤上了船，但悲鸿的那几只大画箱都被挡在岸上，不许上船。据说旅客太多，轮船已超过载重量。后来，我们才知道，这条船不仅载了超额的旅客，而且还载了数量可观的大米，以便到南京去牟取暴利。

当时，悲鸿十分焦急。他一再对我说：

"如果这些画箱不能上船，我也就不走了。"

是啊，这些画箱中不仅有他自己的重要作品，还有他的珍藏，其中也包括《八十七神仙卷》在内，都是他视为生命的珍品。

我们耐心地和船上交涉，李济深先生也帮助我们说话，但仍毫无希望。看来，我们只好下船了。但是，人往往能在绝望中逢生，生活中常常会出现奇迹。就在轮船要启碇前的几十分钟，我们正打算下船时，意外地遇见了一位船上的管理人员，他认出了悲鸿。

"呵呀，徐先生！"他热情地招呼我们，汗水涔涔的脸上堆满了微笑。

听到我们的诉说后，他马上说："这事好办，增加这一点重量算不了什么。"

随即，他叫来了几位水手，吩咐他们将这些画箱立刻抬上船去。

"民联轮"在咣当咣当的铁锚声、机轮声和嘈杂的人声中颤抖着沉重的身躯启碇了。它缓缓地向江心移动,汽笛长鸣。悲鸿和我都挤在船栏边,高高地扬手和送行的朋友们告别。

岸上的人影渐渐缩小了,模糊不清了,重庆好像一幅水墨画似的,渐渐隐没在灰蒙蒙的雾气中。

浩渺的江水有节奏地拍打着船舷,喷吐着白色泡沫。它们在江面上翻腾着,现出一条长长的航迹,拖在轮船后面。轮船渐渐开足马力,箭一般向前驶去。

旅客们都陆续回到自己的位置上。悲鸿却依旧倚在船栏上,似乎仍在遥望着那已消失在远处的重庆。从江面上吹过来的风掀动着他那白色的夏布长袍,把长袍的下摆卷到了他的胸前,他好像什么也没有发觉,脸上带着凝思的神情。他在想什么呢?是在回顾这八年的抗战生活?他和祖国人民一起度过了艰难的八年,在这座多雾的山城里,他留下了多少难忘的回忆呵!这里面有人民的痛苦和斗争,也有他个人的悲欢离合。

江风愈来愈大了,翻滚的乌云团团地凝聚在天空。水手们急急忙忙地扯起船栏边的雨布,预防大雨来临。悲鸿也回到了自己的位置。这是甲板上的一个角落,我们用被褥铺在上面,占据一块仅能容身之地。至于那个统舱舱位,我们放弃了,宁愿都睡在甲板上。

我们的周围都是旅客,每人见缝插针地占据一小块地方,有的人甚至只能将身子蜷曲着,他们之中有学者、科学家、文学家、艺术家……这些对人民有过贡献的人在当时的社会里是没有政治地位的,得不到应有的尊重。船上那些上等舱房早被国民党政府的高级官员们占满了,甚至连他们的孩子也在内。

因为"民联轮"上的学者和知名之士甚多，乘客们便利用这漫长的航程，组织了一些讲演会，悲鸿也被请去讲演。船上还出了油印的"民联轮"小报。

夜晚，嘈杂的说话声渐渐静下去，但却又响起了孩子的哭叫，母亲的斥责，人们的梦呓……使我们难于入眠。而且我还担心有人从我们身上跨过去时不慎踩在我身上。这时，我已怀孕六个月了。

但是，美丽而雄伟的长江却带给我们巨大的欢乐和慰藉。看着朝霞映红了那一泻千里的江水，轮船披着灿烂的阳光在哗哗地破浪前进，我们的心也像那转动着的机轮一样，披上了美丽的阳光，感到温暖、欢快、舒畅。

两岸青翠的田畴和山脉慢慢地向后闪去，雄壮、险峻的三峡遥遥在望了。三峡的大门叫夔门，也叫瞿塘峡，它猛然出现在我们面前。我们应船长的邀请，立在船首观看。

"夔门附近还有白帝城。"船长用手指给我们看，"那是刘备托孤的地方，也是自古以来兵家必争之地……"

真是触景生情。我想起了李白的诗：

> 朝辞白帝彩云间，
> 千里江陵一日还。
> 两岸猿声啼不住，
> 轻舟已过万重山。

也想起了杜甫的诗句：

> 无边落木萧萧下，

不尽长江滚滚来。

现在,我身临其境,只见那峭壁悬崖真如神工斧凿,湍急的江水以排山倒海之势奔流而过,发出巨雷般的声响。我们的轮船竟像一叶扁舟轻轻飘荡过去,多么令人神往呵!悲鸿掏出他那随身携带的速写本,迅速地勾画了三峡的轮廓。

第十九章

奔腾不息的长江穿越了四川、湖北、湖南、江西、安徽而进入江苏，疲乏地把我们送到了南京。轮船在浦口码头靠岸。我们在拥挤的人流中上了岸，行李也由搬运工人卸在岸边。面对着几只沉重的画箱，我感到寸步难行。我让悲鸿守着箱子，自己跑去雇车，总算不错，雇到了一辆双轮马车。车夫们吃力地将画箱抬上了马车，悲鸿和我便坐在马车的后座上。马蹄扬起阵阵尘土，在宽阔的道路上急速地奔驰。

南京的夏天也是酷热的，火似的骄阳将土地烤炙得异常干燥而坚硬。人们汗流浃背，呼哧呼哧地喘着气。国民党政府虽已迁回南京，但市容萧条，街巷冷落，仍残留着战后创伤的痕迹。

到南京后不久，悲鸿和我去游览了玄武湖、灵谷寺，瞻仰了中山陵。我们站在孙中山先生的陵墓前，缅怀中山先生的丰功伟绩，肃然起敬。悲鸿告诉我，他在一九三四年秋天画过孙中山先生的油画像，挂在南京交通部的礼堂，这张画已不知下落了。

我们也曾从悲鸿以前居住的"危巢"门前经过。从那些整洁的篱笆望进去，可以见到院内花木繁盛，廊前的圆柱和门窗已修饰一新，它们似乎都含情脉脉地在望着自己的旧主人，惊讶他为什么不愿走进去。

悲鸿只是淡漠地对"危巢"看了一下，便匆匆而过。也许他不愿意再对过去的家庭回顾一眼吧？

虽然在他们的离婚协议上并未写明将这所房屋给蒋碧微，但悲鸿是决不愿在这些财物方面与蒋碧微计较的。后来才知道，蒋碧微提前回到南京，将它修缮后，以高价租给了法国新闻处。她自己则在院内的空地上另建了一所楼房，而且修了一间十分明亮而宽阔的画室。每个房间都装饰了各种不同的鲜花，每天由鲜花店送花去更换。她就这样用悲鸿的钱为那位张道藩部长安排了舒适的休憩之所，张道藩志得意满地在这里随意出入。事实上，这里已成为他的第二个家——他的外室。遗憾的是这位在英法两国学画的部长先生，在蒋碧微精心为他布置的画室里竟没有他的什么创作。

我们在南京住了一个月，访问了一些老朋友。由于悲鸿接受了北平艺术专科学校校长一职，便匆匆起程北上了。

我们乘坐京沪铁路的客车驶往上海，然后准备再从上海去北京（当时称为北平）。

同车的有徐子明先生。这位早在一九一五年将悲鸿从故乡召到上海去的老朋友，虽然比悲鸿年长很多，但身体仍很健壮，依旧说着一口带宜兴乡音的普通话。一路上，他滔滔不绝地对我谈起三十多年前的往事。他是悲鸿二十岁流落在上海时，那一段苦难生活的目击者。他对悲鸿充满了友谊和尊重，对蒋碧微则颇多非议和愤激之词。悲鸿静静地在一旁听着，不发一言，始终没有说一句谴责蒋碧微的话。他是一个多么能宽容别人的人啊！

抵上海后，我们见到了阔别多年的汪亚尘先生和夫人。汪亚尘先生是著名画家，曾长期从事美术教育工作，也是上海新华艺专的创办人，为中国美术教育做过不可磨灭的贡献，培育了不少人才。他的夫人荣君立女士十分积极地帮助他开创美术事业。但新华艺专在上海沦陷期间被迫停办，此时已难恢复。汪先生和夫人邀请我们住在他们家，朝夕聚谈，十分愉快。

悲鸿还见到许多老友。如吴仲熊先生，他的继祖母是任伯年的女儿任雨华女士。他当时在金融界工作，也擅长丹青。他曾将任伯年的多幅未竟之作赠送给悲鸿，悲鸿都一一为之补成。还有书法家白蕉先生和邓散木先生，悲鸿对他们的书法艺术甚为推崇。此外还见到悲鸿二十岁流落在上海时结交的商务印书馆的那位营业员。他后来升任商务印书馆的交际部主任，结交了众多的各界人士。他待人很热情，常以助人为乐。上海沦陷后，因他所交往的人当中有共产党员，故而受嫌而被日伪逮捕，遭受非刑拷打和监禁。后来虽然获释，但却因此失业，神经受到很重的损害，已失去当年的丰采和能力。当我们见到他时，他穷愁潦倒，几乎陷于绝境。悲鸿十分同情他，也顾念旧情，想为他在上海谋个工作而未果，只好决定将他带到北平去，准备安排他在北平艺专训导处当个职员，管理学生助学金等行政事务。

悲鸿和我也曾一同去黄浦江边漫步。他沉思地站在江边，十分详细地向我讲述了三十多年前他流落在上海的情景，他的脸上好像忽然浮上了一层忧伤的雾，他又重新看见了自己的影子——那个只要再向前跨一步，就将葬身黄浦江的二十岁的年轻人。三十多年来，有多少次他想起这些悲伤的往事；生活就是这样严峻地考验着人们的意志。

那巨浪滔滔、奔腾不息的黄浦江依旧载着祖国人民的灾难，深情地向前流去。悲鸿举目四顾，只见黄浦江畔又增添了一些高大的建筑。它们用威严的冷眼俯瞰着行人，而那些衣不蔽体、蓬首垢面的乞丐仍如同往昔一般，触目皆是。多少有才干的年轻人又在经历着和悲鸿当年相同的命运啊！而国民党政府的某些新贵们，在八年抗战中，他们曾躲在大后方过着腐化而奢侈的生活，现在又发着接收大财，在上海设置了无数小公馆，舞厅酒馆依旧散发出靡靡之音……

我们也去看望了郭老。他依旧十分健康，热烈地迎接我们。他的夫人于立群仍是那样亲切而甜蜜地对我们微笑着。当时我们因为急于赴一位朋友的宴请，简短叙谈后，便匆匆告辞。

就在我们将要走出郭老的客厅时，周恩来同志忽然出现在我们面前。他热情地迎上来，伸出强劲而温暖的手掌紧紧地和我握手。听说悲鸿要去北平，他立即兴致勃勃地说：

"好呵！应当去。"

当时国共谈判陷于破裂的边缘，悲鸿的许多朋友劝阻他北行，认为北方很不平静，而且南京是国民党的首都和政治文化中心，作为一个著名的画家，许多人认为悲鸿应当留在南京。但周恩来同志却鼓励悲鸿去北平，他满含笑容对悲鸿说：

"我希望你把北平艺专办好，为人民培养一批有能力的美术工作者。"

他还顺便提到他对北平的怀念。他站在我们面前，显得那样高大、深沉，明澈的眼睛炯炯发光。他一面说着亲切的话语，一面微微扬起头，眉宇间流露出深思熟虑的情致。他的话虽不多，却给我们很大的鼓舞，就像在大地上播种一样，他在我们心中撒下了美好希望的种子。他那温暖而吸引人的笑容，就像一支光明的火炬，长久而鲜明地印在我们心里。

之后不久，悲鸿和我便离开了上海，乘轮船至秦皇岛，转乘火车，前往北平。

第二十章

一九四六年八月三十一日,悲鸿和我到达北平。

我是第一次来到古都北平。那庄严雄伟的天安门,辉煌宏丽的故宫,古色古香的城楼,绿树成荫的宽阔马路……充满着文化古城的柔和气息,处处吸引着我这个初到北平的人。但另一方面,这里也残留着战后创伤的痕迹,市面凋零,人民贫困,失业的人很多。

北平艺专在东总布胡同十号,校舍狭窄,砖砌的灰色楼房显得朴实而安静。由于悲鸿的到来,这里顿时增添了生气。学生们沸腾起来了!墙上贴满欢迎徐悲鸿校长的标语,笑语歌声回荡在各个教室里。学生们对新来的校长产生了很大的热情和希望。

悲鸿来北平之前就决定聘吴作人担任教务长。他给吴作人写信说:"我准备办一所左派学校……教务长一职非弟莫属。"

他还聘请了地下党员冯法禩担任油画系教授,同样对冯法禩说:"我准备办一所左派学校。"

他也聘请了一些在艺术上卓有成就、而思想又很进步的画家来校担任教职,如李桦、叶浅予、李瑞年、艾中信、李可染、李苦禅、李斛、周令钊、董希文、王临乙、滑田友、戴泽、韦启美、梁玉龙等。

同时，还聘请了高龄而有卓绝的艺术成就的齐白石先生和黄宾虹先生担任教授。

李苦禅先生是悲鸿二十年代在北京大学画法研究会担任导师时的学生。他后来又从齐白石先生学画，所作的写意花卉、禽鸟、游鱼等，笔墨苍润，生趣盎然。三十年代时，他在上海开画展，悲鸿购买了他的一幅《濠上之兴》，至今仍保存在徐悲鸿纪念馆里。

叶浅予先生早以漫画闻名。一九四四年在重庆举行画展时，他的国画得到悲鸿的赞赏。所作的印度妇女舞蹈，生动传神，造型和线条都很优美，显示了国画的革新与发展，创造了新颖的风格。悲鸿当时便购买了他两幅国画，现在又聘请他担任国画系系主任。

李桦先生是著名的进步木刻家，除了木刻方面的卓越贡献和成就，他用水墨画在宣纸上的三湘风景及生活，以及后来在北平所画的天桥人物，都独具新意，十分引人喜爱。悲鸿聘请他担任版画系系主任。

艾中信先生是悲鸿在抗日战争时期于中央大学教学时的优秀学生，才思出众，作品精妙，是当时杰出的中年画家。他在北平所作的油画《哈德门之雪》及《雍和宫的喇嘛》都受到悲鸿热烈的称赞。

李可染先生的国画独辟蹊径，创造性地展现了他自己的独特风格，笔墨富有情趣。他的山水画以水墨层层重叠的晕染，显示了深厚和苍茫之感。

董希文先生精于油画，又曾赴敦煌，极为认真而精确地临摹壁画，是一位功力很深的画家。

周令钊、戴泽、韦启美、梁玉龙也都具有卓绝的才能和可贵的创作。

总之，悲鸿为学生们尽力物色了全国第一流的优秀教师，这是办好北平艺专的首要条件。

悲鸿一到校，便立刻召见了学生代表，仔细地询问了关于原有教

/
一九四六年,徐悲鸿与北平国立艺专教师合影

师们教学的情况以及学生们的学习和生活情况，温和而耐心地跟他们谈心，了解哪些教师是他们喜爱的，哪些教师是他们不喜爱的，为什么，等等。就如同一位从远方归来的慈父，急切地想知道儿女们的情况一样。那些年轻人开始时有些拘束，互相观望着，说话不多，而且谨慎地选择词句。但是，作为一个教育家的悲鸿，有着丰富的经验，善于启发青年学生，打开他们的心灵。没有多久，他们就热烈地谈论起来了。显然，这些年轻人敏锐地感到这位校长不仅是一位著名的画家，而且是一个诚恳的人，一个说话算数的人，也是一位真正能教导他们的良师。他们打开了自己的心扉，把许多话都倾倒出来了。一个学生首先提出，有一位留学法国的教授，作画水平还不及北平艺专一年级的同学。

另一个学生马上补充说："一点儿也不错。有一次画素描，他替我改了几笔，把我的画改坏了，改得毫无道理，后来我就另画了一张。我将两张画拿给大家看，谁都说改过的那张不好。"

"他自己根本就画不好素描，还来教我们，而且位置还不低呢，是位教授。我们系只有两位教授，一位就是他。"说这话的是一位面目清秀的男学生。

"这样的教师能教我们什么呀？这才叫误人子弟呢！"一位梳两条辫子的细高个儿姑娘说得更激烈了，由于激动，她的辫子也随着她的话摆动起来。

"为什么要聘请这样的教师呢？"悲鸿心中在想。原来他早了解这位教授的根底，因为他在法国学习时，这位教授也正好在巴黎学习，他作画的水平确实不高。

"你们过去有没有向学校反映过这样的意见？"悲鸿关心地问。

"反映过，但是没有用，听说他的来头不小，谁也动不了他。"

一位年龄较大、声音沉着的男学生说。

学生们还谈到了教学中一些不合理的和落后的现象，以及学校里某些束缚学生思想自由的做法。

送走了学生代表，悲鸿很不平静地在室内来回踱起步子。这是很少见的，只有在他心情最烦躁的时候，他才这样踱步。

"悲鸿，你怎么啦？"我十分担心地问。

他停住了脚步，扬起头，郑重地望着我说："北平艺专的情况很复杂，而且我决定立即停聘那位误人子弟的教授，看来，又不可避免地要进行一番较量。"

我理解他，十分深刻地理解他，他永远是这样忠心耿耿、不畏艰难地对待工作。他对学生，随时都抱着关心的、认真负责的态度。他曾经对我说过："我们当教师的，在若干年后，再遇见自己所教的学生时，应当不感到脸红才对。"那就是说，当学生毕业时，必须真正学到了本领，在工作中能运用自如，老师不致因没有教好学生而感到内疚和羞愧。

但是，现在他的高血压和慢性肾炎尚未痊愈，很需要安静的生活。来北平之前，我原指望这里的环境有益于他恢复健康，使他能较为平静地生活，看来，这种希望又将成为虚无缥缈的幻想了。

悲鸿初到北平时，北平市美术协会曾召开热烈的欢迎会。这个由国民党中央文化运动委员会领导的北平市美术协会仍在幻想拉拢悲鸿，向他递送秋波，而那位不受学生欢迎的教授就是该会的理事之一。他在致欢迎词时，表示极为尊重悲鸿，甚至使人感到有一些故意吹捧之词。但是，悲鸿却毅然加入了当时在北平的一些进步美术家组织的北平美术工作者协会，悲鸿并担任了该会的名誉会长。就在学生代表介绍情况后不久，悲鸿宣布了停聘那位教授的决定。

一天下午，一个身材高大的人，面色阴沉，腋下夹着一个鼓鼓的黑皮包，走进了我家的客厅。他递给我的名片上印着的官衔是中央驻北平的一位处长，也就是说，他是国民党中统特务在北平的头目。随即，他从黑皮包里取出一份那位教授控告悲鸿的材料，扬了一扬，又立即放回皮包，用十分冷峻的声调说：

"这位教授是我们的秘密人员，抗日战争时期，家里设有秘密电台，对抗战是有功的，必须给予照顾。"

悲鸿十分严肃地回答说："我是北平艺专的校长，我要对我的学生们负责，决不能拿学生的前途来照顾你们的人。"

"那么，您的意思是，非解聘他不可？"来人闪着冷冷的目光问。

"是这样！这是谁也不能改变的！"

于是，一场激烈的争论展开了。来人气势汹汹地说：

"你说他画得不好，不能教学生，可我们认为他画得很好！"

悲鸿带点愤怒地看了他一眼说："他画得怎样，决不是我一个人说了算数，自有公论。你们如果认为他画得好，你们可以聘请他，但是在我主持的学校里，决不能聘请这样低能的人担任教授。"

来人被顶得僵在那里，说不出话来。室内空气凝冻了。过了一会儿，来人才挟着鼓鼓的黑皮包，怒气冲冲地踩着重重的步子走了出去。走到大门口时，他又回过头来朝悲鸿大声叫嚷道：

"我要告到中央组织部和中央教育部去！"

果然，不久中央组织部部长陈立夫和中央教育部部长朱家骅就都给悲鸿来了信。内容当然都是阻止悲鸿解聘那位教授，只是措辞比较婉转罢了。但也同样遭到悲鸿的坚决拒绝。于是，一场"倒徐运动"的风暴，便从停聘这位教授开始，在潜隐中孕育着。

反内战反饥饿的学生运动爆发了。进步的教师和学生们走上了街头，举行大规模的示威游行。事后，国民党教育部坚决要悲鸿解聘参加示威游行的三位教授：冯法祀、高庄、李宗津，但是又被悲鸿顶了回去，悲鸿依旧将聘书发给了他们。

当悲鸿获悉北平警备司令部要逮捕参加游行的学生时，悲鸿又立即通知他们赶快离开北平。

当时，为了保护参加游行的学生李翰祥，悲鸿替他改名字为李汉强，并亲自写信给杭州美专，希望李翰祥能转学到那里。这个在学生时代便刻苦用功、具有才能的学生，悲鸿不愿他辍学。但这一切努力都是徒劳。李翰祥最后被迫去到香港，终于放弃了美术，从事演员和导演工作。悲鸿知道以后，十分惋惜地说："这是我们的一个损失！"

今天，李翰祥先生终于从崎岖坎坷的道路上走过来，以他的努力和才华，成为香港影坛上有名的导演。我想他取得的成就是和他在绘画上的修养分不开的，可惜悲鸿已不能亲见。

在进步的群众运动浪潮里，悲鸿就是这样一名坚强的、正义的战士；而在学校的教学工作中，他仍然是一位严厉的、主张不断革新的美术教育家。

他一如既往地重视严格的基本训练，规定各科学生都要学习两年素描，国画系和图案系的学生也不能例外。他通过自己的创作和教学实践，认为须有两年极严格的素描训练，才能使学生初步掌握写生的能力。他一贯重视写生，反对一味临摹。他认为，临摹只能作为学习前人技法的手段之一。他仍不遗余力地倡导国画的革新，强调国画也必须用来反映人民的生活。

他在此时所作的《中国现代美术之回顾》一文中写道：

> 中国艺术三百年来屈服于华亭及娄东四王一派之下,萎缩卑陋,奄奄一息,已无生气,中虽有寓扬州诸家(所谓扬州八怪)唱高逸之音,但其风被不远……仅知取芥子园画谱,取道方便法门,然后摹抚四王恽吴,便谓能事已毕,天地之大,造化之奇,人民生活,胥无所见,漠不关心!……是八股山水之害,中人深矣!

他还亲自担任油画系和国画系的教学工作,并经常去各系的教室里检查和督促,每半月举行一次美术教师聚会,听取意见和互相交流心得。

他的一系列进步活动和措施,很快招致了国民党政府的不满。明枪暗箭,一齐袭来。正如悲鸿所预料的那样,针锋相对的较量——我所忧虑的情况——终于激烈地爆发了。

一九四七年十月,秋季开学不久,南京国民党中央文化运动委员会专门派来的一位文化特务,亲自策动和指挥的一场"倒徐运动"开始了。首先是国民党中央文化运动委员会领导的北平市美术协会散发了铅印的宣言,肆意攻击悲鸿,诬蔑悲鸿是美术界的罪人。

在散发宣言的同时,北平艺专国画系三位兼任教师宣布罢教,国民党政府的报纸也以惊心触目的字眼攻击悲鸿摧残国画,为之摇旗呐喊。

接着,北平市美术协会在中山公园的"来今雨轩"举行记者招待会,说什么他们"是为个人的美术,为美术的美术和为古人而战",说中国画应当是"超现实的",并谴责悲鸿另组北平美术工作者协会,是"分裂北平美术界的罪魁祸首"。那三位教师则宣称:"徐悲鸿有摧残国画、毁灭中国艺术之阴谋。"

面对敌人的攻击和诽谤，悲鸿作了坚决的回击。他于一九四七年十月十五日也举行了一次记者招待会。首先由学生代表发言，说明北平艺专在国画教学上的特色和观念的改革，是使国画接近生活，革除某些中国画的架空内容；其次是技术上的改革，以素描为基础，并打破一味临摹的劣习。

悲鸿在记者招待会上发表了书面谈话。他以无可争辩的事实驳斥了"北平美术协会"散发的传单中关于北平艺专国画系本学期只录取五名学生和学习三年素描的谣言，并简略阐述了自己的一些观点。悲鸿在书面谈话中写道：

> 此次录取国画系学生系十三人，超过其所举之数一倍多，此固非为满足名额，全凭成绩，倘成绩不佳，或竟一人不取……本校去年改为五年制，国画、西画、雕塑、图案在第一、二年共同修习素描，第三年分班，已呈准教育部在案。传单所举三年素描，显非事实。仅举两点，已均为无的放矢……故都不少特立独行之士，设帐授徒，数见不鲜，相从问道者所在多有，固足以辅学校教育之不足。至于国画，仅为艺专学科之一部。征诸国家之需要与学生之志愿，皆愿摹写人民生活。无一人愿意模仿古人作品为自足者。欲达成此项目的，仅五年课程，倘不善为利用，诚属重大错误。两年极严格之素描仅能达到观察描写造物之静态，而捕捉其动态，尚须以积久之功力，方克完成。此三年专科中，须学到十种动物，十种花卉，十种翎毛，十种树木以及界画，使一好学深思之士，具有中人以上禀赋，则出学校，定可自觅途径，知所努力，而应付方圆曲直万象之具已备，对任何人物、风景、动物及建筑，不感束手。新中国画至少人物必具神情，山水须辨地

域……建立新中国画既非改良，亦非中西合璧，仅直接师法造化而已。但所谓师法造化者，非一空言即能兑现，而诬注重素描便会像郎世宁或日本画者，乃是一套模仿古人之成见。试看新兴作家，如鄙人及蒋兆和、叶浅予、宗其香诸人之作，便可征诸此成见之谬误，并感觉新中国画可开辟之途径甚多，有待于豪杰之士发扬光大……读万卷书，行万里路，或为一艺术家之需要。尊重先民之精神固善，但不须乞灵于先民之骸骨也。

当时，国民党政府所有的报纸都未曾全文登载悲鸿这篇书面发言，而是断章取义，混淆视听，甚至进行谩骂和人身攻击。

面对这些来势汹汹的袭击，悲鸿没有丝毫妥协。全校师生和职工紧紧团结在悲鸿周围，没有出现任何混乱，继续正常上课。至于那三位罢教教师的课，悲鸿都亲自代授，当然更受到学生们欢迎。

正是由于群众的支持，这场喧嚣一时的所谓"新旧国画论战"（实质是"倒徐运动"的活动之一），以他们的失败而告终止。

但斗争并未结束。他们继续派人去南京国民党政府告状，甚至向南京国民党政府教育部和北平市警备司令部密告悲鸿窝藏异党和民盟分子（所谓"异党"，当时就是指共产党）。而且他们还定期开会，继续策划"倒徐运动"。

因此，我们的生活一天也没有平静，经常接到恐吓和谩骂信。有一天，我接到一封字迹陌生的信，拆开一看，内容极为卑鄙，措辞十分猥亵，署名"北平老画家同盟"。我流下了气愤的泪水，十分难受地说：

"悲鸿，我们走吧！离开这个地方！"

悲鸿却很冷静地说："走就意味着妥协，而且不管我到什么地方，都会有斗争。为了中国美术的发展,我必须走这条艰难的斗争道路。"他叹息了一声,接着又忧郁而愤懑地补充道,"如果为了我个人的名利和生活安适,我可以走另一条路,那是一条平坦的路,但那样我怎能对得起我的国家和人民呢?"

我低下了头,擦干了泪水,为自己的软弱而感到羞愧和内疚。悲鸿却温存地坐到我身边来,用异常柔和的声音对我说:

"亲爱的静,做我的妻子是不容易的呵!要和我一样,能经受种种痛苦、诽谤、打击和斗争。我知道你年轻,你没有经历过这些复杂的生活,而我却战斗了二十多年了。"

我尊敬地望着他,听他继续说着这些使我内心激动的话,从中获得很多教益。

第二十一章

我们初到北平时，租住了东裱褙胡同二十二号的东西厢房。房屋的主人住在北屋。他们有时邀人打麻将，打到深夜，夜阑人静之际，客人散去时，一片喧嚣，吵得我们不能安眠。那时，我正怀着第一个孩子，为租一个比较安静的住处，我不得不每天在外面奔走。有时被拉房纤的人拉得东奔西跑，也找不到一处合适的房子，回到家时往往感到精疲力竭。

有一天，北平艺专一位总务科的职员来到我们家，说有一处很安静的住房出租，地址在东四牌楼不远。他已去看过，觉得很适合我们居住。

于是，由他带领，悲鸿和我一同去看房。像北平许多讲究的住宅一样，我们首先看到了两扇朱红油漆的大门；大门两旁立着一对昂首的石狮子，显得气派恢宏。那位总务科职员叩了几下大门，门应声开了。一位衣着华丽、容颜却已衰老的外国妇人走出来迎接我们。经过介绍，我才知道她是一位孀居的法国人，嫁了一位有钱的中国丈夫，房子是她丈夫留下的遗产。她自己住在前院，打算把后院租给我们。

她十分高兴，脸上堆满笑容，领我们穿过连廊，走到后院。房屋确实宽阔整洁，油饰一新，画栋雕梁，十分美观，院内植有花木，异常幽静。朝南的北屋宽大明朗，室内家具齐全，有雕花的嵌大理石红木书案，正好可作悲鸿的画案；还有上等的席梦思弹簧床，式样新颖的沙发，色泽雅致的地毯，长垂及地的金丝绒窗帘，等等。那位法国夫人得知悲鸿曾留学法国，又是享盛名的艺术家，她的眼睛里闪耀着一种喷发出来的热情，脸上那些细密的皱纹上都飘起了欢笑，说她极愿以较为低廉的房价出租。悲鸿用法语和她交谈了片刻，便告辞出来。同时，那位法国夫人脸上的笑容也立刻收敛了。

"悲鸿，你都说了些什么呀？"我不安地问。

"我回绝了。"

"回绝了？这样好的房子你还觉得不行？"我惊讶地望着他。

"静，不是不好，是太好了，太富丽堂皇了，这不是我这样身份的人住的，我们应该有书生本色。"悲鸿若有所思地回答。

这是我完全没有料到的回答。在他面前，我又一次低下了头，感到羞愧。在当时广大人民和知识分子的生活都很贫困的时候，悲鸿有这种想法是可以理解的。他那艰苦朴素的生活作风永远使我感动。

我因跑来跑去想寻找合适的房屋，以致劳累过度，于这年九月二十八日早产，生下了我那个不足月的男孩庆平。

我抱着孩子从医院出来，仍旧回到了东褡裢胡同的房子里。直到这年年底，我们才租到小椿树胡同九号的一所普通的四合院房子，搬了进去。房屋陈旧，院子不大，院内仅有一棵小小的槐树，孤单而寂寞地在张望我们。我们在这里住了将近一年。直到有一天院墙忽然倒坍，我们只好另觅住处，才搬到东受禄街十六号。

东受禄街的房子是悲鸿用卖画的钱买下来的。房屋并不十分宽大，但院内有宽阔的空地。西院还有一棵近百年的大槐树，枝叶繁茂。东院有一棵高达数丈的大椿树,在烈日当空的盛夏,它像一把巨伞一样,给我们带来凉爽的浓阴和习习的清风。但刚搬进去时,院内杂草丛生,一片荒芜。我们刈除了杂草,植上了许多果树。在西院的大片空地上,我们种了许多蔬菜。那些鲜红的番茄,碧绿的黄瓜,紫红色的苋菜和紫苏,既点缀了我们的院子,又成了我们餐桌上的美味。我还将家乡的刀豆和冬苋菜的种子种上。它们千里迢迢地来到北京,仿佛怕羞和胆怯似的,不敢长大。它们虽然长得很瘦小,但却把乡土的感情温柔地带到了我的心里。悲鸿在工作之余,常和我一起在院子里劳动。我们一同给那些果树苗和蔬菜浇水施肥,共同享受着丰收的喜悦。

　　特别使悲鸿高兴的,是在我们院子里的墙脚边和空隙处,意外地钻出了许多蜀葵花。它们的颜色有深绛、雪白、淡紫、浅红,五彩缤纷,十分艳丽。我们豢养的七八只小猫在其间奔腾,很有乐趣。悲鸿曾将这所房屋命名为"蜀葵花屋",又名"静庐"。他曾作诗赞颂这些蜀葵花:

> 惊才绝艳出墙阿,
> 绚烂纷披胜绮罗。
> 倘使人间祇一本,
> 千金买去不为多。

　　他也曾对花赋色,画过国画的蜀葵花。
　　一九四七年十一月,在这所房子里,我又生了一个女儿,悲鸿为她取名芳芳。
　　我和悲鸿有了庆平和芳芳这一对小儿女,给家庭增添了许多情趣。庆平周岁时,悲鸿在我为孩子准备的纪念册上写道:

一九四八年，徐悲鸿与廖静文及儿子庆平、女儿芳芳

你在这不愉快的年头出世，但你给我和你母亲的愉快已一年了，但愿你常使我们愉快，不令我们烦恼。

就国家来说，的确是处在不愉快的年月中。国民党政府违背全国人民渴望和平的意愿，悍然发动了全面内战。在经历了八年抗日战争的深重创伤后，人民又处在战火纷飞的灾难中。而国民党政府却美其名曰"戡乱"，还成立了所谓"戡乱建国委员会"，拉拢了少数知名人士作为委员。这种事，他们当然不会忘记悲鸿。但悲鸿严词拒绝了。后来，国民党政府又企图利用悲鸿的国际声誉，邀请他作为中国代表团的代表，去印度出席"泛亚洲会议"，函电交驰地催促悲鸿起程，甚至在报纸上提前登出徐悲鸿前往出席"泛亚洲会议"的消息。但同样遭到悲鸿的坚决谢绝。

国民党政府为了乔装打扮，在一片"戡乱"声中，匆匆准备在南京召开了"国民代表大会"，弄出许多奇闻。蒋碧微女士以"社会贤达"的名义，被邀为国大代表，参加了这次大会。她盛装浓抹，被小报誉为"国大之妖"。她还和蒋介石拉上了亲戚关系，说是宜兴的蒋家和浙江奉化的蒋家源出一支。

这一年，悲鸿的长子伯阳从东北复员，他经过北平，先在我们这里停留了一些日子，然后便去南京，看望他的生母蒋碧微女士。他母亲去车站迎接了他。按离婚协议规定，伯阳和丽丽应和他们母亲生活在一起，这也是蒋碧微当时的意愿。但伯阳在南京住了不久，便写信给他父亲，表示不愿意在那里住下去了，要求到北平来。悲鸿同意了，并立即汇去旅费。他便来到北平。悲鸿谆谆地教育他，要他艰苦朴素，勤奋学习，以期对国家做出贡献。他先补习了高中功课，然后考入北平艺专美术系。一年后，他因发现自己对音乐更感兴趣，便转入中央音乐学院理论作曲系,他从此没有再见到他母亲。

  当时,丽丽还在南京读高中。她也常写信给她父亲,表示非常盼望和父亲生活在一起,准备高中毕业后投考北平的大学,以实现生活在父亲身边的愿望。我读着她的信,感到她懂得了很多事理,在政治上也有着明显的进步倾向,字里行间,流露了许多对她母亲的不满。

第二十二章

悲鸿十分敬重齐白石先生,和他的友谊真挚深厚,一直惦念着这位国画大师,所以到北平不久,便去看望了齐白石先生。他们从一九二九年分手便未相见,已经阔别十七年了,悲鸿早就急切地盼望和他见面。

悲鸿在南洋筹办赈济祖国难民的画展时,曾给白石先生写信探问起居情况。当时白石先生因年迈,不得不留在沦陷了的北平。悲鸿曾作了许多诗怀念他,现今保存下来的还有四首:

一

烽烟满地动干戈,
缥缈湘灵意若何。
最是系情回首望,
秋风袅袅洞庭波。

二

卅载京华北斗尊,

笔歌墨舞气纵横。
声名中允契阔久,
庾信文章老更成。

三

幻想凝成幻景开,
江山终古属天才。
车轮舟楫遍难借,
愿送昆仑喜马来。

四

乱离阻我不相见,
屈指翁年已八旬。
犹是壮年时盛气,
必当八十始为春。

　　抗日战争胜利后,悲鸿在重庆急忙致书白石先生,很快收到他的复信,叙述他在日伪压迫下,勉强能安贫度日,身体尚健,并在信中满怀忆念地写道:"生我者父母,知我者君也。"

　　现在,他们终于在八年抗战胜利之后重逢。还是在西城跨车胡同,也还是在那装着铁栅栏的朴素的画室里,他们的手紧紧地握在一起了。彼此感到多么喜悦呵!白石先生那飘在胸前的长长的银须,也因快乐而抖动起来。他哆哆嗦嗦地用手指去摸索那一串系在裤腰带上的钥匙,把那个上了三道锁的大木柜打开,从里面拿出许多糕点来款待我们。那些原很柔软的蛋糕和点心,因放置时间过久,已经变得像石块一般坚硬。但拗不过白石先生殷勤的劝说，我们还是各自拿起一块，细细地咀嚼着，如同在吃富有特点的美味。

悲鸿就任北平艺专校长后，立即聘请白石先生担任名誉教授。悲鸿亲自坐车去迎接他，但坐的已不是十几年前的马车，而是飞速奔驰的小汽车了。

是呀，时代不同了，时间已过去了十七年！对悲鸿来说，这十七年是多么艰苦，多么漫长的十七年啊！如今，他已无复当年的身强力壮，风度翩翩，而是两鬓成霜，疾病缠身。十七年中，他走遍了祖国的大地，横跨了欧亚两洲，在艰苦的路途上不停地跋涉。为了多难的祖国，他顽强地战斗着，不遗余力地倡导现实主义艺术运动。他孜孜不倦地从事创作和培育人才，赢得了桃李遍天下的美誉。现在，他不再是孤掌难鸣了，他聘了许多优秀的美术家来北平艺专任教，其中包括齐白石先生。

悲鸿来到北平以后，和白石先生的往来非常密切。有时，白石先生来我们家，有时，我们去看望白石先生。他们还常在一起作画。悲鸿画鸡，白石先生便补块石头，白石先生画蜻蜓，悲鸿便补束花草。在我们那宽阔的院子里植满了草皮、果树、花木。夏天的傍晚，白石先生常来这里和我们一起乘凉。他遇到什么不顺心或不愉快的事，便要来找悲鸿交谈，有时卖画的钱算不清楚了，也来找悲鸿替他算。只要悲鸿说了的，他就信服。

在北平，我们还见到了张大千先生。他也是悲鸿敬重的老友，是一位在艺术上有卓越成就的画家。他来到东受禄街我们家里，两位老友聚谈得十分融洽，而我却是第一次见到他。他和悲鸿的年岁差不多，胸前却留着长长的美髯，十分潇洒。我曾在重庆看过他的画展，深为钦仰。

一九四六年,徐悲鸿与北平国立艺专和北平美术作家协会同仁合影

一九三六年，上海中华书局印行《张大千画集》，悲鸿曾为之作序。悲鸿在序言中写道：

> 大千以天纵之才，遍览中土名山大川，其风雨晦冥，或晴开佚荡，其中樵夫隐士，长松古桧，竹篱茅舍，或崇楼杰阁，皆与大千以微解，入大千之胸……居前广置瑶草琪花，远方禽兽，盖以三代、两汉、魏、晋、隋、唐、两宋、元、明之奇，大千沉淫其中，放浪形骸……其言谈嬉笑，手挥目送者，皆熔铸古今，荒唐与现实，仙佛与妖魔，尽晶莹洗练，光芒而无泥滓，徒知大千善摹古人者，皆浅之乎测大千也……壬申癸酉之际，吾应西欧诸邦之请，展览中国艺术，大千代表山水作家，其清丽雅逸之笔，实令欧人神往，故其金荷藏于巴黎，江南景色藏于莫斯科国立博物院，为现代绘画生色……

那天，张大千先生在我们家里，还绘制了两幅荷花。事先，悲鸿便请来裱画的刘金涛师傅研了一大碗墨汁，以供大千先生挥洒。只见他笑呵呵地纵笔逞毫，顷刻成幅。荷叶用泼墨写成，白色的荷花则用线描，轻重虚实的对比恰到好处，笔墨十分精练。其中一幅是赠给我的，另一幅则赠给李宗仁先生和夫人。

当时，北平艺专的校舍很狭窄。悲鸿恳请担任北平行辕主任的李宗仁先生另拨一所宽大一些的校舍，除了请张大千先生画了一幅墨荷赠送给李宗仁先生外，悲鸿自己还画了一幅奔马赠给他。后来，李宗仁先生也真尽力帮助，拨了一所很宽阔的校舍给北平艺专，那就是现在中央美术学院的院址。但是，后来为了要使国民党政府的军队从那所房子里搬出去，还费了不少的周折，悲鸿又不惮其烦地给其中的一些人画了许多幅画。悲鸿为了中国美术教育的发展竭尽心力，可见其苦心孤诣之一斑了。

关于刘金涛裱画师傅，还有一段往事。他生于河北农村，少年时步行来北平学艺，当了多年裱画店的学徒。出师后，很想自立门户正式开业裱画，便在琉璃厂租了一间很小的屋子。但由于当时市面萧条，他的生活十分困难。悲鸿来北平后，见他裱画的手艺很高，为人又很勤谨敦厚，就设法帮助他。除了自己画了几幅画送给他，又请了一些名画家为他作画，使他终于能正式打开门面，挂上悲鸿为他书写的"金涛斋裱画"的招牌，成为画家们的好友。他在裱画的技艺上也日臻完善，是当今不可多得的裱画大师。

悲鸿在北平还认识了工笔花鸟画家于非闇先生和田世光先生。于非闇先生当时已享盛名，田世光先生则尚年轻。悲鸿认识田世光先生是由于参观了田先生的画展。我认为，工笔画容易滞板，但田世光的画却栩栩如生。在他那纤秀清丽的彩笔下，那些美妙的花卉和禽鸟被描绘得意态深刻，情趣盎然，足见田先生是一位刻意写实的画家，绝非模拟者可望其项背。悲鸿盘桓观览，却不见作者在会场，而且也不相识。于是，悲鸿留了一个字条，请作者将住址告诉他，他将前往拜访。

田世光先生当时生活很困难，居处狭隘。他听说悲鸿要去拜访他，心里想，我那样简陋的地方怎能让徐悲鸿大师去呢？于是，他立刻来拜访了悲鸿。悲鸿十分推重他，延聘他担任了北平艺专花鸟画的教师。但当时教师的待遇菲薄。有一次，他见到田世光先生身上的衣服单薄，而天气又十分寒冷，便立刻脱下自己身上的毛衣，让田世光先生穿上。虽然田世光再三推辞，但悲鸿却坚持看他穿上，才感到了宽慰。

悲鸿青少年时代饥寒交迫的遭遇使他永远对人怀着深厚的同情，特别对美术界的后起之秀，更是关怀备至。

第二十三章

悲鸿是我们全家起床最早的人。当第一道微弱的晨曦好奇地窥视我们的窗户时,悲鸿便起床工作了。他每天办的第一件事便是回复前一天收到的信。这些信来自祖国的四面八方,有悲鸿的朋友的信,也有他教过的一些学生的信,如安敦礼、彭新骅、方诗痕、俞云阶、梅健鹰等,但其中更多的是来自那些陌生的热爱美术的青年,他们热诚地向悲鸿求教。

悲鸿对每一封信都认真答复,解决他们的疑难,从各方面帮助他们。有时,他们也寄来作品,悲鸿便亲自修改,指出优点缺点,然后再将它们封好寄回去。他亲手做着这一切,从不假手他人,唯恐别人漫不经心。我生活在他身边,看到他担任的职务和教学工作已很繁重,身体又有病,劝说他不必亲自回复这些信件,可以请秘书代笔,但他却谢绝了我的劝告。

"静,"他恳挚地说,"你不理解年轻人的心,如果是我亲笔回信,即使写得简短一些,也会给人很大的鼓舞,年轻人是需要人鼓励的,特别是那些不能进入美术学校而有才华的青年,我更有义务关心他们。"

悲鸿就是这样，一天一天、一月一月、一年一年地坚持不懈地做下去。这不仅出于一个前辈画家对青年一代的关怀，也由于他对自己年轻时学画的苦难历程的回顾，经久不息地燃起他巨大的热情，即使是一个小学生来信，他也亲笔作复。

一九四七年，江西南昌实验小学四年级一个小学生刘勃舒给悲鸿写信，说他很爱画马，并模仿悲鸿画册上的马画了几张奔马寄来，请求指点。就一个十岁的小学生来说，这是很大胆的。悲鸿回信写道：

勃舒小弟弟：

你的信及作品使我感动。我的学生很多，乃又在数千里外，得一颖异之小学生，真是喜出望外。学画最好以造化为师，故画马必以马为师，画鸡即以鸡为师。细察其状貌、动作、神态，务扼其要，不尚琐细（如细写羽毛等末节），最简单的学法是用铅笔或炭条对镜自写，务极神似，以及父母、兄弟、姊妹、朋友。因写像最难，此须在幼年发挥本能，其余一切自可迎刃而解。我附寄你几张照片，聊备参考，不必学我，真马较我所画之马，更可师法也。

我爱画动物，皆对实物用过极长的功，即以画马论，速写稿不下千幅……须立志一定要成为世界第一流美术家，毋沾沾自喜渺小成就。你好好读完初中，即可应考艺专，那时，我必极愿亲自指点你。此时须努力文史、生物、算学、理化等普通课程，必要之常识不可忽也。

勃舒的父亲是南昌的一位小学教师，母亲是勤劳的家庭妇女。在这个贫寒的家庭里，父母都不知道应该怎样培养这个自幼喜爱美术的儿子。从那以后，悲鸿便不断地回信指导和鼓励他。后来，他考入中央美术学院，终于成为一位优秀的画家。勃舒现任中国画研究院副院长。

和刘勃舒同时的蔡亮，也是一位能刻苦努力且有灿烂才华的青年。悲鸿也经常亲自指点他。现在，他已是一位优秀的油画家，创作了许多很有影响的作品。

这时，还有一位叫王学仲的学生，兼攻书画，尤其是他的书法，备受悲鸿赞扬，也经常得到悲鸿的关怀和指导。他现在在天津以"夜泊"为笔名，创作的作品甚多，诗书画皆精妙。

有一天，一位大连的青年罗叔子将自己的素描寄给悲鸿，向悲鸿求教。从这一天起，悲鸿多次复信指导这位素不相识的青年，并将自己的素描原作两幅寄赠给他，以作示范。他在给罗叔子的一封信中写道：

叔子弟：

前寄一卷，想已收到。铅笔渲染不如炭笔，或即用炭条，吹固定水（松香酒精），较此为胜也。用笔可具起落，则不如是平板。苏联印大幅素描固佳，但古典而近于馆阁体，如不善学，可能近于平板光滑之馆阁体，使人生厌已……

后面又附一行小字："可多写勾线准确之速写。"

悲鸿以全副热诚，指导这些陌生的青年。但是，有时却也因此得着恶果。有一次，从天津来了一封信。一位自诩为书法家的青年寄来自书的一幅洒金扇面，赠送悲鸿，请求指教，实际是很盼望得到悲鸿的夸奖。但悲鸿却回信指出了他书法上的缺点，批评他的字"大似乾隆御笔"。这位求教的人立即来了一封信,对悲鸿极尽辱骂之能事,并索回他寄赠的扇面。更为恶劣的是,他故意在信封上写上,中央美术学院学生徐悲鸿收。对于这样的信,悲鸿只是一笑置之,并未影响他照旧给许多不相识的青年复信。

此外,悲鸿还须在极繁忙的工作中,挤出时间来接待许多不相识的人,其中又是热爱美术的年轻人居多。

一九四六年,一个名叫韦江凡的青年,从西北艰难跋涉来到北平,求见悲鸿。当他手中握着自己的一卷速写站在悲鸿面前时,他已贫穷至极,无以为生了。悲鸿看着眼前这个衣服破旧,面孔和皮肤都被炎阳烤得黝黑的青年,两只聪慧的大眼睛里闪着热爱艺术的光芒,悲鸿的心悸动了。他立即将韦江凡安排在北平艺专做刻蜡版的临时工,并让他住在北平艺专的宿舍里。不久以后,韦江凡正式考取北平艺专,悲鸿又帮助他取得助学金。从此,一棵被人践踏、行将枯萎的美术幼芽得到了灌溉,茁壮地成长起来了。

第二十四章

一九四八年是令人兴奋的一年，人民解放战争的捷报频传。深秋的一个下午，悲鸿和美术界的几位朋友正在我们的会客室里谈论时局的发展，互相交换一些在国民党报纸上看不到的消息，为东北解放战争的胜利而感到欢欣鼓舞。突然，一声震耳欲聋的巨响传来，整座房屋都被震得摇晃起来，接着，窗户上的玻璃发出碎裂声。我们慌忙从屋子里往外跑，只见远处的天际升起一支巨大的黑色烟柱，直冲云霄，随后，像蘑菇云一样散开，浓烟在碧净的蓝天上滚滚飞动……事后，我们才知道这是国民党政府在南苑机场的军火库爆炸了。它似乎吹响了平津解放战争的号角。

国民党的要员们纷纷逃离北平，城内出现了一片惊慌和混乱。南京国民党政府的教育部急电北平各大专院校南迁。北平艺专也毫不例外地接到了这样的电报，但却遭到了悲鸿的抵制。事先，悲鸿和北平艺专的一些主要负责人吴作人、李桦、王临乙、冯法禩、艾中信等人商定，他们本人决不离开北平，北平艺专也决不南迁。

当时，北平艺专地下党的支部书记是油画系的学生侯逸民。他是一个身材修长、面貌英俊的青年，有一对灵活而又沉着的眼睛。他以优秀的绘画成绩获得悲鸿的喜爱和赞赏，但是谁也没有想到，这个既活跃又用功的年轻人竟是当时北平艺专地下党的负责人。他除了自己接触悲鸿外，还通过悲鸿早年的学生、地下党员、油画系教授冯法禩更多地了解悲鸿的这些想法和决定。因此，在悲鸿亲自主持校务会议讨论迁校的问题时，一切都事先做好了准备。

首先，悲鸿以校长的身份第一个发言，提出不迁校的主张，并说明了这个意见已事先征得许多教师的同意。他的发言立即得到吴作人、李桦、叶浅予、王临乙、冯法禩及英语教师范志超、学生代表李天祥的热烈支持，但同时，也有极少数人持反对态度。最后表决时，赞成不迁校的人占压倒多数。于是，校务会议正式通过了不迁校的决议。全校喜气洋洋，这也说明了当时的大势所趋，人心所向。

紧接着，国民党教育部汇来一笔应变费，电文说明是作为学校南迁之用。悲鸿提议将这笔应变费分发给全体教师、职工和学生会，作购买粮食之用，为保护学校、迎接解放作准备。这个建议立刻得到了地下党的支持。于是，悲鸿又召开了有群众代表参加的会议，正式通过了这项决议。除教师和职工每人领得一份钱以外，余下的钱全部交给学生会，购买了大量小米，为全校学生、职工、教师的吃饭问题做了充分准备。

形势日趋紧张。物价一日数涨，粮价更是暴涨，街头巷尾拥挤着买卖银元的人。人们急于将迅速贬值的国民党政府的钞票金圆券换成银元。

北平的文化教育界也是一片紧张和混乱。文化教育界的知名人士第一个坐飞机飞往南京的是胡适先生。他当时是北京大学校长。

悲鸿和胡适早在二十年代就相识，但彼此不甚了解，因此，很少往来。我则是一九四六年到北平来以后才认识胡先生的。他第一次见我时，第一句话便说："哦，这样高。"我身高是一米六五，由于当时还未曾发胖，就显得高一些。

在北平临近解放时，我们又见到胡适先生，谈起时局，曾询问他是否打算离开北平，他回答说，他不打算走。但是，没过几天，他却终于乘飞机走了。他是在南苑机场起飞的。紧接着，南苑机场被人民解放军的炮火封锁，以致国民党政府教育部派来接一些知名人士的专机，竟不能在南苑机场降落，只好又折回南京。国民党政府决不愿一些专家们为共产党所用，于是抢修起临时机场，先后在天坛和东单广场砍伐了大批树木。南京第二次派来的飞机，终于在临时抢修的机场上降落。坐这批飞机去南京的有清华大学校长梅贻琦先生、北平师范大学校长袁敦礼先生、北平研究院院长李书华先生等人，以及他们的家属。

悲鸿也被列在这批要接走的名单中，但是，他坚决拒绝去南京。于是，不断有人来劝说他，造了许多谣言，说他万不可留在北平。恫吓无效时，又加以利诱，说如果悲鸿去南京，便可得到一笔数目不小的外汇，作为他出国展览之用。因为早在一九四六年，印度驻华大使潘尼迦先生便曾代表尼赫鲁总理敦请悲鸿再去印度举办作品展览。虽然悲鸿很愿意再次访问印度，参谒那些辉煌灿烂的古代文化，但他决不能选择这个时期，因为这是中国人民最需要他留在北平的时候。

天气一天比一天寒冷。北海公园的湖上已结了厚厚的冰层，马路两旁树木上的叶子已经落尽，只有光秃秃的树枝在寒风中瑟瑟颤抖着。它们好像在引颈遥望远方，殷切地期待春天的讯息。

北平已被强大的人民解放军包围，城门紧闭，粮食、蔬菜、鱼肉都运不进来。我们吃着早已准备的酱萝卜，有时也用黄豆泡豆芽。

时不时可以听见解放军的炮声。但是北平城内还有着数量庞大的国民党军队，虽然已如瓮中之鳖，但如果负隅顽抗，仍将给人民的生命财产造成巨大损失。何去何从，亟待抉择。当时，统率这批军队的傅作义将军在无可奈何的情况下，邀请了北平的一些学者名流征询意见，悲鸿是被邀者之一。

会场设在中南海内，空气异常严肃紧张。傅作义将军作了简短的致辞，表示愿意虚心听取大家的意见。墙上的挂钟滴答滴答地响着，很长时间没有人发言。大家只是用疑虑的眼光互相探询着，担心如果发言要求和平解放北平，会带来很大的风险。

悲鸿终于第一个站了起来，以坚定有力的声音说："北平是一座闻名于世界的文化古城，它在世界建筑艺术的宝库中也属罕见的。为了保护我国优秀的古代文化免遭破坏，也为了保护北平人民的生命和财产免受损伤，我希望傅作义将军顾全大局，顺从民意，以使北平免于炮火的摧毁……"

沉默的空气被打破了。人们的脸上都绽开了笑容，全场开始活跃起来。紧接着，著名历史学家杨人楩教授站起来发言，他兴奋地说："我完全支持徐悲鸿先生的意见。如果傅将军能为北平免于炮火而做出贡献，我作为一个历史学家，将来在书写历史时，一定要为傅将军大书一笔。"

随后，著名生物学家胡先骕先生、故宫博物院院长马衡先生等许多人都纷纷发言，热烈希望傅作义将军以北平人民的安全和保护古都文化胜迹为重，尽量争取早日和平解放北平。

傅作义将军一直耐心而认真地听着大家的发言。最后，他站起来，表示感谢大家直言不讳。

会后，人们奔走相告，感到北平和平解放的希望越来越大，似乎已近在眼前了。

当天晚上,已经夜深人静,我家的电话铃忽然急促地响起来。我披衣起床。电话里传来一个陌生男人的粗重嗓音:

"找徐悲鸿接电话!"

我回答说:"他已经睡了,有什么事情可以告诉我。"

他却反问:"你是谁?"没有等待我回答,随即恶狠狠地说,"你告诉徐悲鸿,叫他小心脑袋!"

显然,悲鸿和许多人一样,已处于十分危险的境地。为了防止意外,我们早已在围墙上安装了密密麻麻的铁蒺藜。但是悲鸿的许多学生和朋友仍为我们担心,在这不平常的日子,都不断来我们家里看望。

在这之前,有一天,悲鸿的学生冯法祀到我们家里,悄悄告诉悲鸿,田汉已秘密进入北平,要我们安排和田汉见面的机会,说他带来了解放区的许多消息。

第二天晚上,悲鸿便派车接来了阔别多年的田汉同志。只见他穿一件臃肿的蓝布棉袍,戴一个大口罩,脖子上围了一条又厚又大的围巾,帽子压得低低的。我们几乎认不出他了。

"寿昌!"悲鸿兴奋地迎上去,他们的手又紧紧地、紧紧地握在一起了。

我将我的男孩庆平交给司机老曹,让他带着孩子,把住大门,谁也不许进来。

田汉摘下了帽子、口罩和围巾,又像从前那样笑容可掬地站在我们面前。近视镜片后面那双闪烁着深邃光芒的眼睛,洋溢着抑制不住的喜悦,仿佛有满腹的知心话要马上说出。这是一个共产党员真诚的、发自内心的激情和喜悦。他为之受苦,为之奋斗的新中国将要诞生,它不再是遥远的理想，而是很快就要成为现实了。两位阔别多年的挚友在此时此刻相会，两人的脸上一直挂着激动而欢畅的笑容。

这是一个停电的夜晚。我在我们的起坐间里点燃了一支小小的蜡烛。悲鸿、吴作人、冯法祀和我围着风尘仆仆的田汉同志，倾听他低声而兴奋地描绘解放区的情景。他带来的每一个消息都令人兴奋，特别是他还带来了毛主席和周恩来同志对悲鸿的嘱咐。田汉同志异常激动地说：

"我来北平之前，见到了毛主席和周恩来同志。他们希望悲鸿在任何情况下都不要离开北平，并尽可能在文化界多为党做些工作。"

听到毛主席和周恩来同志在指挥全国人民解放战争的戎马倥偬之际，还悬念着北平的文化界，悬念着悲鸿，我们万分感动。这些亲切动人的话就像乌云里漏出来的美丽的阳光，引起我们异常的惊喜和激动。摇曳的烛光不停地在我们脸上跳来跳去，仿佛在追逐我们的喜悦似的。

外面，凛冽的寒风在狂啸着，把窗户摇得咯吱咯吱发响。远处传来警车尖利的呼叫。我们知道，那是国民党政府在继续大搜捕，已经有许多人被投进了黑沉沉的监狱。

忽然，大门口传来庆平的号啕大哭声。我惊慌地跑出去。原来，两个持枪的国民党士兵正在和看门人纠缠。他们恶声恶气地说要进门查户口，同时，端着那上了刺刀的枪对着我。

我一面抱起受惊的孩子，一面将他们请进悲鸿的画室，故意高声地叫倒茶拿烟。接着，我把户口本送到他们面前。

其中一个士兵歪着脑袋看了一眼，问："就这几个人？"没等我回答，又用严厉的眼光逼视着我问，"有外地来的人没有？"

我的心猛烈地颤抖起来。但我还是强作镇静地回答：

一九四八年,徐悲鸿与齐白石、吴作人、李桦合影

"没有!"

他们用搜索的眼光向四周环顾了一遍,其中一个大模大样地抓起桌上那盒三炮台香烟,塞进了衣袋。然后,他们提着枪走了出去,又悻悻地去敲隔壁人家的大门。

冬天的夜寒冷而沉寂。按照悲鸿的意思,我跑出胡同口,小心地向周围看了看,见没有可疑的人。我便回到家里,急忙派车将田汉同志送走了。

由于过分激动,那一夜,悲鸿和我很晚还没有就寝。田汉那喜悦的笑容,他所带来的许多美好消息,使我们的心不能平静下来。悲鸿低声地重复着田汉转达的毛主席和周恩来同志对他的希望:

"在任何情况下都不要离开北平,并尽可能在文化界多为党做些工作。"

悲鸿的声音里带着感激,带着信心,也充满了强烈的责任感……

次日,悲鸿和我立即去看望了齐白石先生。当我们像往日一样,走进他那个安静的庭院时,却发现老人家正满面愁容地坐在画室里。见到我们,他连忙颤颤巍巍地站起来,衰老的脸上已失去了往常那种安宁、沉静的笑容。这时,我们才知道他也受到了恫吓。有人对他造谣说,共产党有一个黑名单,进北平后,要把这批有钱人都杀掉,名单中就有齐白石。于是,白石先生怀着深深的忧惧,正准备立即携带全家老小离开北平。正交谈着,画案上的电话铃急促地响起来。他的护士夏文珠女士接过电话后,说是民航公司打来的,商量白石先生乘飞机去香港的事。

于是,悲鸿和我便劝说白石老人不要听信谣言。

"悲鸿先生,你真的不走吗?"白石先生疑虑地问。

"当然不走,我们全家都不走,北平艺专也不搬迁,大家都留在北平。"

"那么,共产党来了不会杀我?"

"决不会。共产党尊敬所有对文化有贡献的人,怎么会杀你呢?"

"悲鸿先生,那时,我还能卖画吗?"

"当然能卖画,我保证你能继续卖画。"

悲鸿的脸上浮现出最真挚的诚意。接着,他谈到北平和平解放的可能性极大。如果万一城内出现混乱,就来接白石老人去北平艺专住,我们也去。学生们都已组织起来,可以保护学校。

将近九十岁的白石老人的听力已很差,悲鸿附在他耳边,大声地、一字一句地才把话都说清楚。

白石老人一向对悲鸿怀着最大的信任,他那双疑虑重重的眼睛里渐渐闪出了亮光,满布愁容的脸上展现出微笑。他毅然取消了香港之行,还殷勤地挽留我们吃了湖南风味的午餐。当我们起身告辞时,他又像往常那样,安详地挂着手杖,送我们到大门口。他十分舒畅地微笑着,显出了一向的愉快和平静。

第二十五章

漫长的黑夜终于过去了。天安门城楼上升起了第一道黎明的曙光。北平和平解放了!

一九四九年一月三十一日,全市举行了庆祝北平和平解放的盛大游行,我挤在北平艺专的队伍里,和大家一起振臂高呼欢庆的口号。呼啸的北风仿佛要把人们刮跑似的,但人们的心里都热乎乎的,像有一团火在炽烈地燃烧。

悲鸿也异常忙碌起来。在他坎坷不平的一生中,又掀开了崭新的一页。从他的童年时代起,他就痛心于我国的积弱及人民的贫困和苦难。他多么渴望一个富强的新中国诞生,从此,没有压迫,没有帝国主义的欺凌,人民不再贫困,过自由富裕的生活啊!他正是带着这样的愿望来迎接北平解放的。

他和许多来自解放区的美术工作者见面、座谈,深深地被解放区丰富多彩的美术创作所吸引。他看到了王式廓、华君武、古元、邵宇、莫朴、彦涵、刘迅、胡考、罗工柳、胡一川、尹瘦石、王流秋、石鲁、米谷、英韬、刘岘、林岗等许多同志的作品,这些作品真实地描绘了人民生活的画面,充满了强烈的战斗气息。悲鸿兴奋地写道:"新中国的艺术必将以陕北解放区为始。"他还见到了美术理论家江丰、蔡若虹、王朝闻等同志，感到十分高兴。

在北京饭店一次盛大的欢宴上，周恩来同志穿过人丛，走到悲鸿面前。他容光焕发，紧握悲鸿的手说：

"我们又见面了！"

他微微扬起头，笑得更加欢畅了。然后，他随手拉过一把椅子，坐在悲鸿身边，像一位老朋友那样，询问悲鸿的健康，询问美术界的情况。

周恩来同志比悲鸿年龄小五岁。那天，他穿着一套深色的中山装，两道浓黑的眉毛在灯光下闪闪发亮，炯炯有神的眼睛里射出一股强烈的令人难忘的温暖和希望。

我一面听着他们亲切的交谈，一面望着周恩来同志，心里不禁想着，在我面前的是一位为了中国人民解放事业出生入死，功绩辉煌、顶天立地的伟人，而他却是这样温和、亲切、平易近人。他听完了悲鸿简短的叙述后，带着沉思的神情说：

"我们的任务还很艰巨，南京、上海和全国很多地方都还没有解放。你在美术界的影响很大，希望你继续做更多的工作。"他站起来，同时充满感情地、几乎是温柔地说，"你还要好好地注意健康呵！"

严寒消逝了，一九四九年的春天轻盈而快乐地飞到了我们美丽的庭院里。悲鸿手植的那些果木都快活地伸展着稚嫩的枝丫，似乎高兴地从冬眠中苏醒过来，小草也微笑着钻出地面。我们这僻静的庭院里充满了笑声。

悲鸿的朋友们从四面八方来到北平，他们被招待住在北京饭店。我和悲鸿常去看望他们，他们也常来到我们家里做客。其中有郭沫若、沈雁冰、李济深、沈钧儒、柳亚子、郑振铎、翦伯赞、田汉、洪深等人。

大家三天两头在一起聚晤。有时，他们也来看悲鸿作画。悲鸿曾以异常兴奋的心情，画了一幅很大的奔马，它高高地扬起头，向前飞奔。画面题写了"百载沉疴终自起，首之瞻处即光明"的词句，表达了他内心的喜悦。是啊，从鸦片战争以来中国人民被帝国主义欺凌和压迫的日子将一去不复返了！悲鸿满怀欣喜地看见了国家光明的前途。

还有一次，悲鸿画了一幅疾速向前飞奔的四蹄腾空的奔马，题写了"山河百战归民主，铲尽崎岖大道平"的诗句。他借马抒怀，正如同他画鸡、画猫、画狮子，甚至画小麻雀一样，寄托了自己内心的感情和激动。这匹英姿飒爽，正在毫无阻挡地向前奔去的骏马，博得许多看画的朋友的赞赏。

有时，这些朋友也在我们家里写字或赋诗。柳亚子先生曾作了一首诗送给我们：

> 神仙眷属几生修，
> 宾客纵横压九流。
> 笑我酒狂犹未减，
> 杨□[1]镜里合昂头。

沈钧儒先生看到我们的客厅里挂着一幅郑板桥的墨竹，上面有郑板桥自题的诗句：

> 衙斋卧听萧萧竹，
> 疑是民间疾苦声。

---

[1] 原稿字迹不清，故以□替代。

些小吾曹州县吏,
一枝一叶总关情。

他十分喜爱这首诗,特意用墨笔很工整地抄写在我的一本纪念册上。诗人艾青同志用墨笔在我纪念册上写了"一切为了人民"几个大字,笔墨潇洒。我拿着这本纪念册,请洪深先生替我题字。洪深先生是位豁达而诙谐的人,博学多才。他故意开玩笑地在我的纪念册上写了一句"善亦懒为何况恶",而且只写这么一句。下面,该请茅盾先生题写,他就站在洪深旁边。可是,这位当代大文豪却也开玩笑地只写了"善亦懒为何况恶"七个字,还在旁边注上了一行小字:"照抄浅哉兄句。"引得大家都捧腹大笑起来。

这时,田汉走过来,拿起墨笔,即席成诗,写在我的纪念册上:

善亦懒为何况恶,
死犹不惧岂辞生。
生死善恶都看破,
同为斯民致太平。

大家都为之鼓掌,客厅里充满了盈盈笑语。

这些文艺界的朋友们聚在一起,好像总有说不完的话。虽然天南地北地无所不谈,但谈得最多的,除了在对时局(当时,南京、上海和许多城市还未解放)的估计上,大家都满怀胜利的信心外,各人都谈着今后想要做的许多工作。这些在旧中国走过崎岖不平的生活道路,饱受国民党政府和帝国主义的种种压迫,并为之作过顽强斗争的朋友们,现在,怀着由荆棘遍地的羊肠小径登上了高山之巅的快慰心情,正在举目眺望插上艳丽红旗的祖国美丽河山。他们尽情地、像孩子般开怀地欢笑着。明媚的阳光暖融融地洒在他们身上……

随着中国人民解放军在东北和华北战场的辉煌胜利，徐蚌会战又取得决定性的胜利，百万解放大军直指长江北岸，威逼到南京和上海。南京国民党政府的官员们陷入了一片混乱和惶恐之中。

蒋碧微女士依照张道藩的决定，携带了女儿丽丽去到上海，准备从上海去台湾。但是，丽丽却突然在上海失踪了。她到哪里去了呢？

蒋碧微女士十分焦急地四处寻找，并叫人写信给悲鸿，询问丽丽是否到北平来了。然而，丽丽没有来。

悲鸿得着丽丽失踪的消息，也十分忧虑不安。

"悲鸿，"我说，"我估计丽丽是到解放区去了。"

"你怎么会这样估计呢？"

"我从丽丽的信中，看出她的思想在逐渐进步，字里行间流露出对旧社会和对国民党统治的不满，而且她一直盼望能和父亲生活在一起……"

悲鸿默默地点头，忧虑的面容上绽出了微笑。

果然，不久以后，我们忽然接到丽丽从皖南解放区的来信。说她从报纸上看见了父亲的名字，感到非常激动；还说她和她的母亲已到了不能不决裂的地步，她是瞒着母亲和地下党联系，投奔到革命队伍中的。并说，她既痛恨自己的母亲，又觉得她可怜，因为她死心塌地被那个政治骗子张道藩牵着鼻子走。

悲鸿为丽丽到达解放区投奔革命，感到非常欢欣、快慰。我们一再地读着丽丽的信，泪水打湿了我的面颊。

后来，我们才知道，丽丽在南京曾有过怎样痛苦的遭遇。那时，她多么渴望离开南京,生活在父亲身边。她也曾盼望到北平来读大学。但是,高中毕业时,她考取了金陵女大,仍不得不留在南京。在大学里,她接触了一些进步同学,变得成熟和深思起来,对特务头目张道藩产生了强烈的反感,对国民党政府的腐败投以憎恨的目光。

有一次,张道藩买了一张床送给她,她却用身子挡在房门口,不许将那张床抬进她的房间。

很多年以后,从丽丽对我详细的叙述中,我知道了下面的许多事实,为她流下了同情的泪水。

这个天真的正直的大学一年级学生,终于有一天,写了一篇揭露张道藩的特务行为的文章,发表在金陵女大的墙报上。当时,她是住校生。星期六下午,她像往常一样回到家里,走进家门,只见母亲沉下了面孔,脸色十分难看,似乎有一种难于遏制的怒气在她胸中燃烧。

"妈妈,"丽丽叫着她,"你为什么不高兴啦?"

"为什么?你自己知道!"蒋碧微高声叫嚷着,同时,将一个揉皱了的纸团,猛力向丽丽的身上扔过来。

皱缩的纸团掉在丽丽的脚下。丽丽弯腰拾起来,惊慌地打开,原来是别人抄来的她那篇墙报的稿子。丽丽心中明白,这一定是张道藩手下的爪牙干的。她咬了咬牙,什么也没有说。

但是,蒋碧微却歇斯底里地嚎叫起来。她像泼妇骂街似的数说丽丽,痛骂丽丽没有良心。她越说火气越大,便越不能控制住自己的情绪,就像要把女儿一口吞下去似的。

丽丽默默地听着,泪水汪汪地像小溪一样流淌下来。生活在这个残破不全的家中,她有多少悲哀和痛苦要向人诉说呵!对张道藩这个卑鄙狡猾的家伙,对国民党政府的祸国殃民,她和广大群众一样,有着多么深沉的仇恨啊！但是，自己的亲生母亲却站在他们那一面，而且和张道藩有着那种极不体面的暧昧关系……她痛苦得像万箭穿心。

母亲仍处在盛怒中，那些严厉而无情的咒骂和责备，就像山洪暴发一样向她扑过来，残忍，冷酷，没有丝毫的母女之情，只有咬牙切齿的仇恨。

丽丽感到站立不住了，她的神经受到了异常强烈的刺激，几乎没有思索，就伸手拿起母亲放在桌子上的一瓶有毒性的药水，拔开瓶塞，一口气喝了下去。

她倒在床上，连自己也不明白究竟发生了什么事，只是感到胃部剧烈地疼痛，在床上翻来覆去地呻吟。但是，母亲却冷漠地旁观，不加理会。她家的女仆看不过去了，急忙雇辆三轮车，将丽丽送进了医院。

丽丽终于得救了。她躺在医院里，凄苦地想着，这个家我还能回去吗？她多么想插上翅膀，像自由的小鸟一样飞到父亲身边去呵！她和父亲生活在一起的时间是这样少，从童年起，她就被迫和父亲分开了。她还记得在重庆时听到父亲将要从南洋回来的消息，她激动得睡不好觉，夜里悄悄爬起来，打开父亲给她的信。这封她读过许多遍的信上写着：

丽丽爱儿：

你的信很好，但你又留级。我能常常看见你在小学里，原也不错，但是，你不要向上长高才好，否则，一个大孩子，恋恋在小学里，会令人看轻。从此以后，除非因生病，或特别情形，不准再留级，否则你便无权利受高等教育了。

你做的手工甚有趣，我谢谢你这可爱的礼物。我现在没有什么赏给你玩,但你能好好用功,将来玩的东西一定很多。

我常常想到你小时候的哭声"姆妈哎——",那时候实在讨厌,谁想你那种哭声,令我感到无限伤逝的情绪。

国家大难临头之际,各人须尽其可能尽的义务,事变之后,我们不见得会比别人更不幸福的。

父字

信里还附寄了一张荷兰邮票给她,并且用大字在信上注明:荷兰邮票不可浸水。下面又给儿子伯阳注上一行小字:"此信包着者是丽丽的,将来每封信都有,两人结果所得是同样的。"

丽丽十分清晰地记得,从接到父亲这封信起,她就十分用功读书了。不但再没有留级,而且每门功课都在 90 分以上。她当时只是想使父亲高兴才这样用功的。她还太小,不懂得更多的事情。后来,母亲就渐渐不让她给父亲写信了。

然而,她永远难于忘记,盼望已久的父亲回来时,母亲却坚决拒绝和解,拒绝父亲回家。从此,她和父亲之间又像隔了一座大山似的,很难见面。她多么羡慕同学们都和自己亲爱的父母生活在一起,而她却不能……

她十分同情父亲一个人长期孤独地生活。后来,听到父亲和继母订婚的消息了,她为父亲感到了一点点高兴。但是母亲却叫她写信去责备父亲,那是母亲拟好了的信稿,逼迫她抄写的。信寄出了,父亲没有生气,连忙叫人来安慰她……

这许多往事一件一件地从她那受伤的心上流过去,激起一阵一阵的刺痛。要不要把这一切写信告诉父亲,让父亲知道女儿的痛苦呢?她躺在医院的病床上,反复地想着,多么想立即写封信去,多么想从父亲那里得到温暖、安慰、支持和保护呵！但是，她觉得不能这样做。她知道父亲已经患病多年了，不能再让他受到刺激，她宁愿自己一个人默默地吞下痛苦。想到这里，泪水又簌簌地流到面颊上，终于，她失声痛哭起来。

一个好心的同学将她从医院里接出来。在这个同学家中住了一星期，她才又回到金陵女大去。从此，她便患了慢性胃病。

当人民解放军以排山倒海之势取得节节胜利的时候，她得知母亲决定将她带到台湾去，立即痛苦而坚决地想："再也不能妥协了！"于是，她想方设法和地下党联系上，便不辞而别，勇敢地、头也不回地离开了她的亲生母亲，秘密地去到大别山游击区，找到了共产党……

人民解放军攻克南京时，她被党派去参加接收工作。有一次路过傅厚岗自己的家门，她只是朝那熟悉的家门冷淡地看了看。亲生母亲已去了台湾，留下这两座漂亮的楼房和许多讲究的上等家具，她不屑一顾，也不愿意再去回想她在那楼房中所过的生活。她决心以全副热情投入革命工作。她穿着灰布军装，戴着灰布军帽，以一个女战士的姿态，精神抖擞地战斗着。虽然，物质生活比过去差得多，但精神生活却是如此丰富。她想到自己正和亿万人在埋葬那使人民贫困痛苦的旧社会，内心就感到无限欢快和幸福。中国得救了，人民解放了，这就是鼓舞她不断前进的精神力量。至于个人生活中的那些不幸遭遇，对她来说，早已变得微不足道，它们已随着战火的硝烟飘散了。

芜湖解放时，她被派去参加接收安徽大学的工作。为了表示和过去告别，她不愿再用丽丽这个名字，自己改名为徐静斐。许多年轻的学生们向她投来尊敬的目光。她有点儿不好意思了，像一个新战士一样感到羞涩。

这时，她写信给父亲，希望去北京工作。能生活在父亲身边，聆听父亲的教导,这是她多年梦想的事。而且北京已是全国的政治和文化中心,她多么盼望看到天安门呵!多病的父亲也想念她呵!我终于独自决定,向组织上反映这个情况。组织上立刻安排丽丽来北京工作。我给她电汇了路费,催促她赶快起程。多年来,她渴望和父亲生活在一起的愿望马上就要实现了。我在心里为她高兴,期待着她的到来。

但是她将要去北京的消息立刻传开了。年轻的学生们纷纷跑到她面前央求:

"徐静斐同志,你就留在这里吧!"

"徐静斐同志,我们不愿意你走,还有多少话没有对你说呢!"

特别是,有一个活泼调皮的女学生尖着嗓子开玩笑说:"徐静斐同志,俗语说,鸟往高处飞。你也要飞到北京去了,而我们只能永远留在低处呵!多么遗憾!"说完,摇着两条小辫子,咯咯地笑起来。

这些姑娘们唧唧喳喳的话语,使她欢快,也引起她深思。夜深了,她不能成眠。"一个革命者应该将一切都奉献给工作。"她不安地想,"多少先烈为革命献出了自己的生命,难道我就不能割断和父亲生活在一起的愿望吗?"她在心里谴责自己。

窗外,圆月高高地挂在暗蓝色的天空上。它那柔和的光辉又撩起她的思念,把她的心引向父亲身边,千丝万缕的柔情在穿越寂静而寥廓的夜空,悄悄地向北京飞去,泪水涸湿了她的枕巾……

鸟雀在窗前的树枝上噪叫,黎明欢乐地来到了。她听见学生们在操场上嚓嚓嚓的跑步声,便急急忙忙穿衣起床,参加跑步的行列,虽然一夜失眠,但她仍精力充沛。

然后,她小声地告诉那些女学生:"我决定不走了。"

年轻的姑娘们立即喧腾起来。大家抢着问她:

"真的吗?"

"真的不去北京了？"

"决定了？"

丽丽平静地说："真的不去了，我决定留在这里。"

从那时起到今天，丽丽一直在安徽工作。后来，她和安徽农学院农学系主任黎洪模同志结了婚，在生了孩子以后，还考入了安徽农学院学习，过着紧张、节俭、朴素、艰苦的生活。毕业后，她长期从事农业科学的研究和教学工作，虽然身患腿病和胃病，身体很不好，但仍坚持下水稻田，不畏艰辛地从事农业科学实验，并写出了有高水平的农业科学论文。

至于她的生母蒋碧微女士再也没有与丽丽作任何联系。后来，她公开与张道藩同居，又被张道藩抛弃了，最后，一个人孤独地死在台湾。

第二十六章

一九四九年三月，悲鸿被邀请作为新中国的代表前往巴黎出席保卫世界和平大会。代表团团长是郭沫若同志，团员有曹禺、艾青、丁玲、田汉、洪深、马寅初、郑振铎、程砚秋、古元、曹靖华、翦伯赞、邓初民、戴爱莲等。

周恩来同志非常关心代表团的准备工作，亲自过问他们的行程和行装。除了派有医生和护士同行外，考虑到其中的多数人年龄都比较大，为了防御西伯利亚的严寒，特意让有关部门给每人做了一件皮大衣，而且还是轻柔暖和的貂皮。这是悲鸿第一次穿皮大衣。

悲鸿一生自奉很廉洁。他的收入虽然很多，但都用来帮助穷学生、穷朋友和购买书籍字画。到北平后，因为气候较南方寒冷，曾在东单广场卖旧货的小市上买了一件旧皮袍，上面的钮扣还是过了时的铜钮扣。那时，北平艺专的学生们常开玩笑说："看我们校长的金钮扣呵！"

代表团出发前，我忙着给悲鸿收拾行装，把他应服的药品都放在他随身携带的箱子里。在为他购买毛巾、香皂、手帕等一些日用品时，我都同时买两份，其中一份给田汉同志，因为他当时一个人住在北京饭店。

三月二十九日，我带着儿女在火车站依依地送别了悲鸿。虽然只是短暂的离别，但也使我无限牵挂，因为悲鸿长期患高血压和慢性肾炎，并未痊愈。这是自从一九四六年我们来到北平以后，悲鸿第一次离开家。

月台上挤满了送行的人，除了代表团成员的家属、亲友以外，还有许多群众代表，气氛十分热烈。

火车咝咝地喷着气，车身略略往后一挫，便一辆接着一辆，欢快地在人们眼前掠过，奔向远方去了。

后来悲鸿告诉我，火车一出山海关，当他看到我国东北辽阔而富饶的土地时，心里无比激动。因为这里曾被侵略者占领，现在终于又回到了祖国的怀抱！四月三日，火车到达边境城市满洲里。车窗外面仍是漫天风雪，气候严寒。

车到赤塔，代表团受到苏联政府的招待，全体成员被安排在赤塔一家大饭店就餐。由于衣架靠近火炉，餐毕，发现有两件大衣被烧破，正巧其中就有悲鸿的一件。

他以极为遗憾的心情给我写信说：

四十年前，我第一次衣绸，不慎被香烟烧破，遂不服丝绸。我一生原无皮大衣，亦无能力制，周恩来同志为制轻裘，不幸又被烧破，殊为难过……

十五年前（即一九三四年），悲鸿曾经过赤塔。当年这里仅仅是一座荒村，如今却变成一座城市了。列车经过贝加尔湖时，只见朝霞照射在那洁白而宽阔的冰面上，显出耀眼的橘红色，悲鸿称之为冷艳。

四月十一日代表团到达莫斯科。但得到通知说，巴黎政府拒绝中国代表团入境，因为当时新中国尚未正式成立，未与法国建交。于是，保卫世界和平大会决定在巴黎和布拉格两地同时召开。

在莫斯科停留了两天，悲鸿便随中国代表团离开莫斯科，前往布拉格。进入捷克斯洛伐克后，列车驶过高达六千尺的雪山之下，远望可见峻秀的峰峦和茂密的杉林，近看则是整齐葱绿的麦田。悲鸿觉得这是捷克斯洛伐克人民勤劳的成果，留下深刻印象。

保卫世界和平大会在捷克斯洛伐克首都布拉格隆重开幕了。捷克斯洛伐克作家协会会长担任主席。布拉格市长及宣传部长致辞，讲述捷克斯洛伐克在第二次世界大战中如何遭受纳粹残酷的蹂躏，解放后人民如何从事建设，强调人民需要和平，并强烈谴责帝国主义制造战争。此外，还有儿童致辞、矿工致辞等。其他如匈牙利、蒙古、美国、意大利等国代表也都先后发言。非洲代表用法语作了极动人的讲话，举出有色人种受歧视的种种情况。悲鸿自始至终聚精会神地倾听着各国代表的发言。

四月二十三日，在大会正在进行时，忽然宣布中国人民解放军进入国民党政权首都南京的消息，全体代表立即起立欢呼，掌声雷动。许多人纷纷离开座位，前来与中国代表握手、拥抱，并将较年轻的中国代表高高地抬起来。中国代表高声齐唱《国际歌》，各国代表则高呼："毛——泽——东——"一字一击掌，整个会场沉浸在一片狂欢中。

最后，郭沫若同志代表中国向大会致谢。当他说到"中国人民解放军的胜利是对世界和平的重大保障"时，会场又爆发出一片欢呼。

当天晚上，布拉格市的群众像潮水一般，不停地向中国代表团所住的饭店拥来，向代表们祝贺、献花。悲鸿和代表团的一些成员都因接待这些群众而整夜未眠。

以后的大会发言有中国、西班牙、罗马尼亚等国的代表，都呼吁

/
一九四九年,徐悲鸿受周总理委派出席保卫世界和平大会。这是中国代表团在布拉格的合影

保卫和平，反对战争贩子的阴谋。大会在热烈欢呼和歌声中宣布闭幕。

会后，悲鸿参观了布拉格市容。这座城市像座美丽的花园，街道整洁，到处繁花似锦，还有许多优美别致的古代建筑。

悲鸿还参观了国家博物院和国家画廊，欣赏到鲁本斯、伦勃朗等大师们的杰作。他访问了捷克斯洛伐克美术学校，见到高年级的学生都在创作大件作品，构图以反映工人生活为多。接着，他又访问了东方学院和工艺美术学校。他见到染织部分花样繁多，听说如果稿子被采用，制稿的学生便须去工厂参加制作过程；还见到工艺美术学校的镂刻玻璃器皿，非常精美，镂法与中国的洗玉略同。这些都引起悲鸿很大的兴趣。

中国代表团回国途中，在莫斯科停留了一星期。

悲鸿漫步红场，徘徊观览，回忆起往事，不禁感慨万端。十四年前，他带着寻求了解和友谊的心情，第一次访问了苏联，受到苏联人民诚挚的欢迎，在中苏美术家之间播下了友谊的种子。那时，中国正处于半封建半殖民地的地位，大片国土沦陷，人民遭受着沉重的苦难。如今，中国人民终于砸碎了枷锁，像巨人一般坚强地站立起来了。她给全世界被压迫人民指出了方向，带来了希望。因此，中国代表团所到之处，都受到了狂热般的欢迎。这是悲鸿以前所从未经历过的。虽然他曾几次远渡重洋，作为一个艺术家，他在国外受到许多人的尊敬和欢迎，但作为一个中国人，却往往受到藐视。如今，"中国人"三个字给他们带来多少欢呼、荣誉和自豪感呵！

在那些日子，悲鸿也回想起在过去十四年的艰难岁月中，自己所走过的曲折道路，作过的痛苦斗争。他深深体会到，只有现在，他才幸运地看到了国家的独立和前途的光明。

他还想起十四年前和他一同访问苏联的蒋碧微，记起了他们在列宁格勒的争吵。听翻译说，那家卖古董的旧货店依然如昔，但那座悲鸿喜爱的雕塑却早已售出了。

他参观了莫斯科的美术馆，发现原先那些形式主义新派美术都已被清除得干干净净，这使悲鸿感到极大的兴奋。那些反映苏联人民生活和斗争的革命现实主义作品展现在悲鸿面前，引起了他的赞赏。

他也访问了苏联一些著名的美术家和十四年前相识的旧友，看到了他们极其成熟而丰富多彩的作品。

代表团于五月十日乘火车离莫斯科起程回国。在漫长的旅程中，为了利用时间，悲鸿在摇摇晃晃的车厢里，为田汉、丁玲、郑振铎、翦伯赞、邓初民等许多人画了素描肖像。

途经沈阳时，悲鸿去参观了鲁迅艺术学院，非常高兴地见到了华君武、邵宇、沃渣等同志，相谈甚欢，悲鸿非常赞赏他们那些革命题材的创作。还见到担任东北画报社社长的朱丹同志。他是悲鸿在三十年代的学生、中共地下党员。在悲鸿遭受国民党政府的迫害时，他曾团结了一些进步同学起来捍卫。后来，他奔赴解放区，投身于火热的革命斗争，和悲鸿失去了联系。他们回顾往事，心情都十分激动。悲鸿曾特意将自己所画的奔马一幅赠给朱丹同志，上面题写了这样的词句：

一九四九年北平解放之际，悲鸿兴奋写之。

五月二十五日，中国代表团回到北京。我夹在群众队伍中热烈欢迎悲鸿和代表团归来。列车徐徐进入车站，它满载着胜利的喜悦。悲鸿步履轻捷地随着代表团的成员们走下来，显出十分愉快的神色。

当天晚上，周恩来同志在北京饭店举行便宴，迎接代表团归国。

悲鸿和我被安排坐在周恩来同志的桌上。当时,南下的解放大军正势如破竹。周恩来同志谈笑风生,满座洋溢着豪迈而欢快的气氛。在谈笑中,有人提到《参考消息》上登载张学良被处死的消息。虽然后来查明这个消息是假的,但当时却引起了周恩来同志的不安。他那愉快的面色顿时消失了,疑虑和痛苦涌上了眉梢,两条又粗又黑的眉毛紧紧地皱缩在一起。沉默了一会儿,他沉重地说:

"我们不应当让张群跑掉,不然,可以拿他作为人质来交换张学良将军。"(当时报载,张群是乘最后的飞机逃走的。)

我十分强烈地感到,周恩来同志是一个感情极为丰富而深沉的人,对一切为人民做过好事的人,他都怀着深切的忆念。

第二天,悲鸿便去中央美术学院,向大家畅谈此行的收获和见闻。他还亲自到学生教室里,将他从国外带回来的许多小画册分赠给学生们。他送给李天祥的是柯托夫的画册。这是根据李天祥的绘画路子选的,柯托夫的画法是一方笔一方笔摆出来的。悲鸿就是这样根据各人不同的画法,赠给相近风格的画册。

出国归来需办的事情结束后,悲鸿立即投入了紧张的创作;他迫不及待地要将南京解放的消息传到保卫世界和平大会时的动人场面描绘出来。这是一幅立轴的彩墨画,长三百六十厘米,宽七十厘米,其中许多真实的人物都能在画面上找到。

由于用脑过度,在刚刚完成了这幅画不久,他就病倒了。血压高达二百以上,四肢软弱无力,有半身瘫痪的前兆。在医生劝说下,他暂时放下了工作。但只在床上躺了几天,他又急忙投入了教学工作。

与此同时,他还参加了为即将成立的中华人民共和国制定国旗、国徽、国歌的工作。国徽的制定比较顺利地通过了。国旗的投稿者数以万计，要在这样庞大数量的投稿中一幅一幅挑选，已是一件很繁重的工作，何况大家的意见又很不一致。当时，有些设计者除了画有五角星外，还在红旗上画一条黄色的横条，说明它象征黄河，因为黄河是我国五千年文化的发源地，是中华民族的摇篮。许多人都认为画一条黄色横条确实很有意义。在这一点上，大家的意见几乎是一致的，但是，又觉得这黄色的横条将国旗分割成两半，实在不好。选来选去，最后，还是田汉将那面已被淘汰了的五星红旗拿起来说：

"依我看，这个设计还是不错的，就不一定要那条黄河了吧！"

大家围过来又讨论了一番，觉得果然不错，它美丽大方，而且寓意也好。

至于国歌呢，尽管收到了数以千计的投稿，但却没有一篇尽如人意。而中国人民政治协商会议就要召开了，议程中有通过国旗、国徽、国歌的条款，挑选工作不能再延迟。为此，毛主席亲自召集了二十多人的讨论会，希望共同商议确定。

悲鸿去参加讨论国歌以前，便对我说："我准备建议用《义勇军进行曲》代国歌。"

"那怎么可以呢？"我说，"歌词里有'中华民族到了最危险的时候'，这不好吧？"

"这为什么不好？法国的《马赛曲》便是一支很悲壮的歌曲，它的原名是《莱茵军进行曲》。一七九二年，法国马赛工人革命队伍高唱着这支歌曲开进巴黎。后来，便被正式确定为法国国歌。"

接着，悲鸿向我介绍了《马赛曲》的歌词：

前进！前进！
祖国的儿郎，

那光荣的时刻已来临!

专制暴政在压迫着我们,

我们祖国鲜血遍地,

我们祖国鲜血遍地。

你可知道那凶狠的兵士,

到处在残杀人民,

他们从你的怀抱里,

杀死你的妻子和儿女。

公民们,

武装起来!

公民们,

投入战斗!

前进!前进!

万众一心,

把敌人消灭净!

……

"你看,这歌词不也是很悲壮的吗?"悲鸿微笑着说,"人民在胜利中不忘记过去的斗争,它能鼓舞人们永远以昂扬奋起的精神,继续前进。《义勇军进行曲》正是这样。它歌唱了人民的意志、民族的自信,这是对敌人斗争的胜利标志。这歌词有什么不好呢?"

"呵!是这样,我太缺乏知识了。"我信服地说。

于是,在毛主席召集的讨论会上,悲鸿提出了以《义勇军进行曲》代国歌的建议。这个建议立刻得到周恩来同志的支持。他认为这支歌曲很雄壮、豪迈,有革命气概,节奏鲜明。建筑家梁思成也说,他在

一九四九年，徐悲鸿和文艺界代表参加第一届全国政治协商会议

美国时，有一次，走到大街上，听见身后有人用口哨吹着这支歌曲，他回头一看，是一个骑自行车的美国青年，说明这支歌曲受到广大群众的喜爱。接着大家都纷纷发言表示赞成，最后毛主席综合大家的意见，表示同意。

不久，《义勇军进行曲》代国歌便在第一届中国人民政治协商会议上正式通过了。

一九四九年十月一日，中华人民共和国正式成立。悲鸿与党和国家的许多领导人一起，站在天安门的城楼上，庄严地听着毛主席在向全世界宣告："中国人民站起来了！"

整整一个时代结束了！中国人民遭受帝国主义压迫的日子已一去不复返了！这是多么震撼人心的声音！每一个爱国者的心中都因此激动不已，悲鸿的胸中激荡着巨大的欢乐，泪水又不自禁地从他的眼角流下来。

乐队庄严地奏起了国歌。它激昂、雄壮，动人心魄。在国歌声中，悲鸿觉得面前展现了中国人民不屈不挠的斗争和壮烈牺牲的图景。它那雄壮的高昂的旋律清晰地响彻了天安门广场，并将扩展开去，响彻全中国。

第二十七章

中国人民政治协商会议胜利闭幕后,周恩来总理亲自任命悲鸿为中央美术学院院长。不久,全国第一届文艺工作者代表大会在北京举行,悲鸿又当选为全国美术家协会主席。

此后他既忙于教学,又忙于许多社会活动,每天的日程排得更紧了。他不仅继续关怀许多校外的青年,而且还要关怀许多美术家,有时,甚至是无微不至的关怀。

有一天,齐白石先生满面愁容地由他的儿子搀着,眼睛里含着泪水,来到我们家。

人们都知道,白石老人八十二岁时,他的夫人因难产不幸去世以后,为了帮助照料他的生活,他请了夏文珠女士做护士。夏女士孤身一人,照顾白石老人达七年之久,这时也已五十多岁了,忽然为了一件小事发生纠葛,她负气离去。白石老人因此感到坐卧不安,就来找悲鸿。老人家十分难过地对我们说:

"就是一件东西,用了七年,也舍不得丢掉,何况是个人哪!"

他两眼直勾勾地望着悲鸿,显出神思恍惚的样子,渴望悲鸿给他想法子解决。

悲鸿极力安慰他,对他说:"你千万不要着急,我叫静文去劝她回来。"

于是,我开始四处奔走,一直找不到夏女士。而白石老人呢,每天一清早就来到我们家里等着和她见面。我对夏女士有些生气,甚至不愿意去找了。悲鸿却劝我不要意气用事,一定要千方百计把夏女士找到,并劝她回到白石老人身边去。

后来,我找到胡政之先生家里去打听,却没有想到,胡政之夫妇异口同声告诉我:"文珠马上就要结婚了,不可能再去白石老人家里工作。"

对此,我将信将疑,仍坚持要求和夏女士面谈。于是,胡政之夫妇帮助我找到了她。我虽然努力劝说她回到白石老人那里去,但已无济于事,她当时正忙着制嫁衣。

我把这一切情况婉转地告诉了白石先生以后,白石先生非常伤感,曾作了一首诗怀念夏文珠女士:

眠食扶持百事精,
颐年享受亦前因。
一朝别去无人管,
始识文珠七载恩。

为了安慰白石老人,必须尽快给白石老人再找一位护士。但一时到哪里去找这样合适的人呢?没有办法,只好登报招聘。悲鸿又将这件事交给我办。

后来,白石老人的护士几经更换,都是和她们不能安心踏实地工作有关。白石老人的心情因此颇受影响,不很愉快。悲鸿一直对这件事很关心。

这一年，悲鸿手植的水蜜桃结了累累的果实。为了给白石老人增添一些喜悦，悲鸿特地派车将白石老人接来，请他来摘桃子。那天，刚好下过一阵大雨，不平整的路面积着雨水。汽车开到我家门口时，我们用一张藤椅将白石老人抬进了院子。

白石老人十分高兴，笑呵呵地站在还滴着水珠的桃树旁，举起他那双满是皱纹的手，缓缓地伸向那被累累果实压弯了的枝条，慢慢地、一个一个地摘下那鲜艳的水蜜桃。我站在他身旁，用一只竹篮接着。悲鸿也在一旁兴致勃勃地帮着摘。他那憔悴的脸上浮着异常柔和而愉快的笑容。

雨后初晴，在碧净空旷的蓝天上，悬着一条美丽的彩虹。散碎的阳光快活地在枝叶上闪烁，清新的空气中散发着水蜜桃的阵阵芳香。我的竹篮很快便被鲜桃填满了。

白石老人像看什么珍宝似的，恋恋地看着这篮鲜艳的桃子。直到在我们家里吃完了午饭，带上这篮水蜜桃，我坐车送他到跨车胡同，搀他下车时，他还说："要让桃子走在前面。"他就这样目不转睛地跟在桃子后面，走进了他那铁栅栏里的画室。

九十岁高龄的白石老人真像一个孩子一样，热爱着一切美丽的东西。

悲鸿对老画家关怀备至，对年轻的美术工作者同样如此。在第一次全国文艺工作者代表大会召开期间，举行了全国美术展览会。一幅来自西北的国画《爹去打老蒋》引起了悲鸿的注意。这幅画的尺寸不大，画面上的爹是一位朴实而快乐的青年农民，他参军了，将要奔赴前线；妻子——一位朴实的青年农村妇女怀抱着幼儿，在依依地却是愉快地送别丈夫。人物十分生动传神,笔墨也很精练,可以看出作者有很深厚的生活基础和熟练的写生能力,而且将速写技巧和中国画的笔墨结合,深得悲鸿赞赏。作者名字叫黄胄。他立刻打听黄胄同志的情况,并希望他再寄几幅作品来。

于是,这个在西北部队里做宣传干事的青年又寄来了《苹果花开的时候》等几幅描绘维吾尔族姑娘舞蹈的国画。那生动流畅的线条和浓淡相宜的渲染,将那些柔媚多姿的姑娘们描绘得十分真切,具有浓厚的生活气息。悲鸿对他能将新疆少数民族的生活现象变为艺术创作,十分欣喜。他立即写信给中央文化部的领导,要求将黄胄同志调到新成立的民族美术研究所来,认为他那有独创性风格的绘画,是很有培养前途的,将给美术创作带来新的花朵。

后来,这件事被部队领导知道了,北京军区便将黄胄同志从西北调来北京。他见到了悲鸿,悲鸿给了他许多鼓励和教导。黄胄同志那丰富多彩的作品从此渐渐为人们所熟悉,并获得广大群众的喜爱。

一九五〇年,十九岁的年轻画家杨之光从上海来见悲鸿,要求投考中央美术学院研究班。他带来了新出版的他自己的画册。悲鸿打开画册,翻阅了他画的那些在台湾写生的山水画后,看出作者是个很有天才的青年,但需要很好地培养,就先说了几句鼓励的话:

"十九岁就能出画册是少见的,画得也不错。"但接着又说,"不知道你听不听得进我的话?"

"当然听得进,您说吧。"年轻的杨之光真诚地回答。

"那么,我劝你不要投考研究班,而是投考中央美术学院一年级,从头学起,打好基础,先学好造型的基本功,怎么样?"

杨之光信服地点头说:"我一定遵照您的话去做。"

于是,他听从悲鸿的意见,投考了中央美术学院,从一年级开始学起，画几何形体，画石膏头像，画人体习作……循序渐进地学习。他的素描成绩很好，每次考试成绩都是满分。

有一次，悲鸿来到教室，看他们画的人体素描习作。杨之光画的那张人体，头部已画得很完整，全身也画好了，只有膝盖那一部分没有画，但用线勾了几个方形的框框。悲鸿站在这幅画前看了看，便问杨之光：

"你看，这幅画什么地方画得最好？"

杨之光想了想，没有敢轻易回答。他很想说头部画得最好，因为他自己觉得头部画得最完整，可是又觉得不好意思说。

看到杨之光没有回答，悲鸿才说："你这张画上最好的部分是膝盖，虽然它还没有画出来，但是，可以画得很好，而你那些已经画好了的部分，却无法画得更好一些了。"

悲鸿对学生的指导便是这样严格，常常以最高的标准来要求和督促他们。

由于杨之光同志刻苦钻研，他已成为我国优秀人物画家。他的作品很好地将中西技法融合在一起。那些我们生活中常见的普通人、劳动者以及文学家、艺术家、舞蹈演员等，在他的笔下都能够得心应手、形神兼备地描绘出来。如果杨之光同志当初不重视从头学起，如果悲鸿没有严格要求他练好扎实的基本功，他绝不可能有今天的成就，这是可以断言的。

悲鸿还经常到各班去检查学生的成绩，尤其重视一年级的教学，他称之为"吃开口奶"。因此，他总是配备能力很强的教师教一年级学生。他自己也常常到一年级教室进行指导，反复地告诫学生们，画画要诚实，不要去追求表面光鲜的油腔滑调；教他们"宁方毋圆，宁拙毋巧，宁脏毋净"的道理；他很强调默写，默写以后一定要对照写

/
二十世纪五十年代，徐悲鸿创作油画《毛主席在人民中》

生检查,并须坚持下去。

他常常讲一些真实而生动的故事,来启发学生们:要成为艺术家,必须勤奋努力。他曾讲起,有一次,门采尔看到广场上的人流场面非常动人,于是,他大声喊道:"门采尔要求大家停留五分钟。"后来,他便默写了全部场面。他的老师达仰默写在电车上遇见的某人,而能惟妙惟肖。因为他们都有着惊人的观察力和记忆力,但这不是靠天赋,而是靠勤奋努力才获得的。

有一天,他来到一年级将要结束的那一个班级里。学生们正在画最后一张素描,课题是《掷铁饼者》的全身石膏像。一个湖南学生曾善庆的画受到了悲鸿的注意。这个当时身材还很瘦小的学生考进来时,没有学过画,连考试时发给的炭条都没有见过,但悲鸿看到他的考试成绩时却说:"看得出他没有学过画,但是他的感觉很好,是可以成材的。"于是,就录取了他。

一年之后,曾善庆的素描才能便开始显露出来。他在画这张期末的素描时,选取了一个很不好的位置。因为正面和侧面的位置都被同学们占据了,他只好在没有人去的背面找了一个能容下他的画架的地方。尽管光线很暗,很不好画,但是,这张素描却很受悲鸿赞赏。这幅画在全校成绩展览时,获得特等奖。

悲鸿常常教导学生要练习画人物的手和脚。他说:"画人物的人常常在画手脚上感到吃力。要单独做画手脚的练习。"

勤奋的曾善庆遵照老师的要求,在假期找了一面镜子,用自己的手脚做模特儿,画了一批素描。他自己觉得不但解决了人体中这道难题,而且还发现了作为人的第二面孔——手和脚的表情。

悲鸿亲自教四年级的油画人体写生。开始的时候,他总是尽力让学生去发现色彩。有些学生就拼命在人体上找各种颜色,一块紫,一块黄，一块粉，一块绿，等等。但是，悲鸿仍说他们没有找到色彩。他说：

"所谓色彩好，不是五光十色，而是统一在一个光调里。"他告诫学生，"最亮和最暗的颜色都不要轻易使用，因为那好比最厉害的武器，非用它不可时，才可以用，以发挥最大的作用。"

有一天，悲鸿在曾善庆的画架前看了一会儿，一句话也没有说，便在他的画架前坐了下来。接过他手中的调色板，把上面所有的脏颜色都用刮刀刮到一起，调了一下，然后把一块干了的柠檬黄用调色油化开，调到那脏颜色里去。随即把这块略带黄的灰色摆到画面上模特儿的肩胛部位。像出现了奇迹一般，这块脏颜色立刻变成了一块非常好看的灰色。它不但自己融化进去了，而且还使附近的颜色也发出了光。

悲鸿通过这种教学方法，使学生们懂得色彩的相互关系，灰色的使用，颜料的利用……

有一次，曾善庆的油画颜料被窃，油画课无法上了。悲鸿便急忙把自己的一大包法国油画颜料送给他。当时，这是极为昂贵和难得的颜料。悲鸿知道曾善庆经济困难，有一次，他看到曾善庆的两幅水彩画，一幅是《五月的庭院》，另一幅是《雨后的黄昏》，悲鸿很赞赏，对他说："我收购你这两幅画。"并立即从衣袋里掏出钱来给他。

在曾善庆即将毕业的那一年，他忽然得了肺结核。这对一个年轻人是多么沉重的打击！悲鸿知道以后，亲切地安慰他说：

"我初到北京时，住院检查身体，医生在我的肺上发现了许多钙化了的斑点，对我说：你年轻时一定得过不轻的肺结核病。我听了非常惊讶，我当初的确一点也不知道。那时候，我很穷，从来没有去检查过身体……所以你不要着急，这是完全能治愈的病……我劝你以后多吃点大蒜……"他像关怀自己的孩子一样嘱咐善庆。

曾善庆同志终于没有辜负悲鸿的关心和培养，后来身体恢复了健康，创作了大量优秀的作品，不仅以油画家闻名，而且也擅长国画，并把油画技巧力图运用到国画中去。后来，他就在他的母校中央美术学院油画系任教。

在中央美术学院油画系教课的还有悲鸿的学生戴泽、韦启美、侯逸民、李天祥、靳尚谊、詹建俊等，如今都是很有影响的艺术教育家和著名画家。

第二十八章

早在解放前,悲鸿刚到北平时,便经常去琉璃厂的字画店里浏览,以搜集古今的优秀字画。有时,他因工作忙而不能去,那些字画店便派人把字画送来给他看。遇上他所喜爱的,就会情不自禁地说"这是一张好画!""这是难得的精品!"等。赞美之词简直是滔滔不绝地从他口中喷射出来,直说得站在旁边的画商眉开眼笑,本来没有打算要高价的,现在却向悲鸿提出了高价,认为奇货可居,丝毫不肯让价。而悲鸿一旦看中,便不再计较价钱,总是一心一意要买下来。有时为了买画,家中的钱又不够,他就再添上自己的画。

"悲鸿,"有时我不得不劝告他,"你何必在画商面前表示你那样热烈喜爱这张画呢?你不会冷静一些吗?你总是让人家看出你非买它不可,结果你原可以少出一些钱就能买到的画,也被人家要了高价。"

悲鸿温和地点头笑了,承认我的话很有道理。但是,下一次再遇到画商送来好画时,他还是情不自禁地赞不绝口,结果画商也还是眉开眼笑地揣摩着他的心理状态,以高价成交。

"唉,你这个人真没有办法。"我开始埋怨他。

"静,"悲鸿亲切地望着我说,"当一张好画突然出现在我面前时,我怎能装出平静无事呢?我是一个画家,对真正的好画不能没有激动,不能无动于衷呵!"

这是真的,悲鸿永远是一个热情而诚实的艺术家。我终于理解了,悲鸿就是悲鸿,而不是任何别的人。我不能再要求他按照我的愿望去做。

有一天,傍晚时分,悲鸿开完会回到家里,脸上显出十分疲劳的神情,正待休息,他忽然想起了一件事:"静,"他亲切地叫我,"我必须马上出去。"

"为什么呢?你不能吃了晚饭再走吗?"

"不行,我想起了方先生家里一个月一次的书画展销,今天是这个月的第一天,很可能有好画,如果我今天不去,就会有人捷足先登。"

这是解放初期,人民政府还允许私人展销藏画。方先生是一位收藏家,不仅展销他本人的收藏,而且还展销其他人的收藏。

"那么,我陪你同去。"我说。

悲鸿十分高兴。于是,我们一同出门,来到垂露胡同方家。那是一所普通的四合院,几间屋子里挂满了字画。方先生正在和一位外国驻华大使谈话,见我们去,带笑迎出来。凑巧这位大使先生在一九四六年就和悲鸿相识,新中国成立后,他继续担任驻华大使,曾对悲鸿表示过十分友好和钦仰之意。今天,这位大使看中了方家展销的一幅元朝王振鹏的《梅妃写真图》长卷,但觉得标价太高,正在讨价还价。

悲鸿走近一看,只见画面描绘了十分富丽的宫廷建筑和宫廷生活,人物众多,场面很大。最精彩的一段是宫廷画师为唐明皇的宠妃梅妃画像的那一部分,气氛凝静,形象深刻传神。眼看这样一幅精湛的古画有可能流落到国外去,悲鸿毫不犹豫地对方先生说:

二十世纪五十年代初,徐悲鸿与夫人廖静文在北海公园

"这幅画我买了,照标签上的价格付款,不少给一分。"

方先生当即欣然同意。当那位大使被告知,徐悲鸿先生已按标价买下了这幅画时,他显出十分失望和沮丧的神情。

悲鸿购得此画后,曾为之题跋。他写道:

> 此画以人物树石界画画法而论,可能是仇十洲作品,五百年中,惟仇方有此功力。而绢素新洁,虽赖保存之善,但终不能令人想象至五百年以上也。昔人有尊古之习,遽以为孤云处士王振鹏,实无根据。余因古人物佳幅难得,工整界画更难得,因借债收之。

悲鸿在北京买到了不少珍贵的古代绘画,其中有一幅北宋的人物画《朱云折槛图》(佚名)。

这幅画表现了一个生动的历史故事。朱云是汉成帝时的槐里令,因不满佞臣张禹依仗权势,植党营私,陷西汉于颓败,上书求见成帝,说:

"当今朝廷大臣,上不能匡正主上的过失,下不能有益于黎民百姓,臣请赐给上方宝剑,杀佞臣一人,使此辈知所戒惧。"

成帝问:"所指佞臣是谁?"

朱云回答:"安昌侯张禹。"

张禹是受成帝厚宠的老师,朱云提出要杀皇帝的老师,这还了得!成帝大怒,命力士推出去斩首。朱云攀住殿槛力争,以致将殿槛折断了。

这时,左将军辛庆忌向皇帝请求赦免朱云,说:"此人向以狂直著称,他若说得对,不可杀他,若说错了,也应宽容他,臣愿以死相争。"

成帝终于醒悟,采纳了左将军辛庆忌的意见,赦免了朱云,并且命令不要修复那折断了的殿槛，以表彰直言敢谏的忠臣。

《朱云折槛图》着力描绘的便是折槛这个极其动人的情节。

悲鸿曾在画侧题字道：

> 此幅曾入多种著录，实是北宋人华贵手迹，就画而言，诚为中国艺术品中一奇，其朱云与力士挣扎部分，神情动态之妙，举吾国古今任何高手之任何幅画，俱难与之并论，不待著录考证，始重其声价也。吾八十七神仙卷宣达雍和肃穆韵律，此则传抗争紧张情绪，而此二奇并归吾典守，为吾精神之慰藉，自谓深幸已。

悲鸿收藏画，向来不重画家之名，而以画本身的艺术价值为重。他曾将北宋董源的巨幅山水，和张大千先生交换一幅清代金冬心画的《风雨归舟图》。就金钱价值而论，相去何止万倍。但悲鸿在为《风雨归舟图》所写的题词说：

> 此乃中国古画中奇迹之一。平生所见，若范中立溪山行旅图，周东村北溟图，与此幅可谓世界所藏中国山水画中四支柱。古今虽艳称荆关董巨，荆董画世界尚有之，巨然卑卑，俱难当吾选也。一九三八年秋，大千由桂林挟吾画董源巨帧去。一九四四年春，吾居重庆，大千知吾爱其藏中精品冬心此幅，遂托目寒赠吾，吾亦欣然，因吾以画为重，不计名字也。

悲鸿还曾购到明人画《王右军书扇图》。画面描写了这样一个故事：一位卖扇子的老妇人因为扇子卖不出去，非常着急，正好遇见了大书法家王羲之。他对老妇人说："你的扇子卖不出去，我替你写上几行字就卖得出去了。"说完,就取过老妇人的扇子,纵笔挥写起来。那位老妇人不知道王羲之是何人,害怕他把扇子写坏了更加卖不出去,显出十分担心的样子。书童则很高兴王羲之帮助这个老妇人,在一旁尽力磨墨。画面的人物比例适度,动态逼真,十分传神。悲鸿曾题记道:

> 此为中国画中罕见之妙迹,画中人物若姥姥神情之担心,童子之尽力,反衬出右军气度高华,意态潇洒,不必定是李伯时手笔,自清逸可爱……作者又以健笔易市廛为旷野,以夸张画中主人清兴。特令人难以想象,倘另换一种纵横之笔,其效果何如耳。

悲鸿也有过意外的幸运。他曾以极低廉的价格,在小市上的破纸堆里,买到一幅谁也没有注意的画。画面既霉且烂,然而却是一幅宋画,是北宋的画家作的一幅罗汉图。悲鸿将它重裱后,立即闪现出灿烂的光彩,使我简直目瞪口呆,惊喜不已。悲鸿兴奋地题字于其上:

> 此定是北宋高手所作,而霉烂已甚,戊子夏日,为吾发现,因得救出,灿然生辉,不减李公麟巨迹,诚生平快意事之一也。三十七年寒冬,悲鸿呵冻题于北平静庐。

悲鸿就是这样不知疲倦地竭尽所能,一件一件,日积月累地收集我国古代优秀绘画,使它们得到保护,不致流落到国外去。

而他自己的生活却依然十分俭朴,有时俭朴得令人难以置信。连他自己穿的皮鞋也到旧货摊上去买,不愿多花钱买双新皮鞋穿。

第二十九章

一九五〇年,在北京召开了全国英模大会。悲鸿亲自带领教师们,去为那些战斗英雄和劳动模范画像。他先后画了子弟兵的母亲戎冠秀及战斗英雄邰喜德等一些英雄模范人物的素描和油画肖像多幅。

随后,他又准备创作《鲁迅和瞿秋白会见》的油画。在构思中,他去访问了瞿秋白烈士的夫人杨之华同志和鲁迅先生的夫人许广平同志,还访问了鲁迅的弟弟周建人同志,了解鲁迅和瞿秋白的生活、衣着、习惯等,先后画出了多幅草图。

就在这时,报纸上的一条消息吸引了他。消息说,为了根治鲁南和苏北的水患,使一千五百万亩良田免受泛滥之灾,要在苏北开凿长达二百公里的新沂河,在山东则须令沭河改道,流入山东南部之沙河入海。这是一项极为艰巨的水利工程,规模宏伟,是新中国改造大自然的第一个创举。悲鸿决定去导沭整沂的水利工程工地体验生活,准备创作一幅反映新中国建设面貌的大油画。因而《鲁迅和瞿秋白会见》那幅画,虽已在画布上勾了草稿,但暂时放下了。

我在北京火车站送他上了火车后,心里一直怀着忧虑。这些年来,他始终带病坚持工作,血压常常高达二百。我十分害怕高血压突然夺

徐悲鸿为战斗英雄画像

徐悲鸿为解放军战士画像

去他的生命。而他自己却从来不考虑这些。那股强劲的热情,永不疲倦地从他那颗热爱人民的心泉中喷射出来,就如同清澈的温泉永不枯竭地从地下喷吐出来一样。

他站在硬席车厢的车门里,愉快地向我挥手。同行的还有中央美术学院的教师、悲鸿的学生梁玉龙同志和保卫干部孙洪绪同志。悲鸿坚持和他们一起坐硬席卧铺。火车徐徐地开动,咔嚓咔嚓地响着,接着便飞快地消失在视线远处了。

悲鸿到达导沭整沂水利工程的现场,在那里生活和观察。他看到数十万民工直接参加这项建设,感到精神振奋。特别是在施工的各个阶段中,涌现出无数劳动模范,他们的工作表现简直如同奇迹,令人难以想象,更激起了悲鸿的热情。他为他们画了素描肖像,还在工地画了许多速写。

悲鸿回到北京后,积极构思这幅描绘导沭整沂水利工程的画,打算将它画成规模宏大的巨幅油画。

就在这时,我所担心的不幸的事突然发生了:悲鸿患了脑溢血症!

发病的时间是在深夜,而我却不知道。当时,由于孩子们幼小,我带着他们住在离悲鸿最远的一间屋子里,以免夜里孩子哭闹时影响悲鸿休息。第二天清晨,我和孩子们都起床了,却没有见到悲鸿起床。往常,天色未明悲鸿就起来开着电灯工作的。我想,也许他太困乏了,睡过了头,那就让他多睡一会儿吧。然而七点过去了,七点半了,八点了,他仍未起床。我再也沉不住气,便悄悄地走近他的卧室,轻轻地推开房门,只见他痛苦地睁着眼睛,躺在床上,已经半身瘫痪,说话已很困难了。我像一阵旋风一样冲出他的屋子,急忙打电话给钟惠澜医生。他当时是中央人民医院院长,自从我们来北京后,他经常给悲鸿看病。

/
一九五一年，徐悲鸿抱病到水利工地与工程师观看图纸

/
徐悲鸿在水利工地为劳动模范画像

钟惠澜医生立即赶来了。他帮助我们将悲鸿抬到汽车上，由他陪伴，送进了中央人民医院。

周恩来总理知道了悲鸿得病的消息，立即指示要尽力抢救，使悲鸿得到了当时最好的医护条件。

最初，他完全不能进饮食，只能用橡皮管通到胃里，输入流质食物。四个月以后，他才能在床上坐起来。

从他进医院那一天起，我便一直守在他的床侧，日夜不曾离开。看到他身体渐渐好转，我才重新感到生活中还有光明、有希望。我像他过去卧床不起的时候那样，给他读报纸，读刊物，读那些不使他感到过分兴奋的文章。

每过一个月，悲鸿就叫我到住院处去算一次账，询问他在医院里用了多少钱。我安慰他，劝他不必担心钱，这已不是在重庆的时候，不但薪金照发，而且医药费都可以报销。

"静，"悲鸿分外婉转地说，"我了解这些。但是，我一定要知道我用了国家多少钱，我要记在心里。"

于是，我只好按照他的嘱咐，去到住院处，请求工作人员结算一下他的住院费用，然后告诉他。每个月都如此。

住院四个月，他共用去医药费四千多万元（当时一万元合现在一元）。这使他极为难过，那双温和的眼睛浮上十分歉愧的神色。

"静，"他几乎是痛苦地说，"我们的国家还很贫穷，百废待兴，而我却因病耗费国家这样大一笔钱，我一定要力图报答。等我好了以后，一定要以加倍的工作来偿还。"

病情刚一好转，悲鸿就坚决要求出院，回家治疗。医生同意了他出院的要求，给他开了一些口服的药和注射的针剂，让他回家继续治疗。

这年十一月，我们回到了东受禄街那所令人愉快的屋子里。一切都使我们感到温暖。绕在膝前的不仅有我们可爱的儿女，还有悲鸿所豢养的那八只各种花色的狮子猫。悲鸿爱猫，也爱画猫。家里养着这许多猫，以便他常常观察它们的动态。这时它们也为主人的平安归来而感到十分快活，咪咪地叫着，亲昵地跳到悲鸿的怀里。

但是，尚未痊愈的悲鸿仍不得不躺在床上。我每天用冬青油给他擦那瘫痪了的半边肢体，然后，再替他按摩。中央美术学院医务室的李惠文女士每天来给他注射针剂。但她已经怀孕了，骑车很不方便，我便自己学会了替悲鸿打针。每天，我继续给他读报纸、杂志，也读小说。我给他读完了托尔斯泰的巨著《战争与和平》，还读完了罗曼·罗兰的《约翰·克利斯朵夫》，这些都是我所喜爱的文学作品，他也同样喜爱。

撕下了一九五一年最后一天的日历，迎来了一九五二年的春天。悲鸿仍躺在病床上。他难过地惋惜自己那些年富力强的日子都在旧中国度过了。有一天，他十分遗憾地对我说：

"为什么我不迟生十年呢？"

他是多么希望还有充沛的精力，来为新中国工作呵！尽管如此，他并未悲观绝望，仍旧充满信心，渴望工作。虽然不能起床，但他却计划编制一套《爱国主义教育挂图》，打算汇集中国历代文物，从仰韶的彩陶，到历代的玉器、青铜器、瓷器、名画、建筑等，编印成图，张挂在大中小学校及公共场所。这样不仅增加群众的知识，而且可以向人民灌输爱国主义思想。他在病床上草拟的《爱国主义教育挂图》的序言中写道：

/
二十世纪五十年代初,徐悲鸿摄于东受禄街十六号家中

此一切皆先民劳动天才之创造,此一切皆以美术眼光判断选刊……

　　一九五三年又带着希望来临了。我们院子里的桃花、海棠、丁香和榆叶梅都开得十分灿烂,悲鸿也渐渐能起床行动了。他满怀热情,扶病为抗美援朝立了功勋的战士们画了六幅奔马,寄往朝鲜前线。战士们感动地回信说:"我们知道,这是祖国父母的心情。"并保证今后一定要更加努力歼灭敌人。

　　即使在病中,悲鸿也始终牵挂着中央美术学院的学生们。为了了解他们的学习成绩,他扶病到学院里去,从一个教室走到另一个教室,检查学生们的绘画习作。当他看到各个班级的学生都用硬铅笔削得像针一般尖去画素描时,他万分焦灼。这些画得极其光滑细腻的素描,一个课题往往要画几十节课,细磨细擦,把感觉都磨钝了,失去了新鲜感,而且画得十分呆板、烦琐,这是他极其反对的。他立刻召集这些素描教师开会,指出:"不仅形式主义美术是泥坑,这也是泥坑,陷进去就拔不出来了。"他要求教师们改变这种素描教学法,不要让学生画这种"平板光滑的馆阁体"。

　　在回家的路上,他深沉地叹息说:"我病了一年多,给学生们带来这样大的损失,心里真难受呵!"

　　快到暑假了,各系都有即将毕业的学生。悲鸿又急于去给他们讲课。他说:

　　"我要在他们离开学校之前,将我懂得的知识尽量教给他们,否则以后就没有机会了。"

　　于是,我又陪伴他到教室里去。

　　为了给学生们讲一堂课,他往往要翻箱倒柜,从他收藏的数以万计的美术图片中找出一些有关的图片，用来配合他所讲的内容，供学生们参考。他亲自给每一张图片写上作品名字、作者姓氏、年代等，然后又亲自放到中央美术学院的那些玻璃平面柜子里陈列一星期。

有一次，他带去的图片中有几张法国十九世纪画家布格柔（Bouguran William Adolphe）的作品，其中有一张带翅膀的女神，作品的名字是《青春和爱情》，一八七七年作，藏于卢浮宫。还有一张《圣母》，也是一八七七年作，也藏于卢浮宫。这些画都画得极其光滑、细腻，站在旁边观看的一位教师发出真诚的赞叹说：

"画得真好呵！"

悲鸿缩回他正在往玻璃柜中放图片的手，立刻转过头来，十分郑重地对那位教师说："这是画得最不好的画！是典型的学院派，实际上是一种乡愿体，最庸俗不过的东西！"

那位教师惊呆了。于是，悲鸿就在课堂上着重讲了布格柔。他生于一八二五年，死于一九〇五年。一八四六年入巴黎美术学校，一八五〇年获罗马大奖，曾统治了当时的法国画坛。他的声名在当时之显赫，简直令人难以想象，但今天却已被人遗忘。他曾经为巴黎大剧院和巴黎几个大教堂作过大幅壁画，是表现一种温柔情感的宗教画，呆板而无生气。他的画都是以绝无生气的纯学院派的那种精细光滑的颜色刷出来的，可当时竟有人将他的名字和拉斐尔相比。印象派大师德加曾将一切涂得光光的画法骂作使画"布格柔"了。布格柔曾控制官方的沙龙，以他那光滑、细腻、呆板的画风作为入选条件，一直拒绝印象派的作品。

悲鸿说："所谓院体，就是这种学院派的画风。学院派也译为学院主义（Académisme），画得光滑、平板、烦琐、俗气、陈腐而了无生气，布格柔便是学院派典型的代表人物。他的画风是我们必须反对的。在十九世纪大卫和安格尔等人的古典主义、德洛克洛瓦和籍里柯等人的浪漫主义、库尔贝等人的写实主义、莫奈等人的印象主义争奇斗艳的时代，院体确是毫无生气的东西，所以今天已全被遗忘，这是必然的。"

悲鸿站在讲坛上，像过去一样，精力充沛地讲着，完全忘记了自己还有重病在身。实际上，他那瘫痪过的左半边肢体并没有完全恢复。他时常感觉身子往左边倾斜，左半边的手脚软弱乏力，但他还是忘我地坚持工作和教学。

这一年的暑假，送走了毕业班的学生，紧接着悲鸿又开始为中央美术学院和浙江美术学院所组织的教师进修班讲课。进修班分素描进修小组和油画进修小组，都请悲鸿指导。当时参加进修的教师有艾中信、王式廓、关良、倪贻德、董希文、冯法祀、李宗津、戴泽、刘继卣等数十位同志，都是在我国美术界享有名望、卓然成家的画师。他们仍不辞劳苦，利用暑假期间前来进修，辛勤而虚心地参加学习，精神是十分感人的。

悲鸿为了把进修班办好，将自己画的油画人体拿到进修小组来，供大家参考。

人们看到：悲鸿的油画色彩丰富、响亮、富有韵律，造型十分严谨。他接受了西方印象派的色彩，和古典主义的严格的素描相结合，严谨而不拘谨，重概括取舍，以求达到致广大而尽精微。

从他的油画上可以看到他对色彩的分析和对形的分析是统一的，每一笔既有形，又有色彩，他的分析深入细致，不是浮在表面。他在一个整体的形中，分析出很多很多形，然后再统一起来，又是一个整体。一般画家往往不愿这样深入分析，因为分析太多，就不容易统一起来，而他却能应付自如，既有科学的分析，又有总结和提炼。

徐悲鸿最后一次主持教学活动

他在调色板上调颜色时，都是将色彩调准了以后，才放到画面上去，决不在画面上将颜色来回涂抹。这调好了的颜色是如此准确，一笔一笔摆到画面上，就如同镶嵌一般，必须严丝合缝地衔接起来，又如同印象派的点彩，但是他的点彩是有形的，而且速度很快。他画起来，一笔一笔的就像飞到了画面上去的颜色，笔笔准确无误，不容有间隙之差。

他还运用中国画的渲染法和西洋画的明暗法相结合，在某些油画的细部表现了十分微妙的效果。他那造型严谨、用笔简练扼要、取舍得宜、表现丰富的素描和油画，也具有中国绘画传统的精神和韵味，受到人们的赞赏。

悲鸿不顾天气的炎热，从素描进修小组到油画进修小组，然后又从油画进修小组到素描进修小组，来回地在每一个人的画架前停留、观看，提出自己的意见，和大家共同切磋、讨论，气氛十分热烈融洽。

他就是以这样加倍的工作，来实现他在医院里所想望的，来报答党、国家和人民对他的厚爱。

他没有时间再去琉璃厂的画店了，但那些字画店仍将字画送上门来。因此，悲鸿的收藏工作仍在继续进行。

大家都知道悲鸿喜爱任伯年的画，遇有任伯年的好画，便马上送给悲鸿看。一九五三年九月，有一家画店送来十二幅任伯年的花鸟画。其中一幅《紫藤翠鸟》，悲鸿称为神品。那轻盈飘动着的紫藤花，闪闪发光的透明的嫩叶，和那只动态自然的美丽的翠鸟，使画面似乎散发出花朵的芳香，传来鸟儿动听的鸣叫，令人联想起春光的明媚。画面笔墨精练，色彩和谐。画家还以阔笔驰骋，游行自在地挥写了紫藤纵横的枝干，有意到笔随之趣。悲鸿爱不释手，立刻把这幅画买了下来。

任伯年这些晚期的作品也深深地吸引着我。

"悲鸿,为什么只买一幅呢?"我问。

"其余各幅虽好,但在动物上都有一点小毛病,不像这幅这样无懈可击。"他指着其中一幅说,"你看,那只鸡的头稍稍大了一点,而另一幅的那只鸟,两只脚又张得太宽……"

"但是,我觉得就整幅画来说,还是十分完整而出色的,对吗?"我说。

"那当然,任伯年的作品都能予人以妙造自然之感。他画肖像、人物、山水、花鸟,粗写细写,莫不精妙,是明朝仇十洲以后中国画家第一人,是一代明星。也像抒情诗人,因生活职业所限而未为史诗,比之古代天才,近于李太白而不近杜甫……"每当谈起任伯年,悲鸿的话就越说越多。

"那么,再买下几幅吧!"我说。

悲鸿欣然同意,又从中挑选了较好的七幅。剩下的四幅,后来画店卖给故宫了。

悲鸿还购到一册董思白(董其昌)、陈眉公(陈继儒)的自题画像册页,作者是孙山人。册中共有画像三幅,一幅是董其昌的肖像,一幅是陈继儒的肖像,还有一幅是推荐孙山人为董陈二人画像的周某的肖像。三幅肖像都是全身,头部只有半截拇指那样大,却十分逼真。尤其是董、陈二人的肖像,真使人有亲见其人面目之感,堪称神妙。悲鸿曾记其购得此册之始末:

一九四九年余访张效彬先生,蒙示此册,惊其神妙,辄萦梦寐。一九五一年大病之际,骆清泉兄忽寄千金至,乃托沈宝基向张君求割爱,张君未允。一九五三年,政府偿吾针药费三百余万,内子静文因恳启元白先生往商，时张君方欲移居，即纳三百万，让吾保守，时癸巳二月三十日也。董其昌、陈继儒才艺平平，吾尤恨董断送中国画二百余年，罪大恶极。惟周生好事，欲藉孙山人手附骥以传，不谓董、陈、周转藉孙山人而得千古。孙画亦寻常，但写真特佳，仅指半端，而精气奕奕，呼之欲出，不可谓非高手也。

欣赏这些前人的精湛绘画，是悲鸿精神上的一种甜美享受，也是悲鸿繁忙生活中的休息和慰藉。他从中得到的欢乐是难以言传的。

第三十章

暑假结束了,新的工作又在等待悲鸿。

这一年,中央美术学院招收的新生很多,而且美院附中也开始招收学生。悲鸿深切地关怀这最年轻的一代,亲自参加了附中的开学典礼,勉励他们树壮志,立雄心,为新中国的美术事业做出贡献。他们之中的一位少先队员温保代表同学们向徐悲鸿院长致敬。她穿着短裙,高高地举起右手敬礼,那双稚嫩淳朴的眼睛里,闪着最真诚的、为人民美术事业而努力学习的愿望。悲鸿望着她,十分宽慰地微笑了。

接着,全国文艺工作者第二次代表大会即将召开。会议之前,悲鸿往中南海谒见周总理,我陪同前去。

周总理在他那间朴素的会客室里和悲鸿亲切交谈。悲鸿谈了美术界的情况,谈了国画的发展、继承和借鉴问题,也谈到素描是一切造型艺术的基础。周总理点头表示同意,并微笑着说:

"一切艺术都应当随着时代发展,停滞了就没有生命了。国画吸收西方绘画的某些优点,便会更加丰富。"他思索了一会儿,继续说,"国画以后也不一定叫国画,对其他画种来说,有唯我独尊的意思。"

悲鸿说:"我们中央美术学院叫它彩墨画。"

周总理含笑点点头。随后，悲鸿又谈到画家的品德问题和美术教育方面的问题。他认为从事美术教育的人，在品德上也应能为人师表，不能因为有画家的头衔而品德上可以打折扣。尤其是在国土沦陷时期，画家的民族气节应当是首要的。因此，悲鸿认为，任命美术院校的领导时，应当考虑德才兼备的人。周总理完全同意悲鸿的意见，频频点头。我们知道周总理很忙，不敢多占用他的时间，便起身告辞。

当时，悲鸿的身体仍很衰弱。周总理谆谆嘱咐他保重，并亲自送他到汽车旁，搀扶悲鸿上了汽车。我们从车窗里望见周总理站在台阶上目送我们。这时，天边燃起一片瑰丽的晚霞，蔷薇色的夕阳正洒在周总理的身上。他的脸色异常和悦，阳光在他脸上浮动。他在微笑着向我们招手。

从周总理那里回来，悲鸿便为第二次文代会的召开进行着紧张的准备工作。他撑着带病的身体前往招待所，看望来京的各地画家。在招待所，悲鸿见到了潘天寿、关山月、黎雄才、阳太阳、黎冰鸿、陈之佛等一些使他非常敬重的著名画家。在交谈中，悲鸿的心情极为兴奋和喜悦。

一九五三年九月二十三日，全国文艺工作者第二次代表大会在北京召开了。悲鸿从早至晚参加会议。在第一天下午的会议上，周总理像往常一样，迈着刚健的步履，目光敏锐，神采奕奕地走上了讲台。全场立即爆发出雷鸣般的掌声。悲鸿一直坐在主席台上，聚精会神地聆听敬爱的周总理的报告。中间休息时，他陪伴周总理到休息室。周总理担心悲鸿身体不好，劝他不必听完，可以先退席回去休息。但悲鸿怎能舍弃这样精辟动人的报告呢？而且是关于知识分子问题的报告，和自己有密切的联系。当时，周总理还不知道悲鸿是从早晨就一

/
北京东受禄街十六号,徐悲鸿故居庭院

/
徐悲鸿最后生活的起居室

直参加大会的。

会后,悲鸿又赴国际俱乐部参加欢宴波兰代表团的晚会。在宴会中,他突然感到不适,一位女干部走过来,扶他走到休息室里,躺在沙发上。

又是脑溢血!

他的左半边肢体又瘫痪了!

急救站的两位大夫赶来了。田汉、洪深等许多同志也都来到他身边。

我当时正在家中等待悲鸿回来。这是中秋节的前夕,我忙着准备和悲鸿一起过节的饭菜。忽然,我得到悲鸿患病的通知,慌忙赶去。只见他面色苍白,显出十分疲倦的神色。他深情地望着我,问:

"孩子们为什么没有来?"

同时,用右手示意,要我拿笔来,他要写下遗嘱。但是,当时在场的医生却说,他的脉搏和呼吸都正常,认为没有太大的危险,还是让他安静为好,以免加重病情。因此,我又将拿起的笔放下了。

紧接着,北京医院来了急救车。大家将他抬上车,还没有来得及等我上车,急救车就关上了门,飞驰而去。

当时,对外文化联络局局长洪深先生便用他的车送我到北京医院,但医生却阻拦我们进病房。我心急如焚。等了约半小时,我终于不顾阻拦,冲进了病房。这时,一位外国专家正在给他检查身体,叫他张口,同时用一块压舌板伸进口中,大概是检查嗓子红肿了没有。悲鸿突然感到恶心,见我进来,急忙叫我给他拿个盆,他便俯身呕吐起来。显然,病情继续恶化了。

"医生,他不是别的病,是脑溢血。请您赶快采取抢救措施吧!"我声音发抖地恳求说。

这位从未给悲鸿看过病的外国专家是被医院临时从西郊的友谊宾馆接来的。自悲鸿送进医院后,医院没有采取任何抢救措施。接来的这位外国专家对悲鸿的病史一无所知,一切都要从头检查。这时,他不仅未重视我的话,反而产生了反感,不耐烦地说:

"治病是我的事,你不必管。"

眼看着悲鸿的生命垂危,我的全身猛烈地颤抖起来,感到烧灼一般的痛苦。

悲鸿的呼吸急促,发出了痛苦的呻吟,不多时,就陷入了昏迷状态。

医生终于开始了抢救,从手臂上放血,用冰袋放在头部,注射强心针……

但是,得救的希望已经很微小了,他一直处于昏迷状态。我只是呆呆地望着他,痛苦地感到自己无能为力。

整整两天三夜,我守在悲鸿的床侧。他一直睁开眼睛,在痛苦地挣扎,但眼珠是呆滞的,他已听不见我的呼唤声。

九月二十六日清晨二时五十二分,悲鸿的心脏停止了跳动。

我痉挛地扑过去,紧紧抱住他那还未冷却的遗体,失声痛哭起来。我不能接受这个残酷的事实,我不能没有他呵!我们曾一同走过那么艰难、痛苦的道路,他怎么能丢下我呢?我们的家庭需要他!许多工作需要他!他怎么能死呵?我疯狂般叫喊。

"悲鸿!悲鸿!悲鸿!你回来吧!回来吧!我等着和你一同回家去,孩子们也在等着爸爸呵!你为什么不回答我呢……"

人们拥上来,对我说着温存的话。是谁将我的身子、我的胳臂、我的手从悲鸿身上拉开了。我声嘶力竭地呼喊,向苍天向大地呼喊,我要索回悲鸿,决不能让他走进死亡的大门呵……

我全身抽搐地又扑到悲鸿身上,用力摇撼他:

"悲鸿！你跟我回家吧！让我们一同回去吧！"

人们又拥过来，将我从悲鸿身边推开，我尽力挣扎，嘶喊，在悲痛和绝望中哀号……

我不知道自己是怎样回到家中的。在蒙眬中，我仿佛看见许多人在哭，看见田汉同志用双手蒙住脸在抽泣，他的肩膀在索索抖动，我那幼小的儿女在哀声叫喊着妈妈……

当我清醒过来，十分清楚地看见阳光依旧像往日那样，温柔地照射在悲鸿的写字台上，但是，台前的那把绿色灯芯绒软椅却空着时，想起悲鸿每天清晨都坐在这把椅子上伏案工作，现在却没有了他，他永远不会再回来了，我又重新痛哭起来。

悲鸿的长子伯阳从天津中央音乐学院赶回来了。而可怜的丽丽却因正在医院生产第二个孩子，家里人将她父亲去世的消息瞒着，怕她受刺激，她就这样不幸地失去了和父亲见最后一面的机会。

我含泪拖着艰难而沉重的脚步，如同走向自己的坟墓似的，一步一步走向太平间。悲鸿静静地躺在那里，像在默默地等待我。他的脸色惨白，太阳的光影轻轻地在他脸上颤动，他好像又复活了。他那双深邃而好看的眼睛依旧张开着，仿佛仍在注视着周围的一切。一串一串绞心的泪水，从我的眼中滴到悲鸿的脸上和身上。

我开始最后一次替他换衣服。哆哆嗦嗦的手指解开他身上的灰色斜纹布上衣，我想替他换上一件干净的贴身背心。这是我亲手替他缝制的一种特别的棉布背心。因为他长期患肠痉挛症，我担心他受凉犯病，腹部是用双层棉布缝上的。但是，他那一向灵活的手臂僵硬了，背心套不上去，我哭着对他说：

"亲爱的悲鸿，你让我替你穿上这件背心吧！不然，我不会放心的，离开了我，有谁替你换衣服呢？"

但是，他只是默默地凝视着我，什么也不说。

我流着泪，将这件背心盖在他的腹部。

然后，我替他穿上了刚才买来的一身新的灰色斜纹布中山装和一双新皮鞋。这是悲鸿来到北京以后，第一次穿新皮鞋。

一个对自己永远这样严格和节俭的人，他曾经慷慨地帮助了许多人，为国家创造过巨大的财富，临死之前，他身上穿的只是一套洗得褪了色的灰布中山装和一双从旧货摊上买来的旧皮鞋。

我从他的旧衣服口袋中，战栗地摸到了他那块用了三十多年的旧怀表。它曾经日夜不停地伴随悲鸿，度过了三十多年艰难的岁月。现在，由于它勤奋的主人去世，它的指针也停止了转动，悲伤地沉默了。紧挨着这块怀表，放着三块水果糖。这一定是悲鸿在宴会上没有吃，留下来准备回家时带给我和两个孩子的。这是三块极普通的水果糖，但是那上面有着悲鸿对我和孩子们多么深沉的爱和思念！在离家的短暂时间里，他的心还是这样深情地记挂着我和孩子们。我紧紧地捏着这三块水果糖，又悲伤地痛哭起来。

我哭着，最后一次将我的头，紧紧地靠在悲鸿的肩膀上，多少甜蜜的往事痛苦地从我心中滚滚流过。如果能够，我愿意永远这样依傍着他。

周恩来总理和周扬同志来了。他们的面容异常沉痛，久久地站在悲鸿的遗体旁注视着。

悲鸿仍然安静地躺在那里，像一座倒下来了的雕像。他的目光依旧炽热、深沉。他那线条优美的唇边隐约浮起了一丝他常有的、已经冻结了的微笑。他仿佛仍在满腔热情地说："我多么热爱生活，热爱工作，热爱我们的国家和人民，我多么不愿意离开你们啊！"那双浓黑的眉毛下，隐藏着深深的遗憾。

几位画家在默默地描绘悲鸿的遗容，雕塑技术工人吉文升提着石膏和工具，站在一旁，准备从悲鸿头上翻制面模。

周总理低声问他："你有没有把握翻好？"

吉文升肯定地回答："有！"

周总理又亲切地嘱咐他小心仔细。然后，他极其沉重地说："徐悲鸿的死是一个永远无法补偿的巨大损失！为什么让他带病从早至晚开会？以后决不允许再有这种情况发生！"

他的声音发着微颤，既沉痛，又严峻。他缓慢地转过身来，嘱咐身边的周扬同志，要他守候悲鸿的遗体入殓。

接受中央美术学院师生们的要求，悲鸿的遗体被送至中央美术学院礼堂停放。全院的师生、职工日夜轮流守灵，许多人在流泪、痛哭。

许多领导同志和来自全国的文艺工作者代表们来到灵前悼念，并和中央美术学院的师生职工们一起，护送他的遗体至八宝山革命公墓安葬。

第三十一章

安葬了悲鸿，从他的墓地回来，我自己也有一种进入了坟墓的感觉。周围的一切似乎已不复存在了。这所房子，曾经是我和悲鸿一起居住的，装满了我们的欢乐和笑声的房子，如今变得空空荡荡。只要对过去回顾一眼，我便感到痛裂肝肠。

悲鸿的学生、朋友和许多关怀我的人都来劝慰我，要我节哀，保重身体，先到外地去旅行一些日子，或许会减轻一些痛苦。但是，我不能够。

我像影子一样在屋子里走来走去。悲鸿的一顶帽子、一件衣服或一支笔，都使我触景生情，引起我对往事的无尽回忆。我便几小时几小时地呆呆坐着，我的心永不疲倦地追随过去生活的影子。我记起了我们在黔川道上艰难的行程，悲鸿在那间小客店里讲笑话时，自己笑弯了腰的情景；也记起了他第一次替我画油画像时，一手拿着调色板，一手举起画笔，凝神地朝我仔细地看着，他那被细细的鱼尾纹围绕着的目光如同电光一样来回闪动……我还记起了生活中许多细枝末节的小事。我在漫无止境的沉思默想中，依旧和悲鸿生活在一起，在漓江的小船上，在嘉陵江岸边，在磐溪……

我听见悲鸿在叫我,又是那个在磐溪的、风雨交加的夜晚,悲鸿带着那么多爱,那么多惶恐,那么多焦急的声音在叫喊,"静文!你在哪里?静文!静文!你在哪里……"

一滴泪水悄然无声地从我的眼角流下来……

不知什么时候我那不满六岁的女儿芳芳悄悄地走到我面前来了。她轻轻地依偎着我:

"妈妈,你在想什么呢?"

她仰起头,脸上流露出孩子的悲伤。

我茫然地望着她。

"妈妈,爸爸还能活过来吗?"

她那双眼白鲜嫩的眼睛里含着泪水。天真的孩子幻想死去的爸爸还能复活过来。

我哭着紧紧地将她搂在怀里,孩子也呜呜咽咽哭起来了。我们的面颊贴着面颊,泪水交流在一起了。

窗外,悲鸿手植的那些树木在微风中轻轻摇摆。它们已枝叶繁茂,阳光透过枝叶的缝隙,洒了一地斑驳的树影。

一只常常飞进我们庭院的黄鹂,这时又轻盈地飞了进来,栖息在那棵初次结实的柿子树上。它东张西望,不停地啼叫,仿佛在寻找悲鸿。

我的耳畔又传来了悲鸿的声音:"轻一点,不要惊动它,让它自由自在地飞翔吧!"我感到悲鸿依旧在我身边。

夜里,我做着梦,在梦中继续和悲鸿生活在一起。我看见他又在伏案作画,他弓起身子,在用泼墨挥写着奔马那飘动的鬃毛和尾巴……

忽然,我在梦中又听见了悲鸿在卧室里按电铃的急促响声。自从悲鸿第一次脑溢血卧病以后,我便在他的床头安装了一个电钮。只要他一按电钮,通向我的卧室的电铃便响起来,我就会立刻去到他床前,有时，他需要安眠药，有时，他需要喝水，有时，他需要我搀扶他上厕所……我已经习惯了听他召唤我的铃声。这是多么熟悉的铃声！我从梦中惊醒，急忙起床，又像往常那样，朝他的卧室跑去。但是，那里只是一片漆黑。我扭开电灯，床上却没有悲鸿。我呆呆地站在床前，一阵难以遏制的悲伤袭来，我颓然扑倒在他的床上，失声痛哭……

有时，我也梦见他在医院里，又是病危，又看见他临终前的痛苦面容……我便从梦中哭着醒来。周围是静寂的、深沉的黑夜。我那睡在身边的儿子庆平，这个刚进小学二年级的孩子，将胳臂伸过来，抱着我的脖子。

"妈妈，别哭，爸爸已经死了，哭也没有用。"

他模仿大人的口吻，温存地劝慰我。但是他自己却悄悄地用被子蒙住头，抽抽咽咽地哭了。

我的心又猛烈地颤动起来，对孩子的爱抚、怜悯和责任感一齐涌到了我那碎裂了的心里。

我也记起悲鸿曾经委婉地对我说过：

"我的父亲是画家，我自己也是画家，因此，我希望我的儿女中也有一个能成为画家。"

他停顿了一下，若有所思地说：

"但是，要想成为一个真正有本领而不是徒有虚名的画家是很不容易呵！要扎扎实实下功夫，要刻苦磨练，还要有坚忍不拔的毅力……"

悲鸿总是避免谈到死，谈到后事，为的是怕刺激我，他装作无意之中说出这些话。

想起这些，我悚然感到自己的责任深重。为了儿女，也为了完成悲鸿的嘱托，我也应当坚强起来呵！我猛然记起了悲鸿说过的话：

"每一个人的一生都应当给后代留下一些高尚有益的东西。"

我必须坚强起来。但是，我做不到，我无法克制痛苦。屋子里的每一件东西都好像在对我哭诉悲鸿的逝世，我的心感到撕裂一般的疼痛。唯一的办法是立刻离开这里。

我怎样走我以后的生活道路呢？离开这里又到哪里去呢？我痛苦地深深思索着。我记起在成都时，悲鸿多么不愿意我为了他而辍学，他一直为我惋惜。当时，为了照顾他那多病的身体，也为了协助他更好地完成他的事业，我毅然决然离开了金陵女大。现在，我是否可以再回到大学里去读书，投身到集体生活中去？

我把这个想法告诉了文化部的领导周扬同志，得到了他的热情支持和帮助，坚定了我重返大学学习的决心。

我准备到北京大学去学习了。

我流着凄伤的眼泪，检视悲鸿留下的大量遗作和那些举世无双的珍贵收藏。我十分熟悉它们。因为我经常替悲鸿从橱柜中取出来，又放进去，一次一次地打开展视、欣赏，我们共同感受着无比的愉快。我十分了解，这些作品和藏品耗尽了悲鸿毕生的心血，凝聚了他对国家和人民深沉的爱。我能据为己有吗？不能！决不能！我应该将它们全部交给国家。

当我把这个想法告诉我的亲友时，有的亲友表示十分赞成，也有的亲友劝说我：

"为什么要全部捐献呢？你的儿女还很幼小，应当考虑到他们以后的生活问题。"

还有人对我说："你捐献悲鸿的全部作品固然很好，但那些写了你的名字的画，是悲鸿送给你，交你保存的，你应该自己留下这一部分。"

也有人说:"你捐献他本人的全部作品就可以了,为什么要将他的全部收藏也捐献呢?你以后的生活不能毫无依靠和保障呀!"

我感谢亲友们对我的善意和关怀,但是,我仍然决定全部交给国家。因为我记起悲鸿生前不止一次地对我说过,他是为了我们的国家而保存这些作品的。他曾经竭尽心力收购和保护它们,唯恐它们流失到国外去。他是人民的艺术家,他的作品和他的收藏都应该属于人民。这样做,正是实现悲鸿生前的意愿。

我做出了这个决定,并且立刻将家中的全部钥匙送到了文化部,交给沈雁冰部长,请组织上派人前来接收。

那天,我哭着走进文化部,又哭着走出来。因为我第一眼看到文化部大门时,便记起了几天以前,我还曾和悲鸿一同来到这里,而现在,却只剩下我孤零零的一个人。

在那些日子里,无论我走到哪里,同样的记忆和感触都会强烈地冲击我,使我痛苦不堪。我习惯了和悲鸿一同出去,习惯了走在他身旁,习惯了和人们交往时,我不发一言,只是静静地听悲鸿说话。而现在,我却无依无靠了。

不久以后,文化部和中央美术学院、全国美术家协会共同派人来接收悲鸿的遗物。计有他的作品一千余幅,他收藏的唐、宋、元、明、清及近代代表作家书画一千余件,珍贵的图书、图片、碑帖等一万余件,以及家具什物等。

我如同刚刚认识悲鸿时那样,提着一只帆布箱子和一个被包卷,离开了家,去到北京大学。我已经三十岁,重新开始了学生生活。

我竭力抑制悲痛,想要努力拾起那些逝去了的年轻岁月。但是,这是何等艰难！我坐在教室里，却听不见教师在讲什么，我的心深深地系念我那幼小的儿女，不知道他们的功课怎样，作业完成了没有。有时，泪水便涔涔流下，打湿了我面前的书本。

当我接到孩子们生病的电话时，我像发疯一样跑回去，胆战心惊地守护在发着高烧的孩子身边，唯恐在失去了悲鸿以后，又失去我的儿女。我一向倔犟的心竟变得如此脆弱。

有一天，毛主席派人来看望我。我从教室里被召到校长办公室，主席的秘书田家英早已等在那里，见我走进去，忙将毛主席的一封亲笔信交给我。毛主席在信上亲切地询问我有困难没有。读着毛主席关怀的信，满眶的泪水又止不住滚滚流下。我低声啜泣起来。

在那些日子里，我还收到了来自国内外的许多函电，对我表示亲切的慰问。人们都因失去悲鸿这样一位卓越的画家而悲痛，都因失去悲鸿这样一位杰出的美术教育家而哀伤。正是这些来自四面八方的关怀和鼓励，使我重新振奋起来。

这一年十二月，悲鸿的纪念会和悲鸿的遗作展览同时在北京举行。周扬同志代表党和人民政府，在讲话中指出：徐悲鸿先生是中国人民的杰出的画家，卓越的艺术教育家。他的逝世，是我国文艺界的重大损失。他继承了中国民族绘画的现实主义传统，并吸取了西洋古典绘画中的现实主义创作方法和技巧，在他的艺术创造中，表现了高度的技巧和浓厚的民族特色的结合；他在艺术主张上始终是信奉现实主义而反对形式主义的。他的作品表现了热爱祖国、同情人民的倾向，他在解放以前即参加了中国人民争取民主的运动。他在艺术教育事业上有极大的贡献，他以现实主义的正确方法和对艺术天才的无比热爱与关心，培养了中国年轻一代的美术家。他在艺术创造上勤练笃学的精神，足为大家模范。因此我们应当纪念他，学习他，并将他的遗作当做重要艺术遗产加以研究。纪念会上,田汉、吴作人和学生代表尹戎生等同志也作了很有感情的讲话。

周恩来总理亲自观看了悲鸿的遗作展览。他穿着一件深色的大衣,严肃地走进会场,在悲鸿的遗像前站住,脸上浮现出深切的回忆与沉思。在肃穆和沉寂的气氛中,他指着挂在遗像两侧的悲鸿亲笔书写的鲁迅诗对联"横眉冷对千夫指,俯首甘为孺子牛",深沉地对我说:"徐悲鸿便有这种精神。"并嘱咐我在出版悲鸿的画集时,将这副对联印在前面。

随后,他在每一幅作品前停留、欣赏,仔细地读着画面上的题字,如同一位鉴赏家一样,用热烈而严格的眼光分析每一幅画。他欣赏悲鸿的作品融合了古今中外的一些技法,认为他的油画和素描也有民族色彩。周总理的这些精辟见解说明了他对绘画艺术的深湛理解。他特别站在《徯我后》这幅画前面,给在场的人们讲解了《书经》上的这句话,意思是说:人民在暴虐的统治下渴望得到解救。他还回顾了悲鸿创作这幅画的时代背景,正是九一八事变以后,大片国土沦陷,徐悲鸿针对国民党的腐败而抒写了人民对光明的渴望和期待。然后,他说:

"成立徐悲鸿纪念馆很好,要好好保护这些作品。"

一九五四年九月二十六日,悲鸿逝世一周年纪念之际,以悲鸿故居为基础的徐悲鸿纪念馆建立,不久,便对国内外观众开放。周总理亲自题写了"悲鸿故居"的匾额。他那雄劲、浑厚的墨笔字不仅体现了他在书法艺术上的功力,而且也表示了他对悲鸿的尊重和怀念。

徐悲鸿纪念馆展出了悲鸿各个时期的代表作品,有素描、油画、国画,还展出了有关他的美术活动的资料,他的画室和卧室也按他生前的原状陈列,还有他手植的那些树木也依然默默地含笑迎人。

/
一九五三年，周恩来总理参观徐悲鸿遗作展

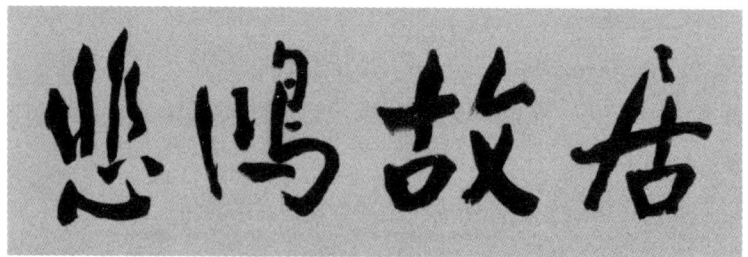

/
周恩来总理亲笔题写的《悲鸿故居》

来自全国各地的观众和来自世界各国的外宾，络绎不绝地前来参观，他们在留言簿上写下了无数的赞美之词：

"徐悲鸿的作品是对世界文化的贡献。"

"徐悲鸿的作品像语言一样在人民中流传着。"

"感谢中国政府成立徐悲鸿纪念馆，这对后代也有益。"

……

我曾不止一次地站在徐悲鸿纪念馆门前，默默地沉思：这是人民给他最高的荣誉和最深沉的怀念，作为一个艺术家,他还需要什么呢？

悲鸿长眠在自己热爱的祖国土地上，他的作品受到人民热烈的赞赏，永远与人民同在，他是幸福的。

后记

亲爱的读者：

我怀着十分腼腆的心情，向你们呈献这本很不成熟的书。

从悲鸿逝世以后不久，我便想写这本书。但由于种种原因，使我直到他逝世二十九年以后的今天，才得以实现这个愿望。

一九五六年，我曾趁北京大学放寒假之便，到了悲鸿的故乡宜兴，看望了那些亲爱的乡亲们，并祭扫悲鸿父母的坟墓。这是悲鸿生前未能实现的心愿。他由于工作繁忙，二十多年没有回过家乡。

我从北京乘京沪线上的火车到达无锡，然后，从那里转乘去宜兴的长途汽车。那天天气阴沉，下着小雪，散碎的雪花在寒风中旋舞，不停地扑打着车窗。我凝视窗外，凄伤地想起悲鸿十九岁时曾在这条路上，步行去上海寻找工作的情景。我仿佛看见他穿着蓝布长衫和戴孝的白布鞋，正顶着风雨，在泥泞的道路上低头走着……成串的泪水从我的眼眶中涌出来，我悄悄地靠着车窗哭了。

我在悲鸿的故乡见到了那些淳朴的乡亲们和他童年时代的伙伴，也见到了悲鸿的舅父、舅母、表兄、表嫂和妹夫……他们都亲切而热诚地待我，向我叙述悲鸿童年和少年时代的许多往事，并慷慨地将他们珍藏了数十年的、有关悲鸿的纪念品或悲鸿的手迹送给我。

宜兴的冬天也依旧是风光明媚的,流水淙淙,田野一片碧绿。我很久很久地站在悲鸿故乡门前的河边,看着那些忧郁的浪花轻轻地拍打河岸,一面在想象中,追寻着悲鸿青少年时代的影子。我也曾登上树木葱茏的南山,寻觅悲鸿当年的足迹。我还曾睡在悲鸿儿时睡过的小屋里,侧耳倾听那遥远岁月里传来的婴儿哭声……深夜难眠,我便起床,伏在那没有玻璃的窗棂上,默默望着窗外寂静的田野与柔和的月光,幻想悲鸿会沿着月光走到我面前来。

我访问了宜兴县县城和许多村镇,查看了宜兴县县志。

我离开宜兴之后,又去南京和上海,访问了悲鸿的许多旧友,听他们叙说悲鸿的往事。

我曾经在一个风雨交加的日子,伫立在黄浦江边,在滚滚的江涛声中,我仿佛听见悲鸿在说:"一个人到了山穷水尽的地步而能够自拔,才不算懦弱呵!"

在上海,我也曾只在清晨吃一个饭团,一整天不进食,用以纪念悲鸿当年所度过的艰难岁月。

一九五七年,我开始担任徐悲鸿纪念馆馆长。在工作中,我继续收集有关悲鸿的资料,为撰写悲鸿的一生作准备。

正当我动手写这本书的时候,"文化大革命"开始了。我的家多次被抄,我花了许多年心血收集的资料几乎全部被毁,悲鸿的墓碑被砸碎,徐悲鸿纪念馆也因修建地下铁道而被拆除。我悲伤地见到他最后生活的地方突然消失,他亲手种植的树木被砍伐,而那里的一砖一石、一草一木对于我来说,是多么亲切难舍呵!我陷在茫茫的痛苦之中了。

一九七三年,周总理派人来看望我,并亲笔写信和我洽商恢复徐悲鸿纪念馆的事。读着周总理关怀的信，我止不住又哭了。泪水滚滚地流到我的唇边。我的嘴唇牵动着，发不出声音。多少悲痛的往事都一齐涌塞在我心里呵！

从那时起，又是九年过去了。在经历了数说不尽的磨难和痛苦后，我终于能亲眼见到徐悲鸿纪念馆重新建成，他的墓碑重新修复，而我能执笔写成此书，内心的愉快是难以毕述的。

悲鸿的优秀学生很多，他所敬佩的美术家和朋友也很多。由于篇幅有限，加之出版社催稿甚急，未能一一写到，以至挂一漏万，心中十分不安，在此表示歉意。书中所提及的一些美术家，由于散失的材料难于找回，多凭记忆写出，难免有疏漏差错之处，敬希补正。

在写作此书时，悲鸿的音容笑貌，宛然在目。我常常情不自禁地放下笔来，伏案而泣。我对悲鸿的爱是深沉的，永生难忘。谨以此书作为一束洁白的、素净的鲜花，敬献在悲鸿的墓前。

作者

一九八二年二月二十四日于北京

2010 年版后记

滔滔的岁月冲击着我苍凉的生命堤岸，悲鸿逝世已57年，我也进入了87岁的暮年，回首往事，我仍旧引起对悲鸿无限的怀念和依恋。

我永远没有忘记，当我接到电话，得知悲鸿因脑溢血倒在会场时，我心急火燎地赶去。悲鸿问我："孩子为什么没有来？"当时在旁边的急诊站的医生说："他的脉搏和呼吸都很正常，还是安静一些好。"我们就没有说话了。我绝没有想到：这竟是悲鸿的最后一句话。

当时，按会议主持人的意见，将悲鸿送往北京的高干医院。在时间就是生命的情况下，医生未进行抢救，我再三催促无效，悲鸿就这样不幸以58岁的英年死于所谓"外国专家"的手下。从此我和幼小的儿女便开始了痛苦和坎坷的人生。

我也不能忘记，悲鸿的遗体放在中央美术学院大礼堂时，我带着6岁的徐庆平和5岁的徐芳芳跪在悲鸿的遗体旁号啕痛哭。悲鸿的眼睛仍睁开着，民间都以"死不瞑目"来形容人生最大的痛苦，悲鸿就是带着最深沉的悲痛离开我们的。当时，站在我们旁边的北京市市长彭真同志的眼圈也红了，闪着泪光。这就是悲鸿盖棺的那个最悲哀的夜晚。

在"文化大革命"中，我和儿女也都承受了极其不幸的打击，但我们都能面对挫折和痛苦。在周恩来总理的亲自关怀下，徐悲鸿纪念馆藏品至今一件也不少。1983年在北京西城区新街口北大街重建的徐悲鸿纪念馆正式对外开放。我含着眼泪写的《徐悲鸿一生》也由中国青年出版社正式发行，销量达60万册。许多读者给我写信，询问我的儿女的情况，我衷心地感激读者的关怀。

从那时起，漫长的岁月过去了。我的儿子徐庆平和女儿徐芳芳从小就勤学节俭，从小学到高中毕业都是品学兼优的学生，后来到国外留学都是依靠半工半读。徐庆平在巴黎大学获得美术学博士学位，回国后担任中央美术学院外国美术教研室主任和教授、中国人民大学艺术学院院长及教授（博士生导师）、全国高校艺术类教学指导委员会委员。他的译著有《西方艺术史》《现代绘画词典》《世界十大博物馆》《光荣属于希腊》《奔腾尺幅间》《意大利文艺复兴美术》《徐悲鸿年表》。徐庆平的绘画作品曾在加拿大、新加坡、马来西亚等地展出，作品被欧美和亚洲的藏家及收藏机构收藏。

女儿徐芳芳自幼学习钢琴，1967年在中央音乐学院附中钢琴专业毕业，20世纪80年代在美国靠奖学金和半工半读，获得美国加州大学贝格莱分校学士学位、斯坦福大学商学院管理硕士学位，毕业后，曾在美国从事管理工作。1999年，在中国人民大学艺术学院建院之际，回国将她在美国得到的管理经验和她从小获得的专业音乐知识相结合，创建了艺术学院的音乐表演系，并担任建院第一任音乐系主任，任期多年，使艺术学院继承了原徐悲鸿担任校长的国立北平艺专的传统，使美术和音乐专业的学生能相互学习、获得灵感。她现在仍是中国人民大学艺术学院的顾问，她为学院的国际交流做了许多工作。她唯一的儿子徐淳11岁到美国，在美国华盛顿大学获得学士学位，毕业后在美国波音公司工作的同时，攻读了医学管理硕士学位。庆平的儿子徐冀自幼和他的父亲学习绘画，在天津美术学院绘画专业毕业后，在徐悲鸿纪念馆工作，目前担任馆里陈列保管部的副主任。徐庆平现已63岁，徐芳芳也62岁了。由于过度的辛劳，庆平早白了头发，芳芳脸上早添了皱纹，但他们都能自立于社会，以一技之长为文化艺术服务，悲鸿地下有知，应当感到欣慰吧！

我自己仍然在徐悲鸿纪念馆上班。由于儿女都已成家，不和我住在一起，但常来看望我，我有一个保姆照顾，过着安静的晚年，闲暇时，我戴着老花镜，看报读书。在烈日炎炎的夏天和严寒的冬日，有时我会靠着沙发打个盹；仿佛看见悲鸿又走进了家，依旧脚步轻快，脸上堆满笑容。等我清醒以后，知道这是一种幻觉，但我仍感到兴奋，因为我终于看到悲鸿回到了我的身边。

我很幸运能在晚年看到自己的国家强大了，这也是悲鸿盼望的，我希望每一个中国人都能自由幸福地生活……

最后我要感谢中国青年出版社再版此书，在装帧设计上有了新的改进，谨向中国青年出版社领导和全体工作人员致以敬意和感谢。

廖静文

2010年1月8日写于怀鸿室

（京）新登字083号

图书在版编目（CIP）数据

徐悲鸿传／廖静文著. -6版. -北京：中国青年出版社，2015.1
ISBN 978-7-5153-3141-6

I. ①徐… II. ①廖… III. ①徐悲鸿（1899～1953）-传记
IV. ①K825.72
中国版本图书馆 CIP 数据核字（2015）第032573号

责任编辑：叶施水
装帧设计：瞿中华

出版发行：中国青年出版社
社　　址：北京市东城区东四十二条21号
邮　　编：100708
网　　址：www.cyp.com.cn
邮　　箱：shishuiye@sina.com
营销中心：010-57350370
编辑电话：010-57350406
印　　刷：北京富诚彩色印刷有限公司
经　　销：新华书店
规　　格：880×1230　1/32
印　　张：17
字　　数：340千字
印　　数：605501-608500册
版　　次：1982年8月北京第1版／1998年1月北京第2版／1998年7月北京第3版
　　　　　2007年9月北京第4版／2010年3月北京第5版／2015年4月北京第6版
印　　次：2022年1月北京第22次印刷
定　　价：68.00元

本图书如有印装质量问题，请凭购书发票与质检部联系调换　联系电话：010-57350337